실크로드의 삶과 문화

김용범 지음

머리말

　실크로드(비단길)는 북쪽의 초원지대를 통한 초원의 길(스텝로드)과 남쪽 바다로 이어지는 바닷길(사라센로드)과 함께 동서 문화가 교류하는 중요한 길이었다. 실크로드는 기원전 2세기 중국 한나라 시대에 개척되어 당나라 시대에 꽃을 피웠다가 8세기 중엽을 고비로 쇠퇴할 때까지 흥망성쇠를 반복하며 인류 역사발전에 크게 기여하였다. 흐르지 않는 물은 썩어 버리는 것과 같이 문화도 교류가 없으면 정체되고 소멸되고 만다. 그러한 문화교류의 실상을 가장 적나라하게 보여주는 곳이 실크로드다.
　1천년 이상 동서 문화를 교류시키며 인류문화 발전의 대동맥으로 기능을 발휘했던 실크로드는 인류역사와 문화의 보고다. 뿐만 아니라 최근에는 가장 극적이고 환상적인 여행 답사지로 떠오르며 세계인의 관광 중심지로 자리 잡고 있다.
　실크로드와 함께 쓰이는 서역이란 중국의 서쪽지역, 즉 중국 중원지방과는 민족과 지리적 환경이 현저하게 다른 하서회랑으로부터 로마로 이어지는 서쪽 지역을 총괄한다. 대체로 타림분지를 포함한 중앙아시아 지역을 의미한다.
　서역이라 일컬어지던 실크로드 지역은 인류의 역사가 숨 쉬는 지역이고, 문명의 때가 거의 묻지 않은 채 1천 년, 2천 년 전의 문화를 간직한 채 순박한 삶을 영위하는 곳이다. 하서회랑부터 시작되는 이른바 서역은 독특하고 아름다운 자연풍광을 지닌 곳으로 위구르족을 비롯한 여러 민족의 다양한 삶과 문화가 영화처럼 펼쳐진다. 그래서 현대의 사람들이 실크로드로 몰려드는 것이다.

　실크로드는 비단을 매개로 중국과 서역 간의 문화와 문명교류를 뜻한다. 그러나 그것은 유라시아와 인도, 인도와 중국, 중앙아시아 서역 각국 간의 교류, 중국과 타림분지를 중심으로 하는 신장성과의 교류 등 동서간의 종합적인 문화교류였다. 더욱이 우리나라도 실크로드의 직·간접적인 영향을 받았기 때문에 우리문화 원류의 현장이기도 하다.

　실크로드를 통한 문명교류는 끝없이 펼쳐진 초원과 황량한 사막의 오아시스에 이국적이고 화려한 문화의 꽃을 피우게 했다. 낙타에 진기한 물품을 싣고 점점이 이어지는 그러한 사막의 오아시스를 왕래하는 대상을 떠올리면, 우리는 역사에 앞서 꿈꾸는 환상의 세계로 빠져들고 만다. 그렇지만 현실의 실크로드는 혹독하고 냉엄한 자연환경으로 둘러싸인 삶의 장이고, 농경민족과 유목민족이 격렬하게 싸웠던 전장이었다.

　실크로드는 어느 날 갑자기 자연환경과 정치환경 변화로 역사무대에서 사라지며 사람들의 기억에서 잊혀져 갔다. 그렇게 1,000여 년간 모래와 초원에 묻혀있던 실크로드는 20세기 들어 신비에 가득 찬 매혹적인 동경의 세계로 화려하게 부활하였다.

　필자는 장기간에 걸쳐 수십 차례 실크로드 지역을 답사하였다. 배낭을 메고 대중교통 수단을 이용하여 현지 사람들과 어울리며 이 지역을 종주하였다. 이런 식으로, 그것도 교통과 통신이 매우 불편했던 1990년대부터 실크로드를 답사한 사람은 없을 것이다. 온종일 불어오는 타클라마칸 사막의 모래를 뒤집어 쓴 채 40도의 찜통 같은 무더위에 에어컨 없는 노후한 완행버스를 18시간 타고(그것도 비포장의 사막도로를), 가난하지만 친절한 위구르인 집에서, 때로는 흉노의 본거지였던 텐산산맥의 대 초원에서 숙식하며 답사했다. 고생이야 말로 다할 수 없지만, 그때의 실크로드에 대한 추억은 영원히 잊을 수 없다.

그룹을 지어 차량을 대절하고 가이드를 대동하여 호텔에서 숙식하며 하는 답사를 필자는 '귀족들의 나들이'라고 명명하곤 한다. 물론 여건상 그렇게 할 수밖에 없는 측면을 십분 이해하지만 현지인의 삶과 전혀 동떨어진 답사는 역사유물의 형해만 찾아가는 죽은 답사임에 틀림없다. 역사와 문화는 인간의 삶 속에서 나온 것이지 인간을 떠나서 존재한 것이 아니다. 때문에 현지인들의 삶과 유리된 답사는 자칫 생명력이 상실된 죽어 있는 겉껍데기의 공동묘지 순례에 불과할 수 있다.

실크로드는 2000년대 들어 빠르게 현대문명으로 탈바꿈 하고 있지만, 아직도 많은 곳은 현대 문명과 거리가 멀다. 어느 곳은 낙타를 타고 오고 갈 때의 2천 년 전의 실크로드시대에 온 듯한 착각을 일으킨다. 그러나 그곳 사람들의 눈과 영혼은 그렇게 맑을 수가 없다. 2,000년 전의 실크로드 시대의 삶 또한 저와 같지 않았을까 싶다.

  그들이 살고 있는 땅은 척박한 불모의 땅에 가깝지만, 그들은 불평하지 않고 살아가고 있다. 그래서 그런지 그들이 사는 곳은 일찍부터 세계에서 손꼽히는 장수마을이다. 현대문명을 자랑하는 우리는 그렇게 장수하기를 열망하지만, 서역에서 겨우 노인 축에 들어갈 나이인 80세 조차 넘기기 쉽지 않다. 그렇다면 우리가 정의하는 문명이란 무엇이고, 문명수준이 낮다는 기준은 무엇인가?

  실크로드에서 우리는 무한한 영감을 얻고 겸손함을 배운다. 서역의 사람들은 철저하게 자연 순응적이어서 영상 40도의 폭염도 그저 조금 덥고, 영하 24도도 조금 춥다고 느낄 뿐이다. 투르판의 사람들은 물 한 방울을 얻기 위해 오로지 괭이 하나로 사막의 땅속으로 5,000km의 물길을 팠다. 그들은 그렇게 살면서 만족하며 장수한다.

  그래서 실크로드에 가면 정말 많은 것을 느끼고 배우게 된다. 갈 때마다 그곳에서 역사를 찾는 것이 아니고 잃어버린 나를 찾는다. 실크로드는 우리 현대인들이 상실하고 간과하고 있는 삶의 가치가 묻혀있는 무형의 보고이기 때문이다.

  실크로드와 관련한 책은 이미 많이 출간되었다. 출간된 책 중에 좋은 책들이 많다. 다만 인문교양서로 읽기엔 딱딱한 전문적 내용이거나 지나치게 가벼운 기행문 수준의 책이 대부분이다. 그래서 필자는 일반 독자가 실크로드의 역사와 문화를 흥미롭게 이해하는 동시에 스스로 실크로드를 답사하듯 감동을 느끼며 읽을 수 있는 책의 필요성을 느꼈다. 그러한 마음으로 본서를 집필하게 된 것인데, 막상 탈고하고 보니 계획한 의도와는 달리 모두가 부족할 뿐이다.

본서는 중앙아시아를 포함하지만 주로 중국 장안에서 서쪽의 하서회랑(간쑤성)과 타클라마칸 사막을 포함하는 신장성 일대를 서술범위로 삼았다. 이 지역이 실크로드의 개척에서 몰락까지 교류의 중심 지대였고, 언어적으로도 접근하기 쉬운 지역이기 때문이다. 더욱이 이 지역은 필자가 수십 차례에 걸쳐 직접 답사했던 지역이라는 점이다. 제 1장에서 6장까지는 실크로드의 내용과 역사를 소개했고, 마지막 제 7장은 실크로드의 삶과 문화를 어제와 오늘의 시각으로 다루었다. 내용은 평이하게 서술하는 것을 원칙으로 삼았다.

이 책을 통해 많은 사람들이 실크로드를 이해하고 실크로드를 사랑하고 실크로드를 방문하기 바란다.

2021년 8월
저자 씀

일러두기

1. 중국의 지명은 원칙적으로 중국어 발음을 따랐다(예: 시안, 우웨이, 쿠처, 톈산산맥, 쿤룬산맥).

2. 고대 국가와 행정구역 그리고 이미 우리말에 익숙해진 것은 우리나라 한자 발음으로 표기했다(예: 한, 당, 흉노, ○○자치구, 오손, 장안, 하서회랑).

3. 신장위구르자치구(신장성)의 일부 지명은 위구르 발음을 따랐다(예: 카스→카슈가르, 허톈→호탄).

4. 고대 인명은 원칙적으로 우리말 발음으로 표기했다(예: 장건, 혜초, 한 무제, 현장법사).

5. 지명과 도시는 원칙적으로 중국어 발음으로 표기하되, 필요하다고 판단되는 경우 ( )안에 우리말 발음을 병기했다(예: 장예(장액), 간쑤성(감숙성), 후이족(회족) 등).

6. 관직명과 직위 및 작위는 원칙적으로 우리나라 한자 발음으로 표기했다(안서도호부, 도호, 박망후).

차 례

제1장 • 실크로드의 이해 / 11
    1. 비단 / 11
    2. 흉노 / 18
    3. 서역 / 26

제2장 • 실크로드의 개척 / 44
    1. 장건 / 44
    2. 현장법사 / 57

제3장 • 중국(한·당)의 서역 실크로드 진출 / 70

제4장 • 실크로드의 발전과 번영 / 81
    1. 실크로드 중심지 장안 / 81
    2. 소그드 왕국 / 89

제5장 • 실크로드의 성쇠 / 93
    1. 실크로드의 붕괴 / 93
    2. 실크로드의 의의 / 100
    3. 부활하는 실크로드 / 104

제6장 • 실크로드와 동서 문화교류 / 114

1. 동서 문화교류와 그 내용 / 114
2. 불교의 전래와 발전 / 126
3. 실크로드와 한국문화 / 134

제7장 • 실크로드의 어제와 오늘 / 149

1. 영원한 실크로드 도시 시안 / 151
2. 관중평원의 실크로드 문화 / 168
3. 톈수이와 마이지산 석굴 / 176
4. 하서회랑의 관문 란저우 / 184
5. 닝샤(영하)지구의 실크로드 / 196
6. 하서회랑의 실크로드 / 208
7. 사막의 미술관, 둔황석굴 / 228
8. 서역남로의 실크로드 / 259
9. 옥의 고장 호탄 / 271
10. 타클라마칸 사막의 서쪽 끝 카슈가르 / 282
11. 파미르의 타스쿠얼간 / 293
12. 작렬하는 태양의 오아시스 투르판 / 312
13. 톈산산맥의 너머 쿠얼러 / 340
14. 실크로드 음악의 고향 쿠처 / 350
15. 신장성의 영산 톈산(천산)과 톈츠(천지) / 370
16. 위구르의 땅 신장성의 역사와 문화 / 377
17. 위구르족의 역사와 삶 / 403

◆ 참고문헌 / 412

제1장 실크로드의 이해

1. 비단

 비단은 중국역사에서 가장 중요한 물산의 하나다.
 기원전 1세기 서양은 로마제국의 지배하에 있었고, 동양은 중국 한나라(기원전 206년~기원후 220년)가 지배하고 있었다. 동서로 멀리 떨어져 있던 두 거대 제국은 서로의 존재에 대해 아는 바가 없었다. 하지만 두 제국은 비단이라는 아름다운 물신으로 연결되었다. 비단은 이렇게 동서양을 하나로 묶었던 신비의 물건이다.
 중국에서 비단의 역사는 매우 유구하다. 기록에 의하면 비단생산을 위한 양잠(누에치기)은 중국 전설상의 황제(黃帝)의 아내 유조가 발명했다고 한다. 여기서 말하는 황제는 진시황제 같은 황제(皇帝)가 아니고, 중국 초기역사를 여는 '삼황오제' 즉 3명의 '황'과 5명의 '제' 중에서 첫 번째 '제'를 말한다. 그는 기원전 2697년에 즉위하여 집 짓고 옷 짜는 법, 문자 제작, 12간지 등의 문명을 창시한 중국민족의 시조로 숭앙받는 인물이다.
 이 같은 전설에 근거하면 비단의 역사는 5,000년 이상 올라

간다. 중국의 신화에도 비단을 짜는 누에의 신 잠신이 등장하는 것을 볼 때에 비단 역사는 매우 유구했음에 틀림없다.

은나라(기원전 17세기~기원전 11세기) 시대의 유적지 은허에서 비단 흔적이 보이고, 은나라 시대 문자인 갑골문자에도 기록이 나타난다. 이는 은나라 시대에 비단이 유통되었음을 시사한다. 주나라(기원전 1120년~기원전 256년) 시대는 비단이 널리 보급되어 시경과 좌전 같은 고대 문헌에 자주 나타난다. 한나라 시대(기원전 206년~기원후 220년)는 비단이 널리 보급되고, 고귀하고 화려함의 대명사로 자리 잡는다. 한나라 시대의 비단을 한금이라고 하는데, 이것은 비단 값이 금값에 맞먹는다고 해서 금(錦)자로 쓰게 된 것이다.

고대에 비단은 하늘이 내려 준 천상의 물건으로 대우받으며 모든 인간이 갖고 싶어 하는 물건이었다. 비단은 부와 신분을 상징하는 고귀한 물품으로 최고의 찬사를 표현할 때 '금수강산', '금의환향', '비단같이 곱다' 등과 같이 비단에 비유하였다. 또 신분이 고귀한 자나 정치적 희생 등으로 교살될 때 특별히 황제가 배려할 경우 비단 끈으로 목 졸라 죽였다.

비단은 기본적으로 의복으로 사용되었다. 황제가 입는 곤룡포와 황후의 옷이 비단이다. 의복 외에도 문서를 기록하는 종이 역할을 하였다. 종이가 발명되기 전에 더욱 그러했다. 종이는 기원후 2세기 한나라 시기에 발명되었으나 이것이 대중화되는 데는 수백 년이 흘렀다. 때문에 종이 발명 이전 은나라 때는 거북이 껍질(갑)과 짐승의 뼈(골) 즉 갑골에 문자를 기록하였고(갑골문자), 이후에는 나무를 이용한 목간과 대나무를 이용한 죽간을 이용하였다. 그리고 간혹 비단도 사용되었는데, 고대 경전인 『묵자』에 '대나무와 비단에 썼다'라는 기록이 이를 말해준다.

　죽간은 대나무를 납작하게 잘라서 거기에 글씨를 쓴 것으로 서주(기원전 1120년~기원전 770년)시대부터 진나라(~기원전 207년)와 한나라 때 보편화했다. 대나무는 보존성이 뛰어난 푸른 대나무를 이용했다. 푸른 대나무를 잘라 불이나 열로 대나무의 기름을 뺀 후 글씨를 썼다. 역사는 주로 죽간에 썼기 때문에 역사를 푸른 대나무에 쓴 역사라는 뜻의 청사라고 한다. '청사에 길이 이름을 남긴다'는 말은 여기서 나온 것이다.

　비단은 그 편리성으로 일찍부터 기록용으로 활용되었을 것으로 추측되지만, 워낙 값이 비싸고 재료 특성상 장기 보존성이 떨어져 보편화 되지 못했다. 비단은 기록 외에도 의복과 이불, 버선, 우산 등 여러 용도로 사용되었다.

　비단생산을 위한 뽕나무 재배와 누에 기르는 양잠은 중국에서 국가적으로 보호받으며 장려되었다. 그리고 비단생산을 독점하기 위해서 국경 밖으로 나가는 것을 엄격히 금지했다. 그러한 결과 비단은 중국에서 장기간 독점 생산할 수 있었고, 비단을 수입하는 서역에서는 값을 매기기 어려울 정도의 귀한 물건이 되었다. 로마에서는 비단가격을 금과 같은 무게로 값을 매겼으니, 얼마나 고가였는지 짐작할 수 있다. 때문에 서방의 대상은 비단을 구하기 위해 죽음을 무릅쓰고 실크로드를 넘나들었다.

　유럽의 지중해 동부 연안에서 비단의 고장 장안까지 8천km가 넘는다. 대상 즉 카라반은 이렇게 머나먼 길을 낙타에 의지해 '아름답기가 초원에 만개한 꽃잎 같고 섬세하기가 거미줄 같은' 진귀한 비단을 찾아 중국에 왔다. 유럽을 지배하던 로마는 식민지 속주에서 공급되는 황금과 온갖 물품으로 부가 넘쳤다. 이 같은 재화로 로마 귀족은 황금과 가격이 같은 고가의 비단을 구하기 위해 혈안이었다. 때문에 낙타로 운반하는, 그것도 극소수만 살아 돌아오는 실크로드를 통해 가져오는 비단은 공급부족 사태에 놓일 수밖에 없었다. 이에 따라 비단가격은 갈수록 치솟았고 실크로드의 대상은 상상을 초월하는 이익을 냈다. 이에 수많은 사람들이 죽음을 무릅쓰고 비단교역에 뛰어들었다. 비단의 고장 장안을 한 번만 갔다 오면 인생을 바꿀 수 있었기 때문이다.

로마 귀족들의 비단에 대한 열망은 식을 줄 몰랐다. 이에 상응해 비단 구입비용으로 금과 은이 대량으로 유출되었다. 로마의 명망가들은 사치품인 비단 구입에 막대한 재정이 국외로 유출되는 상황을 비판했다. 유명한 철학적 황제 마르쿠스 아우렐리우스는 비단수요를 억제하기 위해 자신부터 비단 옷을 입지 않고 갖고 있던 모든 비단 옷을 팔며 재정파탄을 막아보려 했다. 그러나 황제의 이 같은 노력에도 비단 수요는 꺾이지 않았다. 결국 지속적인 대량의 부의 유출로 로마제국의 멸망은 더욱 가속화하고 말았다.

비단이 서방세계에 알려진 시기에 대해서는 의견이 분분하지만, 중국 한나라 이전 시대임은 확실하다. 기원전 4세기 마케도니아의 알렉산더 대왕(기원전 356년~기원전 323년)이 동방원정 중에 '가볍고 부드러운 세리카'라는 물건을 얻고 기뻐했는데, 세리카는 다름 아닌 중국산 비단이다.

고대 서양에서 비단을 세르(ser) 또는 세레스(seres)라고 부

중국의 비단이 험준한 산맥과 대협곡 그리고 만년설과 사막을 건너 서방(서역)으로 전달되며 인류문명 교류의 대동맥 실크로드를 열었다.

르는데, 이는 '세리카(serica)'에서 비롯된 것이다. 그리스와 로마 귀족들은 세르라는 물건을 어떻게 만들며, 또 어디에서 나는지 알지 못했다. 그래서 그들은 비단과 관련되는 것은 모두 신비화했고, 비단이 생산되는 곳을 '비단의 나라'라고 불렀다. 그래서 '세르국(세르가 생산되는 나라=중국)은 광대하며, 인구 또한 매우 많다. 그 동쪽은 사람이 살 수 있는 곳의 맨 끝 바다에 접해 있으며, 서쪽은 박트리아 국경까지 뻗어 있다. 주민은 온화하고 얌전한 기질의 문화인으로 300살까지 살며 세르를 즐겨 거래한다.'라고 이상국가로 그렸다. 로마의 유명한 학자 플리니우스조차 그의 '박물지'에서 '세르인은 신비한 숲 속의 나뭇잎을 빗은 섬세한 양모 같은 것으로 비단을 만든다.'라고 상상의 신비를 더했다. 그리스와 로마 사람들은 이러한 비단 옷 입어보는 것이 평생의 소원이었다.

로마인은 실크로드가 개척되고 200년이 지난 기원후 1세기까지도 비단이 신비의 나무에서 나는 직물이라고 생각했다. 그런데 '세르'라는 말은 중국어의 '사(絲)'(비단 '사'; 중국어 발음으로 '쓰(si))'에서 나온 것으로 추측된다.

서방의 비단에 대한 열망은 대상으로 통칭되는 실크로드 상인들로 하여금 적극적으로 비단교역에 나서도록 만들었다. 왕래가 빈번해지면서 물건뿐만 아니라 인적 교류와 함께 지식과 사상이 전파되면서 서로의 문화에 영향을 끼쳤다. 불교와 이슬람교는 동쪽으로 전파되어 동양사상의 폭을 넓혔으며, 인쇄술과 제지법은 서쪽으로 전래되어 서양역사를 바꾸는 문화적 바탕이 되었다. 이렇게 동양과 서양을 이어주는 고대 무역로는 비단으로 시작하여 그 폭과 깊이를 더해가며 동서 문화발달의 가교역할을 담당하였다.

비단의 효용성이 떨어지며 비단산업이 사양 산업으로 떨어진 20세기에는 새로운 분야로 그 효용성을 발전시켰다. 동충하초가 그것이다. 글자 그대로 겨울에는 곤충, 여름에는 풀의 상태(버섯)가 되는 것으로, 하초동충 또는 충초라고도 한다. 곤충을 숙주로 삼아 기생하면서 그 시체에 자실체(子實體)를 피우는 것이다. 숙주는 나비, 매미, 벌, 딱정벌레, 메뚜기, 심지어 거미까지 다양하며 숙주에 따라 동충하초의 이름이 약간씩 달라진다.

중국에서는 동충하초를 가래제거와 기침해소, 보양의 한약재로 이용한다. 근래에는 보다 편리하게 음용할 수 있도록 드링크제로 출시되고 있다. 동충하초를 활용함으로써 사양 산업으로 전락하던 양잠산업이 다시 각광받고 있다.

더욱이 연구결과 누에는 고혈압과 불면증에 효험이 있고,

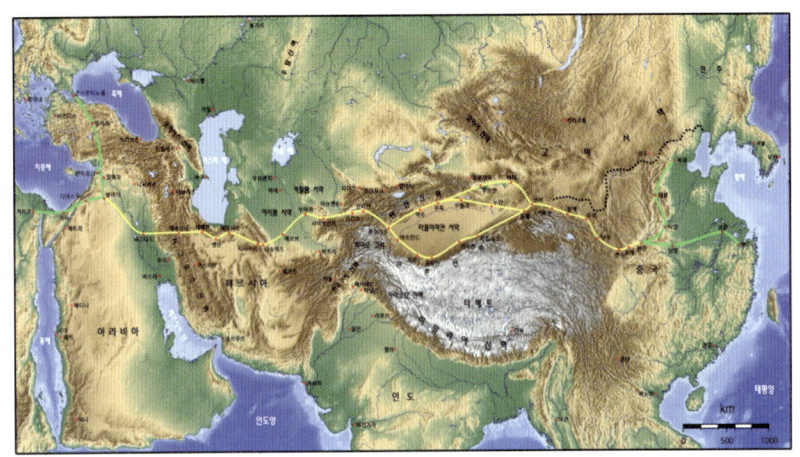
실크로드는 중국 장안에서 서양의 이스탄불과 로마까지 이어지는 동서교류의 길이다.

뽕잎과 오디는 변비와 동맥경화 예방에 효능 있으며, 누에고치는 피부 노폐물 제거에 효과가 있어 화장품과 기능성 비누의 재료로 쓰인다. 또 뽕잎 가루를 이용한 뽕잎 차와 뽕잎 과자 등 웰빙 식품으로 인기 있다. 이전에 우리나라가 가난했던 시절, 필자와 같은 세대는 어릴 때 먹던 번데기는 최고의 군것질이자 고단백질 식품이었다. 최근에는 비단을 이용한 수술용 실과 인공고막 활용에 대한 연구가 진행되고 있어 비단의 활용도는 더욱 확대되는 양상이다.

 비단을 주요 매개로 하는 동서 교역로를 학술명칭으로 '실크로드'로 명명된 것은 20세기 와서 이뤄졌다. 독일의 지리학자 리히트호펜(Richthofen)이 중국과 서역간의 교류에서 비단이 가장 중요한 물품이라는 사실에 주목하여 실크로드라고 명명하면서다. 이후 실크로드는 동서교역로를 가장 상징적으로 나타내는 명칭으로 받아들여지면서 일반화 되었다.

2. 흉노

진시황제가 수많은 희생을 치르면서 장대한 만리장성을 축조한 것은 북방의 흉노족을 방비하기 위함이었다. 이 같이 만리장성 건설과 관련 있는 흉노족이 실크로드와 불가분의 관계를 갖는다는 사실은 잘 알려져 있지 않다.

실크로드는 처음부터 계획적으로 개통된 것이 아니고, 중국의 한나라와 흉노가 충돌하는 와중에 우연히 개척된 길이다. 개통된 이후에는 또 한나라와 흉노는 이 실크로드를 장악하기 위해 장기간에 걸쳐 치열하게 싸웠다. 때문에 실크로드를 설명하면서 흉노를 빼고 말할 수 없다.

흉노는 중국 북방에 살던 유목민족이다. 산융, 험윤 등 여러 명칭으로 호칭되었으나 흉노가 대표 명칭이다. 그들은 말을 비롯하여 양·소·낙타·나귀·노새 등을 유목했다. 가축을 방목하여 물과 초원을 찾아 이동하는 삶이기 때문에 일정한 주거지와 성곽이 없다. 그러나 각자의 세력범위 경계는 분명히 하였다. 그들은 문자가 없어 약속을 할 때는 말로써 하였다.

흉노의 어린 아이는 양을 타고 화살로 새와 쥐 등을 잡았고, 조금 더 자라면 여우나 토끼사냥을 했다. 장성하게 되면 자유자재로 말과 활을 다룰 줄 아는 전사가 되었다. 이들은 평상시에는 목축에 종사하고 싸울 때는 날쌘 기병으로 군사행동에 나섰다.

이들의 풍습은 건장한 사람을 중시하고 노약자를 경시하여 고기를 나눠줄 때 좋은 살코기를 젊은이부터 배정하고 그 나머지를 노약자에게 주었다. 노동력을 중시할 수밖에 없는 척박한 땅에서의 힘든 유목생활이 이 같은 풍습을 낳았을 것이다. 아버지가 죽으면 후처는 아들이 아내로 삼았고, 형제가 죽으면 남아있는 형제가 그 아내를 부인으로 삼았다.

흉노의 선우는 아침에 떠오르는 태양에게 절을 하고 저녁에는 달을 보고 절을 하였다. 선우는 흉노 왕의 칭호다. 앉을 때는 북쪽을 향했고 왼쪽을 윗자리로 하였다. 전쟁을 일으킬 때는 달의 모양을 보고 결정하였다. 달이 둥글게 되면 공격하고 이지러지면 후퇴했다. 전쟁에서 적의 목을 베거나 적을 포로로 잡은 사람에게 한 잔의 술을 하사했고, 노획물은 노획한 사람에게 주었다. 적군을 생포하면 잡은 사람의 하인이나 하녀로 삼게 했다. 전쟁 중에 자기 편 전사자를 거두어 준 자에게는 전사자의 재산을 주었다.

흉노에서 남자아이를 낳으면 일어서서 걷게 되면 양의 등에 태웠고, 조금 더 자라면 당나귀 등에, 더 성장하면 말 등에 태웠다. 그들은 종일 당나귀나 말을 타고 그 위에서 활 쏘는 법을 익혔다. 흉노가 기마와 궁술의 뛰어난 전사가 될 수 있었던 데는 이러한 성장과정이 있었기 때문이다.

흉노와 중국이 본격적으로 충돌한 것은 흉노의 세력이 강성해진 주나라(기원전 1120년~기원전 256년) 후반부인 춘추전국시대(기원전 8세기~기원전 3세기)다. 주나라가 수도를 동쪽으로 옮긴 것도 서쪽에서 흉노의 일파가 공격했기 때문이다. 수도를 동쪽 뤄양(낙양)으로 옮긴 이후의 주나라를 춘추전국시대라고 한다. 춘추전국시대 500년은 여러 제후국이 치

진시황제는 북방의 유목민족 흉노를 방어하기 위해 만리장성을 쌓았다.

열하게 전쟁하는 시대다. 이 분열과 전란의 춘추전국시대를 통일한 사람이 기원전 3세기 진시황제다.

진시황제는 천하를 통일한 후 통일제국의 안정적 통치가 우선이었기 때문에 흉노와 싸우기보다는 침입을 막는데 집중했다. 그것이 만리장성의 축조다. 만리장성의 건설은 흉노가 그만큼 강력했다는 반증이다. 진시황제는 어마어마한 인적 재정적 희생을 감수하며 만리장성이라는 대 토목공사를 추진했다.

흉노를 비롯한 유목민족은 가축 외에는 별다른 물자가 없어 교역을 중시했다. 흉노가 중국을 침략하는 것도 따지고 보면 부족한 물자 때문이다. 그래서 흉노는 중국과 전쟁을 하면서도 교역을 시도하였고, 서역의 오손 등 여러 나라들과 적극적으로 물자를 교류했다. '서역'은 서쪽의 먼 땅이라는 의미로 한나라 때는 중국 간쑤성(감숙성) 서쪽 지역을 의미했다.

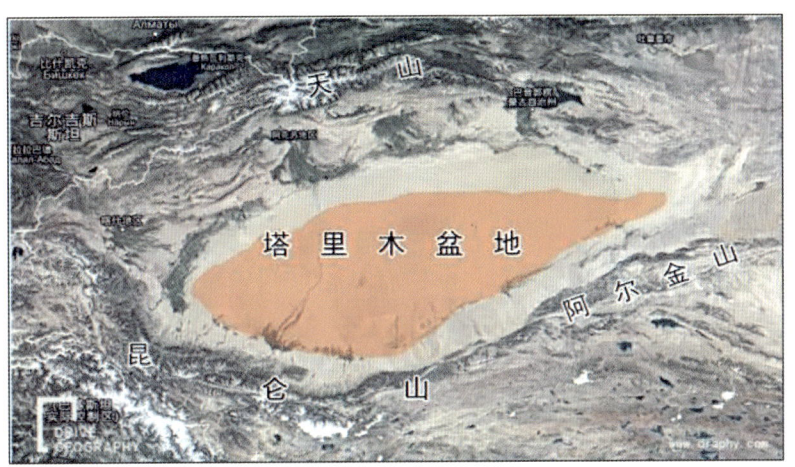

중앙의 갈색 부분이 타림분지이면서 타클라마칸 사막. 남쪽은 쿤룬산맥, 북쪽은 톈산산맥, 서쪽은 파미르고원으로 둘러싸여 있다. 쿤룬산맥과 톈산산맥의 만년설이 녹아 타림분지 남쪽과 북쪽에 오아시스 도시를 만들었다.

흉노는 중국을 침탈하여 빼앗거나 공납으로 받은 비단과 명주 등을 서역 각국의 진귀한 물품과 교역하며 많은 이익을 남겼다. 흉노는 경제석 이익을 독점하기 위해 서역과 중국이 직접 교류하지 못하도록 차단했다. 심지어 중국과 서역이 서로의 존재를 알지 못하도록 힘을 다해 봉쇄했다. 이러한 흉노의 전략은 성공하여 기원전 2세기 한나라 장건이 서역 대월지에 다녀오기 전까지, 즉 실크로드가 열리기 전까지 중국과 서역은 서로의 존재에 대해 전혀 알지 못했다.

흉노의 전성기는 기원전 2~3세기 묵특선우 시대다. 선우는 흉노에서 지배자 왕을 일컫는 말이다. 이 시기 중국 중원은 진나라가 멸망한 후 10년 간 전란에 휩싸였다. 묵특선우는 이 같은 혼란을 이용하여 만리장성 이북에서 동쪽의 동호와 서쪽의 월지국을 굴복시키며 초원의 대제국을 건설하였다.

흉노는 서역공략에 적극적으로 나서 타림분지(타클라마칸 사막 일대)를 포함하는 중국의 서부 끝 지역인 신장성과 중앙아시아의 서역 국가들을 정복하였다. 당시 타림분지를 포함한 서역의 중앙아시아 국가를 '서역 36국'으로 총칭하는데, 흉노는 이들 왕국에 군대와 관리를 파견하여 지배하거나 예속국으로 묶어 놓은 것이다. 타클라마칸 사막 지역과 중앙아시아 지역은 이른바 '서역'으로, 지리적으로 동방의 중국과 서방의 로마사이에 위치한 중간 지대로 실크로드가 열린 후 중요한 지역으로 부상한다.

흉노의 묵특선우는 국가조직을 정비하여 중앙부는 선우정, 동부지역은 좌현왕, 서부지역은 우현왕이 통치하는 3부 체제로 통치하였다. 왕 아래로 천장, 백장, 십장을 두었다. 이러한 조직체제는 유목민족의 기동력을 살릴 수 있는 효율적인 체제로 후에 몽골의 칭기즈칸이 계승하였다. 흉노는 이러한 군사체제로 북방과 서역을 차례로 정복하고 강대한 초원 유목제국을 건설하였다.

묵특선우가 북방과 서역에서 세력을 확장하는 동안 중국 중원에서는 진시황제 사후 10년간의 전쟁 끝에 한나라 고조 유방이 초나라의 항우를 이기고 한나라(기원전 206년~기원후 220년)를 건국했다. 천하를 통일한 한나라는 내부정비에 바빴다. 흉노는 이 기회를 이용하여 중국 서부의 요충지 하투, 즉 오르도스 지역을 침략하고 만리장성을 넘어 한나라의 수도 장안 근교까지 쳐들어왔다. 흉노는 한나라 변경을 유린하고, 수도마저 위태로운 상황에 빠트린 것이다. 한나라는 이 같은 흉노의 무서운 공격에 공포와 두려움에 떨었다.

한나라 황제 고조 유방은 흉노를 더 이상 방치할 경우 왕조 존립이 위태롭다고 판단하고 황제 자신이 직접 정병 32만의 대군을 이끌고 흉노토벌에 나섰다. 이에 묵특선우는 정예 기병 30만을 이끌고 맞섰다.

그러나 전쟁은 너무도 쉽게 결판이 났다. 묵특이 이끄는 흉노기병의 질풍노도와 같은 공격에 한나라 32만 명 군대가 괴멸당하고 황제 유방은 흉노 군대에게 포위당하는 위기 상황에 빠진 것이다. 한나라 유방은 위기를 타개하기 위해 흉노와 화친조약을 맺고 겨우 포위에서 풀려날 수 있었다.

화친조약은 한나라가 흉노에게 일방적으로 굴복하는 내용이었다. 한나라는 화친조약에 따라 흉노에게 매년 비단을 비롯한 막대한 공물을 바쳤다. 흉노는 한나라를 신하 취급하며 필요한 물품을 끊임없이 요구하는 동시에 국경을 침탈하고 백성과 물자를 계속 약탈해갔다. 한나라는 흉노의 막강한 군사력에 오갖 굴욕을 당하며 속수무책으로 당할 수밖에 없었다.

한나라 황제 유방과 묵특선우가 죽은 후에도 한나라와 흉노의 관계는 변함없었다. 한나라가 흉노에 대해 적극적인 공격을 하지 못하면서, 만리장성 밖은 완전히 흉노의 세상이 되었다. 흉노는 중국에서 서역으로 통하는 하서회랑 일대에서 세력을 떨치던 월지를 공격하여 중국 신장성 서쪽 끝에 위치한 이리지방으로 몰아냈고, 타림분지(타림분지와 타클라마칸 사막은 같은 지리적 개념임)의 교통 요충지 누란을 비롯한 광대한 서역의 오아시스 제국을 통제하고 세금 징수를 위해 톈산산맥(천산산맥) 남쪽 쿠얼러 인근에 동복도위를 설치하였다.

이 같은 국면은 한나라 무제(기원전 141년~기원전 87년)가

연지산은 치롄산맥의 한 갈래로 동서 34km, 남북 20km로 수초가 풍부하여 목축에 좋은 곳이다. 특히 이곳에서 자라는 잇 꽃인 홍화 꽃물을 흉노의 여인들이 얼굴에 바르면서 연지가 탄생하였다. 최근 실크로드 관광객이 많이 찾는다.

등극하면서 변화를 맞는다. 무제는 허울뿐인 화친정책을 파기하고 강력하고 공세적인 정책 기조로 전환하였다. 무제는 기원전 127년 대장군 위청을 출격시켜 흉노의 중국공략의 전진기지인 장안 서쪽 오르도스지방에서 흉노를 격퇴하였다. 당시 흉노는 선우 사후 권력투쟁의 분란에 빠져 한나라의 공격에 효과적으로 대응하지 못해 대패했다.

한나라는 승세의 여세를 몰아 곽거병이 흉노의 중요한 본거지인 치롄산맥(기련산맥)의 치롄산(기련산)과 옌즈산(연지산)을 공격하여 수만 명을 죽이는 대승을 거두었다. 전쟁에 대패하고 흉노의 근거지를 빼앗긴 흉노의 혼야왕은 선우로부터 책임당할 것을 두려워하여 4만 명의 무리를 거느리고 한나라에게 항복했다. 이로써 오랫동안 흉노의 기름진 옥토였던 광대한 초원지대를 한나라에게 송두리째 빼앗기고 말았다.

흉노는 치롄산과 연지산을 잃고 통곡하지 않는 사람이 없었다. 그들은 울며 탄식하기를 '우리의 치롄산을 잃어 가축을 번식하지 못하게 되었고, 연지산을 상실해 여인들이 더 이상 화장할 수 없게 되었구나!'라고 슬퍼했다. 연지산에는 여인의 얼굴을 발그스레하게 바르는 연지 꽃이 생산되는 곳이다. 여기서 전통혼례 때 신부의 얼굴과 이마에 찍는 연지 곤지할 때의 연지가 유래한다.(참고로 곤지는 몽골시대에 나옴)

치롄산과 연지산에서 가까운 오아시스가 하서회랑의 장예(장액)다. 치롄산에서 장예를 지나 에치나 강을 따라 북쪽 초원으로 올라가면 흉노의 선우의 궁정 선우정이 있는 몽골초원에 닿았다. 또 치롄련산 남쪽으로 내려가면 칭하이(청해성) 고원의 대초원과 연결된다. 그리고 장예에서 하서회랑을 따라 서쪽으로 나가면 타림분지와 중앙아시아 서역으로 이어진다. 이렇게 치롄산과 연지산은 지리적으로 비옥한 목축지로서 흉노의 핵심 지역으로 절대로 상실해서는 안 되는 땅이었다.

흉노는 빼앗긴 치롄산 일대를 탈환하고자 여러 차례 공격했으나 모두 실패했다. 게다가 흉노는 고비사막의 북쪽 초원의 막북에서 한나라의 위청과 곽거병이 이끄는 10만 대군의 공격을 받고 9만여 명이 죽는 참패를 당했다. 이로 인해 흉노는 실크로드로 나가는 핵심 길목인 하서회랑마저 한나라에게 빼앗기고 말았다. 한 무제는 하서회랑 일대를 확고하게 중국의 지배 영토로 만들기 위해 이곳에 우웨이(무위)군 등 한나라의 군현체제를 실시했다.

흉노는 한나라(전한 ; 기원전 206년~기원후 8년)가 신나라(기원후 8년~23년)에게 망하고, 신이 또 짧은 15년 만에 한나라(후한 ; 23년~220년)에게 망하는 정치적 혼란기를 이용하여 일시적으로 세력을 회복하여 타림분지 일대를 지배 세력권으로 넣었다.

　그러나 흉노는 1세기 후한 명제(기원후 57년~75년) 때 반초의 공격으로 하서회랑은 물론이고 타림분지 일대를 모두 상실하고 말았다. 흉노는 기원전 2세기 한나라 무제 때부터 기원후 1세기 후한 명제시기까지 300년간에 걸친 한나라와의 장기전으로, 비록 일시적인 회복기도 있었지만, 국력이 크게 약화되고 말았다. 이에 따라 그동안 흉노의 위세에 눌렸던 선비족을 비롯한 초원의 유목민족들에게 초원의 주도권마저 빼앗기는 신세로 전락하고 말았다.

　흉노는 북방초원에서 세력이 크게 약화한 상태에서 한나라가 다시 공격해 올 것을 두려워한 나머지 초원 남쪽의 남흉노 한나라에게 투항하였고, 몽골초원 북방의 북흉노는 선비족과 한나라 공격을 피해 멀리 서방으로 이주해갔다. 이로써 한 때 강력한 초원제국으로 서역을 지배하고 중국을 위협하며 맹위를 떨쳤던 흉노는 더 이상 위협적인 존재로 역사에 등장하지 못하였다.

3. 서역

　서역은 한나라(기원전 206년~기원후 220년) 때에 장건이 서역 대월지로 사행을 다녀온 이후 폭넓게 사용되기 시작한 말이다. 서역이란 '서쪽의 땅, 또는 서쪽의 먼 지역'을 지칭하는 것으로 대체로 오늘날의 중국 간쑤성과 신장위구르자치구

(신장성) 그리고 중앙아시아와 중동, 유럽까지 범주에 넣을 수 있다. 일반적으로 중국 중원의 서쪽 지역을 가리킨다.

서역의 범주는 시대마다 약간씩 달랐다. 일반적으로 협의의 서역은 하서회랑과 중국 타림분지의 누란, 호탄, 쿠처, 사처 등을 포함하는 신장위구르자치구를 말하며, 광의의 서역은 협의의 서역에 중앙아시아의 대원, 대월지, 오손, 강거를 포함하는 지역까지를 말한다.

서역은 지리적으로 동양과 서양 사이에 위치하고 있어 동서 문화를 흡수 융합하여 자신들의 문화를 창조하며 동서 문화교류의 가교 역할을 수행하였다.

실크로드 시대 즉 한나라~당나라 시기의 서역 국가는 오아시스 도시와 초원 도시가 대부분으로 초기 형태의 국가라고 할 수 있다. 규모가 작은 오아시스 도시국가는 인구가 1~2만 명에 불과했다. 서역의 국가는 시대마다 그 숫자에 변화가 있는데, 전한 시대 36개국, 후한시대 55개 나라로 통칭된다.

한나라(기원전 206년~기원후 220년)는 중간의 신나라(8년~23년)를 전후로 전한(기원전 206년~기원후 8년)과 후한(기원후 23년~220년)으로 구분된다. 앞으로 전한과 후한을 구분하지 않을 경우는 한나라로 통칭하고, 전한과 후한으로 구분 지을 필요가 있을 경우에는 전한과 후한으로 구분하여 설명할 것이다.

실크로드 전성시대인 당나라(618년~907년) 시대는 중국의 강역이 크게 확장되어 서역의 범위가 더욱 확대되어 인도의 천축, 페르시아의 파사, 아라비아의 대식까지 포함되었다. 당나라는 지배하는 서역이 너무 광범위하여 서역을 몇 개의 지

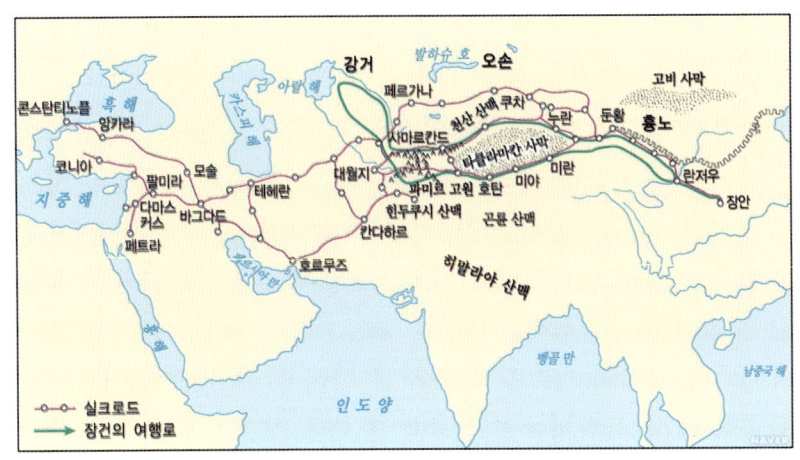

실크로드와 서역제국(지도: 대단한 지구여행)

역으로 나눠 각각에 통치기구를 설치하고 다스렸다. 송나라(960년~1279년)는 국력이 약하고 북쪽의 거란과 여진의 압박을 받고 있어 서역진출에 적극적이지 않았다. 대신 바닷길을 통한 교류가 활발했다.

원나라(1279년~1367년)는 중국, 중앙아시아, 서아시아, 동유럽을 지배하는 세계 제국이었기 때문에 통행증 하나로 전 영토를 자유롭게 다닐 수 있어 실크로드, 그 중에서도 초원 실크로드가 크게 발달했다. 명나라(1368년~1644년)는 북방 초원 국가들과 대치하는 상황이었기 때문에 서역과의 교류가 활발하게 이뤄지지 않았다. 청나라(1636년~1911년)는 명나라가 지배를 포기한 티베트와 신장성 전체를 정복하고 영토로 편입하였다.

서역의 국가는 사회경제적 구조에 따라 거국과 행국으로 나뉜다. 거국은 정착하여 농업과 목축을 하는 나라로 도시를 둘러싼 성곽이 있어 '성곽국'으로 불린다. 누란, 대원, 대하, 안식, 조지 등이 해당한다. 행국은 가축을 따라 이동 생활하는 유목국가로 성곽이 없는 나라로 오손, 강거, 엄채 등이 여기에 속한다.

기원전부터 시작된 활발한 동서교역은 서역 국가들을 경제적으로 윤택하게 만들었다. 한나라 무제(기원전 141년~기원전 87년) 시대에 36개국이던 오아시스 국가가 1세기 후에 55개국으로 늘어난 것은 경제적 풍요에 따른 인구증가 결과다.

서역제국(서역의 여러 나라)은 실크로드를 통한 중계무역에 적극적이었다. 실크로드에서 가장 화려한 문화를 꽃 피운 소그드(Sogd) 왕국도 중국의 장안과 로마 사이의 중간에 위치한 지리적 이점을 십분 활용한 중계무역으로 풍요와 번영을 누렸다. 실크로드 시대부터 서역인들은 상업적 수완을 발휘했는데, 이러한 전통은 원나라 시대 때 재정과 통상업무를 담당했던 서역출신 색목인을 거쳐 오늘날까지 이어지고 있다.

서역에서는 비단산지가 중국이라는 사실을 알게 된 후 흉노의 감시를 피해 중국과 직접 교역에 나섰다. 이들은 비단을 구입하기 위해 융단, 유리 그릇, 악기, 향료 등 서방의 온갖 진귀한 물품을 낙타에 싣고 중국의 장안을 오고가며 실크로드 문화를 발전시켰다.

한나라~당나라의 실크로드 시기 서역의 주요 국가를 살펴보면 다음과 같다.

대원은 흉노의 서남쪽, 오늘날의 페르가나 지방에 있었다. 이곳 이사성에는 피를 흘리듯 땀 흘리는 한혈마의 천마가 있었다. 한나라 무제는 하늘을 나는 것같이 빠르게 달리는 최고의 명마 천마를 얻기 위해 사신과 상인을 대원에 파견하였다. 그러나 대원은 하늘이 내려 준 천마는 팔 수 없는 보물이라고 거절하고 사신을 죽였다. 무제는 격노하여 수만 명의 군대를 동원하여 대원을 정복하고 천마를 빼앗아 오게 하였다. 한나라의 공격으로 대원은 모든 천마를 빼앗기고 멸망하고 말았으니, 천마는 대원에게 행운의 말이 되지 못했다.

대원은 천마가 먹는 묵숙이라는 풀이 있었는데, 한나라가 그 씨앗을 가져가 재배하여 말먹이 풀로 이용하였다. 대원은 포도가 많이 생산되어 집집마다 포도주를 빚었다. 부유한 집은 만여 석에 이르는 대량의 술을 빚어 저장했다. 대원뿐만 아니라 대부분의 서역의 나라는 포도를 재배하고 포도주를 빚어 마시기 좋아했다. 한나라 무제는 서역에서 가져온 포도와 묵숙을 좋아하여 이궁과 별관 주위에 가득 심어놓고 즐겼.

대원의 인구는 수십만이고 관할하는 도시가 70여개에 이를 정도로 비교적 국력이 강한 나라였다. 이들 민족은 눈이 움푹 들어가고 턱수염과 구레나룻을 기르는 인도 - 아리안계 종족으로 오늘날의 키르기스족과 타지크족 계통으로 추측된다. 이들은 여자를 귀히 여겨 남편은 아내를 존중하고 아내의 말에 따라 일을 처리했다. 대원의 북쪽은 강거, 서쪽은 대월지, 서남쪽은 대하, 동북쪽은 오손과 국경을 접했다.

누란(선선국)은 타클라마칸 사막과 연결되는 지점의 고비사막에 자리 잡은 오아시스 국가다. 기원전 2세기(기원전 176년)에 건국한 누란의 왕은 우니성(미란)에 거주했다. 기원전 1세기 전한 시기에 인구가 1만 4천여 명이었다.

누란은 실크로드에서 중요한 교통 요충지였다. 둔황에서 서

타림분지는 곧 타클라마칸 사막이다. 누란은 타림분지를 남과 북으로 이어지는 서역 남북로의 중요한 분기점이다.(지도: 유홍준, 나의문화유산답사기 중국편)

역으로 출발할 경우 누란을 거쳐 하미→투르판→우루무치를 잇는 톈산북로로 나아갔다. 후에는 하미를 건너뛰고 바로 누란에서 투르판으로 이어졌다. 서역남로는 누란에서 뤄챵(차르클릭)→치에모(체르첸)→호탄(허톈)으로 이어진다. 누란에서 쿠얼러→쿠처→카슈가르의 타클라마칸 사막의 북쪽 기슭의 톈산남로로 이어지는 분기점 역할도 하였다. 서역에서 동방으로 올 때는 역순으로 세 갈래 길이 다시 누란에서 만났다. 누란은 이러한 지리적 장점을 이용한 중계무역으로 번영을 누렸고, 불교를 비롯한 동서 문화교류를 활발하게 했다.

누란의 지리적 요충은 발전을 가져오기도 했지만, 누란을 고달프고 고통스럽게 했다. 누란을 차지하기 위해 흉노와 한나라가 끊임없이 압박하고 침략했기 때문이다. 누란은 기원 후 3세기 한나라가 멸망하고 흉노 또한 쇠퇴하는 시기에 타클라마칸 남쪽의 서역남로의 니야(현재의 민펑)까지 900km에 이르는 영

누란은 롭노르 호수의 물줄기가 끊어지면서 모래 속에 묻히고 말았다.

토를 지배하는 서역의 6개 연합국의 하나가 되었다.

그러나 5세기 중국 중원지역을 통일한 막강한 북위(386년~534년)의 공격으로 멸망하고 주민들은 흩어졌다. 이후 누란은 역사무대에서 사라지고 왕국의 흔적도 찾을 수 없게 되었다. 실크로드에서 어느 왕국보다 번영하며 역사에 자주 등장했던 누란이 감쪽같이 사라진 것이다.

이후 누란은 온갖 전설과 상상을 낳으며 수수께끼 같은 신비의 왕국이 되었다. 신비로움이 지나쳐 누란은 애초부터 존재하지 않은 상상의 나라에 불과했다는 주장까지 등장했다. 여기에 일본의 이노우에 야스시의 역사소설 '누란'이 공전의 히트를 치면서 호기심을 더욱 자극했다. 이에 누란을 찾겠다고(보물을 찾겠다는 욕심이 더 강했을 것이다) 많은 사람들이 타클라마칸 사막으로 들어갔지만 그들 대부분은 영원히 돌아오지 못했다. 이렇게 누란은 실크로드 최대의 미스터리였다.

누란이 세상에 다시 모습을 드러낸 것은 1,500년 지난 20세기 초였다. 실크로드 탐험가 스벤 헤딘이 누란의 폐허를 찾아내고 그곳에서 유적과 유물을 발굴한 것이다. 스벤 헤딘은 누란으로 흐르던 롭노르 호수가 남쪽으로 이동하면서 오아시스 누란은 모래 속으로 묻히게 되었다고 주장하였다. 롭노르 호수는 쿠얼러로 흐르는 공작강과 동쪽의 소륵하의 물길이 흘러들어 형성된 커다란 사막의 호수였다. 스벤 헤딘은 롭노르 호수는 1,500년을 주기로 물길을 바꾸는 방황하는 호수라고 주장하여 더욱 신비로움을 자아냈다.

스벤 헤딘의 뒤를 이어 헝가리 출신의 영국인 오렐 스타인이 누란의 폐허에서 각종 문서와 유물을 발굴하면서 누란의 신비는 하나씩 그 베일을 벗기 시작했다.

누란 유적지는 둔황에서 서쪽 사막으로 850km, 타클라마칸 사막 남쪽의 뤄챵에서 동쪽으로 330km 떨어진 사막 한 가운데 있다. 실크로드 시대에 둔황에서 타클라마칸 남쪽으로 가기 위해 첫 번째 만나는 곳이 누란이고 그 다음이 미란→뤄챵이다. 당시 둔황에서 누란까지 20일, 누란에서 뤄챵까지 1주일 전후 소요됐다. 둔황에서 누란까지, 누란에서 뤄챵까지 온통 사막이다. 둔황에서 서역남로의 뤄챵과 톈산북로의 투르판으로 나아갈 때 그 중간지점에 누란이 있기에 그나마 실크로드를 원활하게 오고가게 할 수 있었다.

그런 누란이 롭노르 호수와 함께 모래 속으로 영원히 사라졌으니, 실크로드를 오고가는 사람들은 중간에 쉴 수 없어 고생이 더욱 가중되었다. 누란의 몰락은 오아시스의 한계를 여실히 보여주는 사례다. 오아시스는 번영을 누리다가도 지하

수맥이 끊어지는 순간 그 운명을 다하고 마는 것이다.

구자(구자국)는 쿠처에 있던 왕국이다. 기원전 1세기에 인구가 8만 명으로 실크로드 톈산산맥의 남쪽 루트 서역북로에서 가장 크고 가장 번영을 누린 왕국이다. 전성기 때의 왕궁은 신의 거처와 같이 화려했고 구자성은 당나라 시대의 장안성과 흡사하게 웅장하고 당당했다. 삼중 성곽에 옥과 금으로 장식되어 화려하고 장려했다.

구자는 전한이 멸망하자 흉노와 연합하여 현재의 카슈가르인 소륵을 공격하고 서역북로를 지배했다. 그러나 후한의 반초에게 정복되었다가 후한 멸망 후 중국의 분열과 혼란기인 5호16국(304년~439년) 시기에 발전을 구가했다. 그러나 5호16국의 하나인 전진(349년~395년)의 여광이 이끄는 7만 대군의 침공을 받고 대패하여 낙타 2만 마리, 말 1만 필, 곡예사, 금은보화 등을 약탈당하는 등 철저하게 파괴되었다.

구자는 당나라 시대에 실크로드의 전성시대를 맞아 서역북로의 중심지답게 옛 영화를 되찾았다. 불교가 번창하여 사찰이 1백 여 개, 승려가 5천 명에 달했다. 성 밖 길가 좌우에 거대한 대불상을 조성하였다. 이 대불상 앞에서 5년에 한 번씩 일체평등의 대법회가 열렸고, 그 때는 왕으로부터 일반 백성에 이르기까지 수십일 동안 설법과 불경 강론을 들었다. 당나라는 구자(쿠처)에 안서도호부를 설치하고 타림분지 일대의 서역을 지배했다. 8세기 중엽 당나라 고선지 장군이 이슬람에게 패배하여 서역을 상실하기까지 구자는 당나라 서역진출의 중심기지로 역할하며 발전했다.

소륵은 타클라마칸 서쪽 끝에 있는 오아시스 국가로 오늘날의 카슈가르다. 북쪽으로 톈산산맥, 남쪽으로 쿤룬산맥, 서쪽은 파미르 고원과 맞닿고 동쪽은 거대한 타클라마칸 사막이 펼쳐진다. 그래서 톈산산맥의 남쪽 즉 타클라마칸 사막 북쪽의 서역북로와 쿤룬산맥의 북쪽 즉 타클라마칸 사막 남쪽의 서역남로가 만나는 교통의 요충지다. 이곳에서 서역으로 가기 위해서는 파미르 고원을 넘어야 하고, 파미르를 넘어 온 사람은 소륵에서 휴식을 취한 후 서역남북로로 떠났다. 이 같은 실크로드의 지리적 이점을 살려 소륵은 번영을 누렸다.

소륵은 2,000년 전 한나라 시대에 타림분지의 사처, 거사, 서야 등을 지배하며 옌치(언기), 구자국 등과 6개 연합국 체제를 이루며 명성을 떨쳤다.

그러나 5세기에 돌궐 등에게 반 예속 상태에 놓였고, 640년 당나라가 소륵을 정복하고 타림분지의 오아시스 왕국을 분할 통치하기 위해 소륵을 옌치, 호탄, 쿠처와 함께 당나라의 안서 4진(군대가 주둔하며 지배하기 위한 군진)의 하나로 삼았다.

소륵 즉 카슈가르는 타림분지에서 비교적 기후가 온화해 살기 좋은 곳으로 꿀과 과일이 풍부하다. 카펫이 유명하고 전포 옷을 입으며 고기, 파, 부추 등을 즐겨 먹었다. 당나라 시대에는 불교가 성행했으나 오늘날은 완전한 이슬람지역으로 위구르 민족의 중심도시가 되었다.

오손은 장안에서 8천 9백리 떨어진 머나먼 곳이다. 파란 눈에 붉은 수염의 아리안계 유목민족으로 흉노와 습속이 비슷했다. 이들은 정착생활을 하지 않고 가축을 따라 이동하는 유목생활을 하였다. 한나라 시대에 인구가 63만 명에 군사가 18만여 명으로 서역의 대국이었다. 오손은 명마가 많은 고장으로 부유한 한 사람이 4,000~5,000필의 명마를 소유했다.

오손은 기원전 2세기 흉노에게 예속되어 있었으나 곤막의 시대에 흉노 지배로부터 벗어났다. 곤막의 아버지가 흉노의 공격으로 죽임을 당할 때, 곤막은 막 태어난 상태로 들에 버려졌다. 그러자 까마귀가 고기를 물어 오고, 늑대가 와서 그에게 젖을 먹였다. 흉노의 선우는 괴이하게 생각하고 그를 거두어 길렀다. 곤막이 성년이 되어 여러 차례 공을 세우자 선우는 곤막에게 부친의 백성을 돌려주고 서쪽 변방을 지키게 하였다.

곤막은 백성을 잘 보살펴 인심을 얻은 후 주변 부족을 정복하여 세력을 키워가며 기회를 엿보고 있었다. 그리고 마침내 흉노의 선우가 죽은 틈을 이용하여 곤막은 자기 백성을 이끌고 톈산산맥 북쪽으로 달아나 독립하여 오손을 세웠다. 흉노는 분노하여 곤막을 공격하였으나 이기지 못했다.

발전하던 오손은 후계문제로 내분에 빠졌다. 곤막에게는 10여명의 아들이 있었고, 그 중 대록의 세력이 가장 강했다. 오손의 태자는 대록의 형이었으나 갑자기 죽음을 맞았다. 태자는 죽으면서 아버지 곤막에게 자기 아들을 태자로 삼아줄 것을 간청하였다. 곤막은 젊은 나이에 죽은 아들을 불쌍히 여겨 태자의 아들 잠추를 태자로 삼았다. 그러자 대록이 불만을 품고 형제들과 연합하여 잠추와 곤막을 공격하였다.

오손이 이 같은 내분으로 혼란에 빠져있을 때 장건이 대월지 사행을 마치고 2차 서역 사행으로 오손에 왔다. 장건은 곤막에게 한나라와 동맹하기를 설득하였으나 곤막은 내분 수습이 먼저였기에 한나라와의 동맹은 거절하되 한나라에게 오손

옛 오손 땅에 있는 비련의 오손공주 세군석상

의 명마 1,000필을 바쳤다.

곤막이 내란을 수습한 후 한나라의 국력이 강하다는 소식을 듣고 한나라 공주를 오손에 시집보내 줄 것을 요청하였다. 한나라는 오손을 이용해 흉노를 견제할 목적으로 황실 공주 세군을 시집보냈다. 곤막이 세군을 우부인으로 삼자 흉노 또한 한나라를 견제하기 위해 오손으로 공주를 시집보내니 곤막이 좌부인으로 삼았다. 오손은 강대국 사이에서 어쩔 수 없이 양다리 외교를 펼친 것이다.

몇 년 후 곤막은 자신이 늙었음을 이유로 세군을 그의 손자 잠추의 아내로 삼게 했다. 세군이 오손으로 시집올 때 곤막은 이미 70세가 넘은 노인이었다. 세군의 나이는 정확히 알 수 없으나 10대 후반이었을 것으로 추정된다. 황실의 딸로 곱게 자란 어린 세군이 사막을 건너 모든 것이 낯선 초원의 유목민족으로 시집가는 것은 죽기보다 싫은 일이었을 텐데, 막상 할 아버지 같이 늙은 곤막을 보고 절망했음은 불문가지다.

그런 세군에게 곤막의 손자 잠추에게 다시 시집가는 일은 또 다른 충격이고 고통이었다. '아버지가 죽으면 자식이 그 계모를 처로 한다'는 유목민족의 유습에 따른 처사지만, 한나라 같은 농경민족에서는 상상할 수 없는 일이다. 세군은 한나라 황제 무제에게 곤막의 손자와 혼인하지 않고 귀국하게 해달라고 애원하는 편지를 보낸다. 그러나 오손을 이용하려는 한나라가 허락해 줄 리 없었다. 어쩔 수 없이 잠추의 처가 된 세군이 딸 하나 낳았다는 것 외에는 더 이상 전해오는 기록이 없다.

오손은 한나라로 파견했던 사신을 통해 한나라의 인구가 많고 땅이 크며 물자가 풍부하다는 사실을 알게 되면서 한나라를 존중하며 교류에 적극 나서며 발전을 꾀했다.

강거는 남쪽으로 대월지와 국경을 맞댄 중앙아시아 서북쪽 멀리 위치한 유목국가다. 이들은 정착하지 않고 이동 생활하는 민족이어서 궁성이 없고 게르(파오)에서 생활하였다. 대월지와 같은 계통의 인종으로 생활 풍습이 월지와 비슷했다.

강거는 전한 시기에 흉노와 대월지의 지배를 받았고 후한 시기에 영토를 확장하여 서역의 강국으로 발전했다. 후에 위진남북조의 진나라(진시황제의 '진'나라가 아니라 한나라 멸망 후 사마씨가 세운 '진') 시기에 중국에 귀순하고 조공하였다. 이후 남북조시기(4~6세기)에 쇠퇴의 길을 걷다 몰락하였다.

당나라 현종시기에 장안의 궁정에서 강거의 '호선무' 춤이 유행했다. 이 호선무를 당 현종과 양귀비가 좋아해서 더욱 유행하였다.

엄채는 강거 서북쪽 아랄 해와 카스피 해에 연한 유목민족으로 수렵과 어로를 병행하는 군사 10만 명의 왕국이다. 동북방에서 거주하다 서쪽으로 이동한 민족으로 서방의 유목민족과는 문화와 풍습이 달랐다. 엄채는 2세기 중엽 북흉노가 서쪽으로 이동해 옴에 따라 더 서쪽으로 이주했다. 4세기 후반 흉노계 민족인 훈족에게 예속된 후, 5세기 중엽 훈족의 왕 아틸라의 유럽원정에 참여하여 프랑스 중부를 공격하였다. 이 공격으로 독일과 프랑스에 거주하던 게르만족이 훈족의 공격을 피해 대거 서쪽으로 이동하며 이른바 게르만족의 대이동을 촉발시켜 유럽의 역사를 바꾸는 계기가 되었다. 이후 엄채는 코카서스 지방으로 이동한 것으로 추정된다.

대월지의 선조는 기원전 5세기부터 하서회랑의 장예와 둔황 그리고 치롄산 북쪽 일대에서 세력을 떨친 월지국이다. 기원전 2세기 흉노의 묵특 선우가 대월지를 공격하여 월지 왕을 살해하고 그의 두개골로 자신의 물바가지로 삼았다. 월지국 사람들은 공포에 떨며 서쪽 멀리 이식쿨 호수부근으로 달아났다. 이들을 대월지라고 부르며, 이동하지 않고 하서회랑과 치롄산 일대에 남은 월지를 소월지라고 한다.

이동해 간 대월지는 다시 오손의 공격을 받고 대원 서쪽의 아무다리야 강변으로 달아났다. 그곳에서 세력을 키워 남쪽의 대하(박트리아)를 정복하고 기병 20만 명에 달하는 강국이 되어 풍요와 평화를 찾았다. 이즈음 한나라 장건이 대월지를 찾으면서 위대한 실크로드가 열리게 된다. 두 나라의 연합은 성사되지 않았지만 대월지는 장건과 함께 실크로드 역사에 영원히 이름을 남기게 되었다.

안식국(파르티아)은 고대 이란 왕국으로 기원전 3세기 중엽 대월지 서쪽 카스피해 남동지방에서 건국하였다. 이후 동쪽의 이란 방면으로 영토를 확장하며 박트리아와 바빌로니아를 정복하였다. 기원전 2세기 코카서스의 아르메니아와 북방 인도까지 영토를 확장시켰다. 이로써 파르티아는 중국의 장안에서 중앙아시아를 거쳐 로마로 이어지는 넓은 지역에 자리 잡으면서 실크로드의 중요한 대상로가 되었다.

안식국은 교역에 적극적이어서 수레와 배를 이용하여 먼 나라까지 왕래하며 무역을 했다. 이들은 왕의 얼굴을 새긴 은화를 사용하는 왕국으로 새로운 군주가 즉위하면 새 임금의 화폐를 만들었다. 화폐를 주조함으로써 왕권을 강화하고 상업을 활성화하며 원거리 교역을 용이하게 했다.

안식국은 기원전 2세기 비단의 나라 한나라에서 사신이 온다는 소식을 듣고 기뻐하여 2만 명의 기병이 수도에서 몇 천 리 밖까지 나가 영접하였다. 한나라는 안식국의 물품에 관심을 가졌고, 안식국은 한나라가 광대한 영토에 비단을 생산하는 나라임을 알고 적극적으로 교역에 나서면서 실크로드는 한층 활기를 띠었다. 이에 따라 안식국의 수사와 페르세폴리스는 실크로드의 상업과 무역의 중심도시로 번영을 누렸고, 그 화려한 유적지는 현재 세계문화유산으로 등록되어 세계적인 관광명소가 되었다.

조지(조지국)는 지중해에 맞닿은 서역의 가장 서쪽 끝 나라다. 기후는 덥고 습기가 많으며 농경과 목축을 했다. 이들은 마술을 즐겼다. 중국의 고대 신화에 조지에 신선들이 사는 땅에 강 약수와 불사약을 갖고 있다는 전설의 여왕 서왕모가 있다는 내용이 있는데, 이는 조지가 워낙 먼 지역이다 보니 이같은 상상의 신화가 탄생한 것이라고 생각된다.

후한시대 타림분지 일대에서 30년간 활동하며 서역지배권을 확립한 반초가 서기 97년 그의 부하 감영을 대진국에 사신으로 파견하였다. 대진국에 대해서는 여러 설이 분분하지만 대체로 로마로 추정한다. 반초는 서역 끝 너머에 또 다른 문명국이 있다는 얘기를 듣고 사신을 파견했을 것이다. 감영은 안식국을 지나 조지에 도착했으나, 큰 바다에 막혀 사행을 포기할 수밖에 없었다. 큰 바다는 지중해 혹은 흑해로 추정된다. 감영은 바다를 건너 대진국에 가려 했으나, 현지인들이 망망대해의 위험성을 알리며 극력 만류하는 바람에 그만두었다. 조지국의 위치에 대해서는 현재의 시리아가 유력한 가운데 옛 소련에서 독립한 그루지야 공화국이라는 주장도 있다. 시리아는 지중해와 닿아 있고, 그루지야는 흑해와 맞닿아 있다.

비록 감영의 대진국 사행이 실패했으나 조지국에 대한 정보를 통해 지중해 또는 흑해 너머에 대한 새로운 문명정보를 가져옴으로써, 한나라(후한)와 이후의 중국인의 세계관을 넓히는데 기여하였다.

대하(박트리아)는 민족적으로 유럽-인도계로 힌두쿠시 산맥의 북쪽으로부터 아프가니스탄 북부의 아무다리야 강 중부 지역에 위치하였다. 아무다리야 강은 아랄 해로 흐르는 강으로 옥수스 강이라고도 불리는 중앙아시아에서 가장 긴 강이다. 대하를 기원전 4세기 알렉산더 대왕의 동방원정 시기에 대왕의 부하인 그리스계 지도자가 건국한 왕국으로 보는 견해도 있다. 땅이 비옥하고 상업으로 부유함을 더하여 전성기의 인구가 100만 명에 이르렀다.

　대하는 기원전 2세기 흉노에게 쫓겨 온 대월지에게 정복되어 속국이 되었다. 이때 장건이 대월지에 사신으로 왔으나, 대월지가 한나라와의 연합제의를 거부하자 장건은 대하를 방문했다. 대하가 수도에 시장을 개설하고 상업을 장려하며 상술이 뛰어나다는 소식을 듣고 대하에게 유리한 비단교역을 제시하고 대하로 하여금 대월지를 설득해 한나라와의 연합을 이끌어내려는 의도였다. 대하는 장건을 크게 환영했으나 끝내 연합은 성사시키지 못했다. 장건이 귀국한 후 한나라는 한나라에 호의를 보인 대하에 사신을 파견하였고, 대하 또한 비단교역에 흥미를 갖고 한나라와 적극적으로 교류하였다.

　대하가 위치한 지역을 트란스옥시아나라고 한다. 아무다리야 강과 시르다리야 강 사이에 위치한 평원이다. 이곳은 알렉산더 대왕의 동방원정 시기인 기원전 4세기부터 이미 비옥한 토지를 바탕으로 농업과 상업이 발달했다. 알렉산더 대왕의 부대가 한동안 머물면서 이곳에 그리스 문화가 이식되었다. 이를 바탕으로 대하는 헬레니즘의 그리스 문화를 중앙아시아에 전파하는 역할을 담당하게 되었다.

　대하는 또 기원전 2세기 이후 한나라와 당나라와의 교류를 통해 동방의 오리엔트 문화가 유입되면서 동서 문화가 융합된 문화를 꽃피웠다. 그리고 실크로드를 통해 안식(파르티아)과 인도와 교류하면서 다양하고 독특한 문화를 창조하였다.

　대하가 자리했던 트란스옥시아나는 8세기 탈라스 싸움에서 당나라를 격파한 이슬람 왕조가 지배하였다. 13세기는 몽골의 칭기즈칸이 정복했고, 이후 차가타이한국의 영토에 편입되었다. 14세기에는 사마르칸트 왕조가 들어섰고, 1500년 이후는 우즈베크족이 장악하였다. 이를 계기로 이들 민족이 대거 이 지역으로 몰려들었다. 이들이 현 우즈베키스탄의 전신이다.

이상과 같이 실크로드에 등장하는 몇몇 서역제국에 대해 살펴보았다. 이들은 모두 장건의 서역사행 이후 한나라와 교류를 시작했다. 장건은 대월지 사행 이후 다시 오손에 파견되는 등 여러 차례 서역 각국을 방문하면서 서역에서 존중받았다.

한나라는 장건의 상세한 보고에 의해 서역의 정치·경제적 중요성을 인식하고 그들과 교류 내지 연대하기 위해 사신을 파견하였다. 그리고 서역과의 교류를 원활하게 하기 위해 하서회랑에 군, 즉 하서 4군을 설치하고 실크로드를 오고가는 사신과 상인을 보호하고 안내하였다.

한나라는 가까운 곳은 말할 것 없고 안식, 엄채, 조지 같은 먼 나라까지 사신을 파견했다. 서역으로 가는 사신은 몇 백 명 단위를 이루었고, 적을 경우에도 백여 명에 달했다. 이렇게 많은 인원으로 사절단을 편성한 것은 지리, 기후, 풍토 등 온갖 험난함을 고려했기 때문이다. 수백 명이 함께 떠났지만 돌아올 때는 수십 명이 되지 못했고, 아예 1명도 돌아오지 못한 사행단도 있었다.

한나라는 1년에 10여 차례, 적어도 5~6차례 서역으로 사신을 파견하였고, 먼 곳으로 가는 사신은 왕복 8~9년, 가까운 곳은 수개월에서 1~2년 걸렸다. 서역 각국에서도 비단을 찾아 한나라에 경쟁적으로 사신을 파견하였다. 이렇게 실크로드는 활성화되고 발전하며 인류사의 한 획을 긋게 되었다.

제2장 실크로드의 개척

1. 장건

한나라 무제는 등극하면서 흉노를 적극적으로 공략하기 시작하였다. 그의 재위 55년은 흉노와의 전쟁이라고 해도 지나치지 않는다. 그러나 국가가 동원할 수 있는 모든 가용 재원과 병력을 동원해서 흉노를 공격했지만, 싸움은 쉽게 끝나지 않았다. 무제와 장군들은 보다 효과적인 흉노공략을 위한 방법 찾기에 골몰했다. 그 때 흉노의 포로병을 심문하다가 흉노와 싸우다 패하여 서쪽으로 달아났다는 대월지에 관한 정보를 접하게 된다. 당시 한나라는 만리장성 밖에 흉노 외의 유목국가가 있다는 사실을 전혀 몰랐다. 흉노가 워낙 무서운 강적으로 흉노 외는 생각할 겨를이 없었고, 흉노가 한나라를 외부세계와 접촉하지 못하도록 철저히 차단했기 때문이다.

무제는 처음으로 서역에 또 다른 왕국이 있다는 사실을 알게 되었고, 흉노와 싸웠다는 대월지에 대해 커다란 관심을 가졌다. 흉노의 실력을 익히 알고 있는 무제는 대월지가 흉노에게 패했다고 하지만 흉노와 싸울 정도라면 상당한 정도의 군사력을 가진 국가라고 생각했기 때문이다.

장건이 한 무제의 명을 받고 대월지로 떠나는 장면(둔황벽화)

　더욱이 대월지가 전쟁에 대패하여 할 수 없이 정든 고향 땅을 떠나 서쪽으로 도망하였기에 흉노에 대한 원한이 깊을 것으로 생각했다. 무제는 서역의 대월지와 연합할 수 있다면 흉노와의 전쟁을 훨씬 유리하게 전개할 수 있을 것으로 판단했다. 한나라와 대월지가 양쪽에서 흉노를 협공하면 흉노의 군사력을 분산시킬 수 있기 때문에 지금까지의 전쟁 양상과는 전혀 다를 수 있다고 생각한 것이다.
　문제는 서역 어딘가에 있다는 대월지로 찾아가는 일이었다. 서역에 대한 지식이 전무한 실정에서 대월지를 어떻게 찾아가느냐가 크나큰 관건이었다. 당시는 서역은 인간이 살 수 없는 불모의 땅이며 그 끝은 은하수의 세계라고 인식할 정도였다. 때문에 대월지를 찾아가는 것을 요즘에 비유하면 우주선을 타고 우주 어딘가에 있다는 ET를 찾으러 가는 것과 같았다. 게

다가 대월지로 가기 위해서는 반드시 흉노가 지배하는 땅을 통과해야하기 때문에 목숨조차 담보하기 어려웠다. 그러니 이같은 공포의 미지 세계에 가는 것만큼 무모한 일도 없었다. 그런데 이같이 위험하고 불가능한 일에 도전한 사람이 등장하였다. 장건이다.

장건은 산시성 한중 출신이다. 그는 당시 낭관이라는 낮은 관직에 있었다. 장건은 강인하고 의지가 굳세며 일에 임해서는 견실하고 책임감이 강했다. 그런 장건이었기에 모두가 꺼려하고 두려워하는 서역 사신에 도전한 것이다.

장건은 무제의 격려를 받으며 기원전 139년 노예 감보와 100여 명의 수행원을 데리고 서역으로 출발하였다. 감보는 흉노사람으로 그를 수행단에 넣은 것은 길 안내를 삼기 위함으로 보인다. 감보는 사행하는 내내 길 안내는 물론이고 유목민족 출신답게 뛰어난 활 솜씨를 발휘하여 곤궁에 처할 때마다 문제를 해결하곤 했다.

장건은 장안을 떠나 톈수이(천수)를 지나 하서회랑에 들어섰다. 길이 1,000km의 하서회랑은 남북으로 험악한 산맥과 사막으로 막힌 좁다랗고 긴 통로다. 하서회랑은 거친 황토와 사막지대지만 하서회랑을 남쪽에서 끝까지 따라오는 해발 3,500~6,000m의 치롄산맥의 만년설이 녹아 흘러내린 물이 곳곳에 오아시스를 형성한 지대다.

장건은 흉노의 눈에 띄지 않기 위해 가급적 낮에는 잠자고 밤에 이동하며 하서회랑을 빠져나갔다. 그리고 톈산산맥 북쪽의 톈산북로에 접어드는 순간 흉노에게 체포되어 선우가 있는 선우정으로 압송되었다. 당시 선우정은 고비사막 북쪽 초원

혹은 내몽골 지방 또는 몽골의 수도 울란바토르 부근으로 추정된다. 흉노는 정착하지 않고 목초지를 따라 이동하였고 선우의 천막이 설치된 곳이 왕정인 선우정(수도)이 된다. 따라서 선우정은 한 곳에 머물지 않고 항상 이동하기 때문에 그 위치를 확정하기 어렵다.

흉노의 강역은 한나라가 생각하는 것보다 훨씬 광대했다. 중국 내몽골자치구와 몽골공화국 그리고 하서회랑과 신장위구르자치구를 포함한 서쪽의 중앙아시아 대부분이 흉노의 영토이거나 지배영역이었다. 때문에 만리장성 밖으로 한 발자국만 나가면 모두 흉노 땅으로 대월지를 가기 위해서는 반드시 흉노 땅을 거치지 않으면 안 되었다. 그러니 흉노에게 체포되는 것은 당연한 일로 애초부터 대월지로의 사신파견은 불가능한 일이라고 할 수 있었다. 더욱이 서역으로 가는 길은 해발 수천 미터의 험준한 산맥과 만년설, 거친 고원, 풀 한포기 없는 열사의 사막을 통과해야 했다. 때문에 한 무제도 장건이 반드시 성공하리라 믿지 않았고 장건도 결코 쉽지 않은 길임을 알았다. 그런데도 장건은 도전했고, 그래서 장건이 위대한 것이다.

장건은 흉노에서 10년간의 혹독한 포로생활을 하였다. 죽임을 당하지 않은 게 다행이라면 다행이었다. 장건은 모든 것을 체념한 듯 포로생활에 충실했다. 한나라 사람이기를 포기한 듯 흉노의 법도를 따르고 흉노의 풍습을 따랐다. 장건은 점차 흉노사람으로 되어갔다.

장건은 10년간의 포로생활을 통해 유목민의 생활습관을 완전히 몸에 익혔다. 말을 타고 사냥을 즐기며, 비릿한 양고기와 양젖 그리고 양과 말 젖으로 만든 술을 누구보다 즐겨 마셨다. 이런 장건을 보고 흉노 선우는 만족하여 흉노 여인을 아내로 삼게 하고 파오 반경 10km 이내는 자유로이 행동할 수 있도록 허용했다.

장건은 사고방식과 생활하는 모든 면에서 흉노인과 다름없었다. 흉노의 언어와 흉노의 전통의식까지 익혀 흉노인의 환심까지 샀다. 더욱이 흉노 아내를 맞아들여 아들까지 낳고 아이에게 중국식 교육이 아닌 말을 타고 활 쏘는 등의 흉노식 교육을 시켰다. 아이교육과 행실마저 흉노 사람과 똑 같아서 그를 감시하던 흉노인 조차 "장건은 완전히 흉노사람이 되었다"라고 말할 정도였다.

그러나 장건은 신절을 몸에 감춰 지니며 결코 잃어버리지 않았다. 신절이란 길이 20cm, 폭 10cm의 대나무나 비단 천에 전자(글자체의 하나)로 글씨를 써서 신분을 증명하는 물건이다. 사신 증표인 동시에 각 관문을 통관하고 필요한 물자까지 조달받을 수 있는 징표였다. 10년간의 장건의 흉노행세는 계산된 위장이었던 것이다. 흉노는 이 같은 속셈을 모른 채 점차 경계를 게을리 하였다. 하기야 처자식을 거느린 가장으로 10년 동안 위장했으리라 누가 짐작이나 했겠는가.

장건은 마침내 기회를 엿보다 탈출을 감행하였다. 흉노는 속은 것에 분노하여 장건을 추격했지만 필사적으로 도망치는 장건을 잡지 못했다. 장건은 대월지를 향해 톈산산맥 북쪽 길을 이용해 서역으로 나아갔다. 실크로드는 톈산산맥(천산산맥)의 남쪽과 북쪽으로 가는 길이 기본이다. 그래서 실크로드의 주요 루트를 톈산남북로라고 한다.

만년설과 험준한 고봉준령으로 이뤄진 톈산산맥은 세계 7대

길이 2,700km로 세계 7대 산맥의 하나인 만년설의 톈산산맥

산맥의 하나다. 톈산산맥은 파미르 고원에서 동북쪽으로 뻗어 올라가다가 신장성 중부에서 둘로 나뉜다. 하나는 계속 북쪽으로 뻗어 올라가 알타이 산맥과 접하고, 다른 하나는 신장성 중부를 남북으로 가르며 달려 나간다. 신장성을 나누며 지나는 산맥의 길이만 1,700km로 서울서 부산을 4번을 가야할 거리다. 파미르 고원에서 알타이 산맥까지 계속 북상하는 톈산산맥은 중국과 주변 중앙아시아 국가들과의 국경선이 된다.

 톈산산맥의 총 길이 2,700km, 산맥의 폭이 300~500km로 우리나라 서해에서 동해까지보다 더 넓다. 평균 해발 고도는 5,000m, 최고 높은 산이 7,443m이며 6,000m가 넘는 준봉이 15개나 된다. 여기에 800개가 넘는 거대 빙하를 품고 있다. 간단히 말해 톈산산맥의 총 면적이 한국의 5배다. 그러니 크다, 높다, 넓다, 웅장하다 등의 말로는 설명이 불가능하다. 톈산산맥은 1980년대까지 이곳의 유목민을 제외하고 일반인의

설산과 빙하 그리고 험준한 산악고원 지대로 이뤄진 파미르고원

등정을 금했다.

텐산산맥과 함께 실크로드의 중요 경유지가 세계의 지붕 파미르 고원이다. 파미르 고원은 중국·러시아·인도·아프가니스탄 등에 걸친 평균 고도 4천m, 높은 준봉이 7천 5백m에 이르는 공포의 산악지대다. 너무 험준한 고산지대여서 야크 외의 동물은 살지 않는다. 실크로드를 오고가는 사람들은 텐산산맥보다 1달 이상 관통해야 하는 파미르 고원에 더 공포를 느꼈다.

파미르는 파를 뜻하는 '총', 험준한 고개를 의미하는 '령'을 합해 '총령'이라고 한다. 이곳에 야생 파가 나서 그렇게 이름을 붙인 것이다. 한나라와 당나라 시대는 파를 매우 신기한 식물로 여겼고, 또 그것을 요리해 먹는 것을 독특한 식문화로 생각했다. 그래서 실크로드 여행기를 쓴 사람들은 어느 지방에 파가 있고 어디에서 파를 먹는다는 기록을 반드시 남겼다. 파는 서역에서 파미르를 거쳐 동양으로 전래된 후 동양의 음식 요리에서 없어서는 안 되는 중요한 재료로 자리 잡았다.

　장건 일행은 야생 파와 감보가 잡는 짐승을 먹으며 파미르 고원을 넘었을 것이다. 그리고 마침내 장건은 이란 동부지역에 있던 대월지에 다다랐다.

　대월지는 앞에서 언급한 대로 흉노에게 패배한 후 흉노의 힘이 미치지 않는 서쪽 먼 곳으로 이주하였다. 이주라기보다 도망갔다는 표현이 정확하다. 장건이 대월지에 도착했을 때 이들은 비옥한 땅에서 안락한 생활을 누리고 있었다. 더욱이 흉노에게 왕이 죽는 참혹한 패배를 당한 데다, 한나라는 까마득히 멀리 떨어져 있어 한나라와 연합해 흉노와 전쟁할 마음이 전혀 없었다. 장건이 한나라가 큰 나라이며 문명이 발달한 강국이라고 아무리 설득해도 소용없었다.

　장건은 귀로에 올랐다. 서역의 여러 나라를 지나 다시 톈산산맥에 도착한 그는 지난번과 달리 톈산남로를 넘기로 했다. 서역으로 나갈 때 톈산북로를 택했다가 흉노에게 붙잡혔기 때문이다. 그는 소륵과 호탄, 누란을 거쳐 강중(칭하이성)을 통해 한나라로 들어오려는 계획이었다. 그러나 불행하게도 흉노에게 또 다시 붙잡히고 말았다.

　그는 흉노의 선우정으로 끌려가 죽음 직전에서 옛 지인들의 도움으로 겨우 살아났으나 이전보다 훨씬 가혹한 포로생활을 하게 된다. 그렇게 1년의 포로생활을 하던 중 흉노의 왕(선우)이 죽고 그 후계 자리를 두고 내란이 일어났다. 장건은 이 틈을 이용하여 탈출하여 한나라로 귀환하는데 성공하였다. 무려 13년만의 귀국이었다. 대월지로 출발할 때 100여명의 수행원 가운데 충실하게 길잡이 역할해 준 감보와 흉노인 아내 2명만 함께 돌아왔다.

장건의 서역왕래는 초인적인 인내와 집념의 결과다. 정보통신이 발달하고 도로가 정비되고 현대장비를 갖출 수 있는 현재도 서역탐사는 인간의 한계를 시험받는 곳이다. 그런데 정보도 없고 길조차 없는 2,000년 전의 장건이 11년간의 혹독한 포로생활까지 감내하며 톈산산맥과 파미르 고원을 넘나들며 서역을 왕래했으니, 타고난 체력과 임무완수에 대한 굳센 의지가 없으면 불가능한 일이었다. 20세기 이후 실크로드를 수십 차례 다녀온 필자로서는 그저 경이로울 뿐이다.

장건의 서역 대월지 왕래는 후세에 '실크로드'로 명명되는 동서교류의 길이 되었다. 이로써 장건이 의도한 것은 아니지만, 장건은 실크로드를 최초로 개척한 인물로 실크로드사에 길이 이름을 남기게 되었다.

장건의 대월지와의 교섭은 실패했지만 서역에 대한 생생한 보고는 한나라의 서역에 대한 세계관을 크게 바꾸는 계기가 되었다. 한나라는 하서회랑의 둔황과 누란을 비롯한 대원, 대월지, 오손, 강거, 신독국 같은 서역의 수많은 나라들과 그들의 풍물, 습속에 대해 알게 되었고, 서역에서 생산되는 포도, 수박, 석류 등의 과일과 호탄의 옥을 비롯한 온갖 진기한 물산에 대해서도 알게 되었다. 한 무제는 장건의 보고를 받고 서역에 대한 관심과 열정이 고조되었다.

무제는 특히 장건이 대하에서 한나라의 쓰촨성 촉에서 생산되는 죽장인 공죽장과 면포를 보았다는 소식에 크게 놀랐다. 왜냐하면 대하는 한나라의 존재 자체를 모르고 있었기 때문이

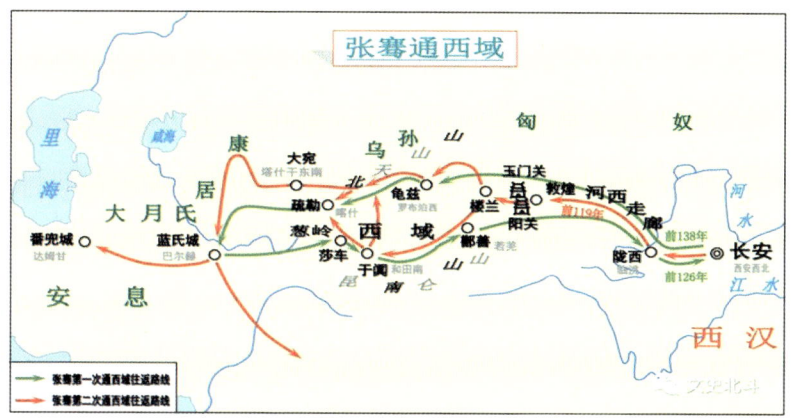
장건의 대월지 사행노선(연두색 노선). 빨간색 노선은 2차 서역 사행노선.

다. 대하뿐만 아니라 서역의 모든 나라는 한나라를 모르고 있었다. 장건이 공죽장과 면포의 유입경로를 살펴보니 오늘날의 인도를 지칭하는 신독을 통해 들어온다는 사실을 알게 되었다. 결국 한나라에서 인도의 신독으로 통하는 길이 있고, 누군가에 의해 이 같은 물산이 교류되고 있는 것이다.

장건은 무제에게 쓰촨성에서 신독으로 통하는 길을 확보하고 대하와 교역할 것을 건의하였다. 무제는 장건으로 하여금 직접 그 길을 개척하도록 명령하였다. 장건은 귀국한 다음해 촉의 죽장 이동로를 추적한 끝에 촉에서 윈난성(운남성)을 거쳐 신독으로 이어진다는 사실을 확인하고 그 통로를 따라 윈난성 경내에 이르렀다. 그러나 그곳 서남이가 통과를 완강하게 저지하여 더 이상 나아갈 수 없었다.

'서남이'의 '서남'은 방향을 말하고 '이'는 오랑캐 의미로, 중국 서남지방의 윈난성 일대에 사는 이민족의 오랑캐를 일컫는 말이다. 서남이가 장건 일행의 통과를 극력 저지한 것은 신독과의 교역을 독점하려는 의도였다. 장건은 장안으로 돌아와 이 같은 상황과 함께 윈난성 남쪽에 코끼리를 타고 다니는 전(전국 : 滇國)이 있다는 사실을 보고하였다. 전은 기원전 3세기 윈난성에 있던 왕조로 현재 윈난성의 약자로 쓰는 '전(滇)'이 여기에 기원한다. 장건은 촉의 상인들이 정부 몰래 전(전국)에 와서 교역을 하고 때론 직접 신독까지 간다는 사실을 알아낸 것이다.

한나라는 이전에 서남이와 교섭하려 했으나 거리가 멀고 지형이 험난해 포기했다. 그런데 장건의 보고에 의해 쓰촨성에서 서남이를 경유하여 미얀마→신독→대하로 통할 수 있음을 알게 된 한 무제는 서남이 정벌에 나섰다. 한나라 군대는 거세게 저항하는 전국을 정벌하고 왕의 항복을 이끌어냈다. 그리고 전 즉 윈난성과 베트남 북부 일대에 걸쳐 한나라의 행정체제인 군현제를 실시하여 '군'을 설치하고 영토로 편입시켰다(기원전 109년). 이로써 서남이의 땅이었던 윈난성이 현재의 중국 영토가 되는 토대가 되었다.

그런데 21세기에 중국이 추진하는 '일대일로' 신실크로드 정책에 의해 윈난성에서 미얀마와 인도를 연결하는 도로가 개설되고 철도를 부설하는 계획이 실행되고 있다. 다만 중국과 인도의 국경분쟁으로 인도까지 철도연결은 유보되고 일단 미얀마까지만 연결되게 되었다. 결국 촉(쓰촨성)→전(윈난성)→신독(인도)→대하(중앙아시아)로 이어지는 2,000년 전의 서남실크로드가 현대화되고 있는 것이다.

그런데 장건의 서역보고에서 무제를 가장 흥분하게 한 것은 하루에 천리를 달린다는 천마였다. 명마 중의 명마라는 천마는 피 땀을 흘린다고 해서 한혈마라고 한다. 무제는 하늘을 난다(매우 빨리 달린다는 의미)는 천마가 서역 대원에 있다는 장건의 보고에 놀라 묻고 또 물었다. 장건은 대원에서 1마리도 아니고 2,000마리의 천마를 직접 눈으로 봤다고 말했다. 무제는 천마에 대한 열망으로 잠을 이루지 못했다. 그리고 마침내 무제는 3만 대군을 파견하여 대원을 정복하고 천마와 함께 위풍당당하게 장안으로 돌아오는 원정군과 천마의 울음소리에 기쁨을 감출 수 없었다.

흉노의 말은 중국의 말보다 훨씬 뛰어났다. 그래서 한 무제는 흉노를 격파하기 위해서는 반드시 명마가 필요함을 절감하고 있었다. 이러한 상황에서 흉노의 말을 능가하는 천마의 확보는 천군만마가 따로 없었다.

무제는 서역에 대원의 천마에 비견할만한 다른 명마도 많다는 장건의 보고에 놀라워했다. 무제는 서역의 명마를 얻기 위해 장건을 다시 서역 오손으로 파견하였다. 장건은 비단과 황금을 가지고 오손에 가서 한나라와 교류하면 많은 비단과 황실의 공주를 보내주겠다고 제안하였다. 명마도 얻고 오손을 이용하여 흉노를 견제하려는 계책이었다.

그러나 당시 오손은 내분상태인데다 한나라와 너무 멀리 떨어져 있어 흉노의 공격을 두려워하여 장건의 제안을 거절하였다. 그러나 후에 한나라가 비단의 나라임을 알고 오손은 한나라와 본격적으로 교류하였다. 한나라는 이 같은 교류를 통해 더 많은 서역의 명마를 확보했다. 한나라는 대원의 천마를 제외한 오손을 비롯한 서역의 명마를 오랑캐 말이라는 뜻의 호마 또는 서쪽 끝에서 온 말이라는 뜻의 서극마라고 불렀다.

장건의 고향에 있는 장건유적지. 왼쪽은 묘 앞의 장건 동상이고 오른쪽이 무덤이다. 이전의 초라했던 능역과 무덤을 완전히 새롭게 정비하였다.

장건은 오손에서 명마를 얻어 귀국할 때 서역 각국을 들러 한나라가 비단의 나라임을 설명하며 그곳의 사신들을 대동해 왔다. 무제는 기뻐하며 장건을 대행(일종의 외교부 장관)에 임명하고 '구경'이라는 높은 관위에 임명했다. 그가 처음 서역으로 갈 때의 낭관 녹봉(봉급)이 300석이었는데, 이제 구경으로 1천 석의 고위 관원이 된 것이다. 아울러 언제든지 궁중에 들어갈 수 있는 특권도 주어졌다.

장건은 서역사행으로 체득한 서역에 관한 지리와 풍습의 지식을 활용하여 군대의 교위(장군 아래 직위)가 되어 대장군 위청의 흉노 토벌에 수행하여 큰 공을 세웠다. 장건은 사막과 오아시스의 특징을 알고 있는데다 수초가 어느 지역에 있는 지까지 알고 있었기 때문에 한나라 군대는 곤란을 겪지 않고 전쟁에서 승리할 수 있었다. 이 공로로 장건은 박망후에 임명되었다. 한나라 최고 대우의 작위를 받은 것이다. 이 해가 기원전 123년이니, 장건이 처음 서역으로 나간 후 16년만이다.

장건의 서역 사행은 모두 4차례 23년간에 걸쳐 수행되었다.

보통 사람은 엄두도 낼 수 없는 대단한 업적이 아닐 수 없다. 장건의 서역 행을 통해 중국인의 서역에 대한 인식이 크게 재고되었고, 이는 실크로드의 개통을 가져왔다. 장건의 위업은 중국을 넘어 인류사의 한 획을 긋는 위대한 업적이다. 실크로드는 단순한 물자의 교류에 그치지 않고 인류문명과 문화를 한 차원 더 발전시키고 끝내는 세계사의 흐름을 바꿔 놓았기 때문이다.

장건은 박망후에 책봉된 지 얼마 지나지 않아 운명했다. 오랜 기간의 피로 누적에 의한 병사로 추측된다. 장건의 묘는 그의 고향 산시성 한중에 있다. 예전에 필자가 그곳을 찾아가는데 시안에서 완행버스로 10시간 걸렸다. 그의 무덤은 박망촌에 있다. 장건의 작위가 박망후였기 때문에 그의 무덤이 있는 지명이 박망촌이 된 것이다. 그리고 그 지명은 2천년이 흐른 지금까지 그대로 이어지고 있다. 흥미롭게도 그 마을에는 장건의 후손임을 자처하는 장씨가 많이 살고 있다.

2. 현장법사

현장법사(602~664)는 손오공, 저팔계, 사오정의 활약을 다룬 서유기에 나오는 삼장법사로 더 많이 알려진 당나라 시대의 승려다. 그는 중국불교, 더 나아가 한국과 일본을 포함하는 동양의 불교발전사에 가장 영향을 많이 끼친 고승이다. 그는 석가모니가 활동한 인도에 직접 가서 불교를 학습하고 고대 인도어인 산스크리트어로 쓰여진 불경을 한자로 번역하는 일에 일생동안 종사했다.

　더욱이 현장법사는 실크로드의 위대한 개척자 겸 안내자로 1,300년 전의 실크로드 서역의 역사를 생생하게 후대에 전달해 준 인물이다. 그가 서역 천축으로의 구법 여행을 기록으로 남긴 『대당서역기』는 실크로드 연구에서 빼놓을 수 없는 귀중한 자료일 뿐만 아니라, 오늘날 실크로드를 탐사하는 데에 중요한 지침서의 하나다.

　현장법사는 수나라(581~618) 시대인 602년에 태어났다. 그의 집안은 대대로 관료와 학자를 배출한 명문가로, 그의 부친도 지방관을 역임하였다. 현장법사는 넷째 아들로 태어나 9살 때에 둘째 형을 따라 출가했다. 그가 출가할 때는 국가가 불교를 보호하고 황제 또한 불교에 대한 신심이 깊어 불교가 크게 융성하던 시기였다.

　현장법사는 정치 중심일 뿐만 아니라 불교 중심지인 뤄양에 있는 사찰에서 출가했다. 그는 침식을 잊을 정도로 면학에 정진하며 모든 불경을 섭렵하였다. 그러나 불교교리를 깨우칠수록 의문은 더욱 깊어갔다. 그래서 고승을 찾아 장안과 쓰촨성의 청두 등 천하를 두루 다녔다. 지식욕이 강했던 현장은 어느 한 종파에 한정하지 않고 모든 불교에 대한 이해를 넓히고자 했다.

　현장법사는 수나라를 이어 건국한 당나라의 수도 장안으로 갔다. 그러나 당나라는 아직 신생 왕조여서 안정적으로 불교교리를 공부할 수 있는 여건이 되지 못했다. 그는 전국을 돌아다니며 불경을 배우고 강론하며 명성이 더욱 높아졌지만, 풀리지 않는 의문은 더 많아졌다. 특히 한자로 번역된 불경이

턱없이 부족하고 한자로 번역된 불경마저 정확한 번역인지 알 수 없었다. 번역자 중에는 인도 불경의 원전 언어인 범문 산스크리트어에 대한 지식이 완벽하지 못해 불법 해석에 오류를 낳을 수 있었기 때문이다. 더구나 중국 불교는 아직 불교의 사상적 계통도 서 있지 않았다. 그는 이러한 문제를 근원적으로 해결하기 위해 불교의 발상지 천축으로 가서 공부하기로 결심한다.

현장법사는 천축에 가기 위해 몇 번이나 관청에 청원서를 제출했다. 그러나 그때는 당나라가 건국 초기인데다, 태종이 현무문의 사건으로 그의 형과 동생을 죽이고 권좌에 오른 직후여서 서역으로의 출경을 허락하지 않았다. 그는 탄원서가 허락되지 않자, 당 태종 정관 3년(629년, 혹은 정관 원년 627년), 그의 나이 25세(혹은 26세) 때 몰래 인도 천축으로 떠났다.

그는 붙잡히지 않기 위해 낮에는 잠복하고 밤에 길을 재촉했다. 순례의 길이 고난과 고행의 탈출 길이 된 것이다. 장안에서 하서회랑 입구인 란저우에 들어서면서 여정은 더욱 험난했다. 부처의 나라에서 불교경전을 공부해야겠다는 간절한 신앙심과 불굴의 신념이 없으면 하루도 버티기 힘든 여정이었다. 숱한 고비를 넘기며 하서화랑의 우웨이에 도착했다.

우웨이는 한 무제가 하서 4군의 하나인 우웨이군을 설치한 곳으로 하서회랑의 오아시스 군사도시였다. 현장법사는 이곳에서 1개월 머물며 천축에 대한 정보를 얻으며 불경을 강의하였다. 강의는 큰 호평을 받았는데, 특히 서역에서 온 상인들에게 강한 인상을 심어주어 그들을 통해 서역 각국에 그의 명성이 퍼져나갔다.

　우웨이를 떠난 현장법사는 황량한 사막을 넘어 이오에 도착하였다. 생명이라고는 찾을 수 없는 불모의 사막 길을 오로지 해골과 말똥을 표식으로 삼아 이오에 도착한 것이다. 그는 『대당서역기』에서 '날리는 모래바람 속에 인적은 없고 사방이 망망하여 표지 삼을 것이라고는 아무 것도 없고, 그저 군데군데 인골을 주워 모아 도표를 삼을 뿐이다. 물도, 풀도 없고 오로지 모래바람만 부는데 어떻게 들으면 한을 품은 여인의 노랫소리 같다. 그 소리에 홀려 헤매다 죽은 사람이 한 둘이 아니다'라고 했다. 불모의 땅을 오고 가면서 기댄 것이라고는 오로지 관음보살과 반야심경을 염송하는 것이었다.

　서유기는 현장법사가 천축을 오고가며 많은 요괴의 방해와 수많은 난관으로 괴로움을 당하고, 그럴 때마다 초능력을 가진 손오공 같은 제자들과 부처의 가호로 무사히 목적을 이룬다. 서유기는 현장법사가 부딪친 무수한 고난과 그것을 극복하는 과정을 신화적으로 표현한 것이다. 우리는 이성적으로 설명하기 곤란하거나 현실상황을 극적으로 묘사할 때 신화적 방법에 의탁하곤 한다. 현장법사의 인도 구법행도 당시로서는 기적이라는 말 외는 적절한 말이 없기에 신화적 얘기로 포장됐던 것이다. 실크로드는 지리적 험난함 자체가 위협적이지만, 정치적 사회적 군사적 위험도 상존했던 길이다.

　현장법사는 이오에서 왕과 승려와 불자들의 환대를 받았다. 그때 고창국의 사신이 이오에 왔다가 현장법사의 강론을 듣고 귀국하여 왕에게 보고하였다. 불심이 깊은 고창국 왕은 현장법사를 모셔오라는 명령서를 사신에게 주어 이오에 파견하였다. 이오는 현재의 신장성 하미를 말한다.

투르판에 위치한 고창국은 동서 교통의 요충지를 활용하여 경제적 번영을 누리는 강국으로 주변의 서역제국을 지배하였다. 이오 또한 고창국의 세력 하에 놓여 있었기 때문에 고창국 왕이 현장법사를 초청하는 것을 이오에서 거절할 수 없었다. 이오에서 고창은 300km거리로 당시 1주일 걸리는 노정이다.

고창국 왕은 고관과 말 수 십 마리를 성 밖 멀리까지 보내 현장법사를 영접하였다. 고창국은 현장법사를 융숭하게 대접했다. 현장법사는 왕의 간청으로 1개월 머물며 불교경전을 강의했는데, 강론할 때마다 수많은 인파가 몰려들었다. 당시 고창국은 불교, 조로아스터교, 네스토리우스교, 마니교 등 다양한 종교가 활동했는데, 현장법사에 의해 불교가 확고한 지위로 올라서 국가 종교로 자리 잡았다.

현장법사가 고창국을 떠날 때 현장법사가 극구 사양함에도 불구하고 왕은 시종을 포함하여 30마리의 말, 황금, 비단 등 여행경비는 물론이고 천축에서의 생활비가 넉넉할 만큼 풍족하게 물품을 지원하였다. 왕과 왕비는 백성들과 함께 왕도의 서쪽 끝까지 배웅하고, 헤어질 때는 현장법사를 끌어안고 통곡하며 천축에서 돌아올 때 반드시 고창국에 들러줄 것을 부탁하였다. 그리고 현장법사가 지나가야 할 서역 24개국에게 비단과 함께 현장법사의 통과를 부탁하는 의뢰장을 보냈다. 현장법사는 고창국의 극진한 대접과 후의에 감동하고 돌아올 때 반드시 방문하겠다고 약속했다.

그러나 현장법사가 천축에서 공부를 마치고 17년 만에 중국으로 귀국할 때, 고창국은 이미 멸망한 후였다. 현장법사는 고창국을 방문하려다 이 같은 충격적 얘기를 듣고 말할 수 없는 비애와 인생무상의 허무함에 한동안 말을 잇지 못했다.

현장법사는 고창국을 떠나 만년설로 뒤덮인 톈산산맥을 남쪽으로 넘어 타클라마칸 사막 북쪽의 구자(현재의 쿠처)에 다다랐다. 구자 또한 수천 명의 승려가 도성 밖에서 불상을 세워놓고 음악을 연주하며 현장법사를 맞이했다. 현장법사는 구자에서 2개월 머문 후, 다시 톈산산맥을 넘어 서쪽으로 나아갔다. 눈과 얼음으로 뒤덮인 톈산산맥을 넘을 때 일행 몇 명이 죽을 정도의 고난을 겪었다. 그는 이식쿨 호수를 지나 사마르칸트에 도착했다.

사마르칸트는 오늘날 우즈베키스탄의 수도로 실크로드 시대에 강국(석국)이었다. 강국은 불교가 융성하고 승려가 많은 왕국으로 중국 등 해외로 불교를 적극적으로 전파하였다. 중국의 후한시대와 위진남북조 시대에 서역에서 온 승려 가운데 강씨 성을 가진 자는 대부분 강국의 사마르칸트 출신이다.

그러나 7세기에 이르러 불교는 쇠퇴하고 조로아스터교 즉 불을 숭상하는 배화교가 흥성했다. 그래서 현장법사는 『대당서역기』에 '불교는 쇠퇴하여 사원에는 승려가 살지 않으며, 어쩌다 여행 중인 승려가 들르면 사람들이 불을 피워 쫓아내며 머무는 것을 허락하지 않는다'라고 했다.

현장법사는 아프가니스탄의 바미얀에서 유명한 바미얀 대불을 참배하였다. 바미얀은 대설산과 5천m의 힌두쿠시 산맥 사이의 가늘고 긴 계곡에 위치한 곳이다. 바미얀 석불은 그 계곡의 힌두쿠시 산맥 절벽의 한 면을 파서 만든 38m의 거대한 입석 대불이다. 실크로드가 번창하던 6세기경에 조성된 이 석불

왼쪽은 폭파되기 전의 바미얀 석불이고, 오른쪽은 폭파된 후의 모습.

입상은 그리스 조형 미술의 영향을 받은 간다라 양식이다. 혜초의 《왕오천축국전》에서도 언급될 정도로 천축으로 구법 순례하는 승려 대부분이 참배하는 유명한 석불이다.

바미얀 대불은 실크로드의 귀중한 유물로 유네스코에 의해 「세계문화유산」으로 지정되었다. 그러나 불행하게도 2001년 아프가니스탄을 지배하던 이슬람 원리주의 탈레반 정권에 의해 폭파되고 말았다.

현장법사는 632년(또는 630년) 겨울쯤 천축에 도착하였다. 3년간 8,000km를 걸어서 도착한 것이다. 강인한 체력과 초인적 인내심이 발휘한 결과다. 그는 천축에 도착한 후 탁실라와 부다가야를 비롯한 수많은 불교유적과 사원을 돌아보고 당시 세계 최고의 대학인 나란다에서 학문연구에 힘썼다. 나란다대학은 교수진이 2,000여명에 달하고 불교학을 비롯하여 베다 등의 인도 고전학과 논리학, 언어학, 의학, 수학, 음악, 지리 등의 교과목이 편성된 당시 세계 최고의 대학이었다. 때문에 각국의 엘리트 학생들이 이곳에서 수학했으며 또 많은 석학을 배출하였다. 매일 수십 분야의 100여 강좌가 운영되는 최고의 종합대학이었다.

현장법사는 나란다 대학에서 불교학은 물론이고 인도 고대 언어 산스크리트어와 고전학 등을 연구하며 세계 각처에서 온 1만 명의 수재 가운데서 최고 반열에 올라 최고 대우를 받았다. 그래서 조용한 방에 기거하며 고승과 귀족만 먹을 수 있는 특산 쌀을 받고, 외출할 때는 코끼리 가마를 탔다.

현장법사는 나란다 대학에서 공부하며 불교에 대해 넓고 깊은 지식을 쌓았다. 특히 불경원전의 고대 문자인 산스크리트어를 마스터하였고, 서역 각국의 언어까지 습득했다. 세계의 뛰어난 학승이 모인 나란다에서 현장법사는 그와 필적할만한 사람이 없을 정도로 발군의 실력을 발휘하여 나란다는 물론이고 천축(인도)에까지 명성이 자자했다. 석가모니 이래 현장법사만큼 불교를 이해한 사람이 없다는 평을 들을 정도였다. 그래서 승려와 불자는 물론이고 중부 인도를 통일한 하르샤바르다나의 쿠마라 왕으로부터 존경을 받았다.

학업을 마친 현장법사는 당 태종 정관 15년(641) 귀국 길에 오른다. 중국으로 돌아가서 완전하고 정확한 불법을 전하겠다는 사명의식 때문이다. 현장법사가 귀국길에 나서자 천축의 왕들은 코끼리와 금, 은 등을 지원하며 각국에 특사를 파견하여 국경을 무사히 통과할 수 있도록 도와주었다.

중국으로의 귀로는 천축으로 갈 때와 다른 루트를 택했다.

천축으로 갈 때는 둔황→이오→투르판→쿠처로 이어지는 톈산 북로와 일부 서역북로를 택했지만, 귀국할 때는 파미르를 넘어 소륵으로 들어오는 길을 택한 것이다. 그리고 타클라마칸 남쪽의 사처→호탄→뤄챵으로 이어지는 쿤룬산맥 북쪽의 서역 남로를 이용했다. 현장법사가 코스를 다르게 선택한 것은 실크로드의 다양한 경로와 문화를 경험하기 위한 것이라고 생각된다.

현장법사가 넘은 파미르 고원은 고도 5, 6천m의 고봉이 줄줄이 이어지고 짧은 여름 한 철 빼고 1년 내내 혹한과 눈보라가 몰아치는 험준한 곳이다. 현장법사는 파미르의 타스쿠얼간에서 20일 정도 머문 다음 혹독한 산악 날씨와 험준한 산악 비탈길의 조도, 즉 새나 들쥐가 겨우 지나다닐 수 있는 가파른 산악 길을 지나다 불경을 실은 코끼리가 낭떠러지 계곡으로 떨어져 죽는 사고를 겪는 등 온갖 고초를 겪은 끝에 소륵에 도착하였다.

소륵에서 여독을 푼 다음 타클라마칸사막 남쪽의 서역남로를 이용하여 호탄으로 갔다. 호탄에 머물며 도중에 잃어버린 경전을 모으고 당 태종에게 국법을 어기고 출국했던 저간의 사정 등을 설명하며 귀국을 허락해 달라는 상주문을 올렸다. 태종의 회신을 기다리는 동안 호탄에서 불경을 강론했는데, 매번 왕을 포함한 1천 여 명의 청중이 모이는 성황을 이뤘다. 수개월이 지나 태종으로부터 모든 편의를 도모할 것이니 하루빨리 귀국하라는 회신을 받았다.

현장법사는 니야(민펑)와 치에모, 누란을 거쳐 둔황의 사주로 향했다. 한때 찬란한 번영을 누렸던 누란은 이때 이미 사람이 살지 않는 폐허의 오아시스 도시로 변해 있었다.

현장법사는 태종 정관 19년(645), 17년간의 고난으로 점철된 서역순례를 성공적으로 마치고 당의 수도 장안에 도착하였다. 현장법사가 태종을 알현하자 태종은 그의 노고를 위로하며 크게 환대하였다. 그리고 서역에 관한 기록을 남기도록 지시했다. 이른바 『대당서역기』의 저술이다. 『대당서역기』는 실크로드는 물론이고 인도·네팔·파키스탄·방글라데시 등의 역사, 지리, 고고학을 연구하는데 귀중한 자료다.

현장법사가 천축으로 구법하고 순례한 길은 모두 2만 5천km다. 그는 천축에서 석가모니 진신 사리를 포함하여 657부의 불경을 22필의 말에 싣고 왔다. 그것을 홍복사에 안치하고 산스크리트어로 된 불경을 한자로 번역하는 일에 매진했다. 번역할 분량이 워낙 많아 국정에 참여해 달라는 황제의 청을 정중히 사양하고 불경번역에 집중하였다.

방대한 분량의 번역에 속도를 내기 위해 하루의 작업분량을 정해놓고 번역해 나갔다. 일과를 종료하면 불경원전을 정리한 후 불상에 예배하고 밤 12시에 눈을 붙였다. 다른 일로 정해진 분량을 끝내지 못하면 새벽 1시~2시까지 반드시 번역을 완료한 후 잠자리에 들었다. 그리고 어김없이 다음날 새벽 4시에 기상하여 불경을 읽고 번역할 부분을 정한 후 작업에 착수했다. 매일 오후 4시는 승려들에게 불경 강의를 하며 불경에 대한 문답을 진행했다. 정확한 불경번역과 함께 불교와 불경의 심원한 뜻을 이해시키고 전수하기 위함이다.

그는 또 사찰의 주지 승려로 사찰 업무를 처리하고 조정의 불교관련 업무도 관장했다. 이 같은 초인적인 생활을 하루도

자은사 광장에 있는 현장법사 동상과 흥교사에 있는 현장법사 사리탑

빠지지 않고 20년간 지속했다. 홍복사에서 시작한 번역작업은 후에 현재 시안의 상징이 된 자은사로 옮겨 진행하였다.

그렇게 해서 번역된 불경이 74부, 1,335권에 달한다. 천축구법순례(실크로드 여행)와 『대당서역기』 저술도 대단한 위업이지만, 645년부터 663년까지 약 20년에 걸친 불경번역이야말로 불교사에 영원히 남는 커다란 위업이었다. 우리가 현재 접하는 불교경전은 대부분 현장법사에 의해 한자로 번역된 것이다. 그러다 보니 많은 사람들이 한자로 된 불경을 불경원전으로 잘못 알고 있다.

불경한역은 난해하기로 유명한 고대 인도 언어인 산스크리트어에 대한 해박한 지식과 불교에 대한 깊은 이해 없이는 불가능한 일이다. 현장법사는 원전에 충실을 기하고자 필요한 한자

단어를 새로 만들기까지 했다. 불경이 한자로 번역됨으로써 중국은 물론이고 동아시아 불교 발전의 토대가 마련되었다.

현장법사 당시는 물론이고 현재도 산스크리트어로 불경을 읽는 사람이 없고, 또 읽을 수 있는 사람도 거의 없다. 오직 현장법사가 한자로 번역한 불경을 원전으로 여기고 그 뜻을 해석하고 이해할 뿐이다. 우리나라 해인사 팔만대장경도 현장법사 등이 번역한 한자 불경이지 원래의 원전인 산스크리트어 불경이 아니다.

현장법사의 불경번역이 없었다면 동아시아에서 불교의 발전은 불가능했을 것이다. 현장법사는 승려이전에 최고의 언어·문자 학자이며 사상가이자 문학자였다. 그 어떤 학자도 현장법사의 역량에 미치기 어렵다. 현장법사의 역경사업은 석가 이래 최대의 불교위업이라고 평가할 수 있다.

현장법사는 불경번역이 완료된 그 이듬해 664년 2월 5일, 제자들의 부축을 받으며 부처가 입멸할 때와 똑같은 자세로 누워 열반에 들었다. 향년 62세. 강인한 체력의 현장법사였지만, 천축을 오고가며 겪은 갖은 풍상과 하루도 쉬지 않고 하루 4시간 자며 20년간 진행한 고된 불경 번역작업이 그의 건강을 해쳤을 것이다.

현장법사가 죽자 황제 고종(태종의 아들)은 비통해 했다. 고종은 '짐이 국보를 잃었구나!'하며 탄식하고, 화장하고 남은 유골을 금관(금으로 만든 관)과 은곽(관을 넣은 외부 관)에 담아 장례를 치르게 했다. 고종은 태자시절 현장법사를 지극히 존경하여 그의 인생 경력과 공적을 직접 찬미하는 비석을 세우기도 했다.

고종은 황제로 즉위하고 3년 후인 652년에 자은사 서쪽 경내에 대안탑을 건축하고, 그 곳에 현장법사가 인도에서 구해온 산스크리트어 불교경전(패엽경)을 보존시키도록 하였다. 그리고 656년에 현장법사의 요청으로 자은사의 비문을 직접 썼다. 현장법사가 이 비문을 황제로부터 받는 의식에 30만 명의 인파가 몰리고 1,000량의 마차가 30리 넘게 줄을 이었다. 30만 명을 요즘으로 환산하면 600만 명이 훨씬 넘고, 1,000량의 마차는 자동차 수십 수백만 대에 해당한다. 가히 세계 최대의 성대한 의식이라고 할 수 있다. 그 때의 비문이 자은사에 보존 되어 현재까지 내려온다.

현장법사의 장례식은 수도 장안의 인근 500리 안팎에 거주하는 거의 모든 사람들이 참여해 인산인해를 이뤘으며, 장례 후에는 무려 3만 명의 사람들이 시묘 살이 했다. 시묘란 묘 옆에 움막을 짓고 묘에 제사하며 사는 것을 말한다. 이 모두는 현장법사의 위대함과 그의 공덕이 어느 정도였는가를 웅변해 주는 일들이다.

현장법사의 사후에도 그의 명성과 업적은 조금도 줄어들지 않았다. 그래서 1900년 둔황석굴의 장경동을 발견한 무지몽매한 왕도사마저 현장법사라는 단어만 튀어나와도 몸을 어찌할 바 모를 정도로 존경하고 흠모했다. 때문에 민간에는 현장법사에 관한 고사가 수도 없이 많이 전해 내려오며, 그 중 하나가 명나라 시대 오승은이 쓴 『서유기』다.

제3장 중국(한·당)의 서역 실크로드 진출

중국의 서역경영은 흉노와의 싸움과 불가분의 관계를 갖는다. 한나라 무제 때 장건이 대월지에 파견됨으로써 한나라의 서역진출이 시작되었지만, 따지고 보면 모두 흉노를 제압하기 위한 일련의 과정이다.

흉노는 중국의 전국시대(기원전 403~기원전 221)에 크게 세력을 키워 대부분의 서역을 장악했다. 흉노의 전성기는 묵특선우(?~기원전 174년) 시대로 동쪽의 동호와 서쪽의 월지를 격파하고 오손을 이식쿨 호수와 이리 강 유역으로 쫓아내고 흉노의 속국으로 삼았다. 흉노는 지속적으로 세력을 확장하며 서역 26개국을 지배하에 두었다.

북방초원과 서역을 장악한 흉노는 한나라 변경을 유린하며 위협하였다. 흉노가 세력을 확장하는 동안 한나라는 진시황제 사후 초나라의 항우와 10년간 투쟁하느라 대처할 여력이 없었다. 항우를 격파하고 천하를 통일한 한나라 고조 유방(기원전 256년~기원전 195년)은 황제 자신이 직접 정병 32만의 대군을 이끌고 만리장성을 넘어 흉노토벌에 나섰다. 이에 맞서 흉노의 묵특선우는 기병 30만을 이끌고 대적했다. 농경민족과 유목민족의 두 영웅이 만리장성 북방 초원에서 운명을 건 일전을 벌인 것이다.

그러나 묵특이 이끄는 질풍노도와 같은 흉노기병의 공격에 한나라 군사 32만 명은 속절없이 무너졌다. 황제 유방은 평성으로 도망하여 겨우 목숨을 건졌으나 수십만 명의 흉노 군대에게 포위당하는 풍전등화의 위기상황에 직면했다. 이 같은 절체절명의 위기에서 묵특선우의 부인 연지를 교묘히 끌어들이는 진평의 계략이 통하여 유방은 화친이라는 명목으로 간신히 흉노의 포위에서 풀려났지만, 막강한 흉노의 군사력 앞에 완전히 전의를 상실하고 말았다.

한나라는 흉노와의 전쟁은 꿈도 꾸지 못하고 황실 공주와 막대한 양의 비단 등 수많은 세폐를 바치는 굴욕적인 화친조약을 이행했다. 화친정책이란 양국 간의 대등한 평화적 외교정책이지만, 이름만 그러할 뿐 한나라가 흉노에게 일방적으로 굴복하는 항복정책이나 마찬가지였다.

흉노는 노골적으로 주인행세를 하며 한나라를 경멸하였다. 그들은 막대한 공물을 받으면서도 수시로 한나라 변경을 침략하고 백성과 재물을 약탈해갔다. 그럴 때마다 한나라는 대항할 생각은 엄두조차 내지 못하고 흉노로 보내는 공물을 증액하며 흉노 달래기에 바빴다. 역사에서 말하는 한나라 건국 초기 60년간의 평화는 그 이면에 이 같은 온갖 굴욕과 치욕이 숨어있었던 것이다. 말하자면 돈으로 평화를 산 것이다.

한나라 황제 유방과 흉노의 묵특이 죽은 후에도 한나라의 흉노에 대한 정책기조는 변함없었다. 심지어 아름답고 맛있는 물품을 더욱 풍족하게 보내 흉노로 하여금 게으른 민족으로

오르도스 지방에서 발견된 약 2400년 전의 흉노유물. 금제 동물문양으로 전형적인 유목민족 양식이다. 금은 유목민족이 가장 좋아하는 귀금속이고 동물은 유목민족과 뗄 수 없는 관계다.

만드는 것 외 다른 방도가 없다는 주장까지 나왔다. 대량의 물품을 가지고 흉노에 파견되는 한나라 사신들이 서로 오고가 며 부딪치는 바람에 옷이 헤어졌다는 사실에서 얼마나 자주 많은 물품이 흉노로 보내졌는지 짐작할 수 있다.

한나라는 화친이라는 미명하에 온갖 수치와 모멸감을 당하 며 평화 아닌 평화를 유지했다. 이러한 한나라의 흉노에 대한 굴종적인 정책은 무제(기원전 141년~기원전 87년)가 등장하 면서 새로운 전기를 맞는다.

한나라는 건국부터 무제가 등극할 때까지 다소의 전쟁이 있 었으나 대체로 평화의 연속으로 많은 힘이 축적되었다. 여기에 무제 전임 황제들이 근검·절약하고 대규모의 토목사업을 일으키지 않아 재정적으로 여유도 생겼다.

또 무제 즉위 직전 여러 해 동안 풍년이 이어져 창고에 비축한 쌀과 동전이 넘쳐났다. 사회가 안정되고 풍요로워지면서 인구는 6,000만 명으로 증가하여 동원할 수 있는 병력도 충분했다. 그리고 위청, 곽거병, 이광 같은 뛰어난 장수들이 많이 배출되어 흉노공격에 대한 여건이 충분히 무르익었다.

무제 즉위 초기에는 조모 두태후가 섭정하여 적극적인 대외정책을 추진하지 못했다. 그러다 친정을 하면서 공세적인 대외정책 기조로 전환하고 허울뿐인 평화를 옹호하는 화전파를 밀어내고 흉노와 싸울 것을 주장하는 주전파를 기용하였다. 그리고 흉노 공격의 핵심부대인 기마병 양성을 위해 마정을 중요 국책사업으로 삼았다. 6~7년의 노력 끝에 45만 필의 말을 보유하게 되면서 대규모 원정에 나설 수 있게 되었다.

한나라의 흉노공격은 위청과 곽거병이 주도하였다. 위청은 명실상부한 한나라의 대장군으로 흉노공격의 최선봉에서 혁혁한 공을 세웠고, 곽거병은 청년장군으로 눈부신 무공을 세웠다. 무제는 기원전 127년 이들을 출격시켜 장안 서쪽의 오르도스지방에서 흉노를 대파하고 이곳에 흉노공격의 전진기지인 삭방성을 설치하였다.

위청의 승리로 오랫동안 흉노에게 주눅 들어 있던 한나라 군사들은 비로소 흉노에 대한 공포에서 벗어났다.

한나라는 오르도스 지방에서의 승세를 몰아 위청과 곽거병이 흉노의 핵심세력 근거지인 치롄산맥의 치롄산과 연지산을 공격하여 수만 명을 살상하는 대승을 거두었다. 전쟁에 대패

치롄산의 대초원. 흉노는 이곳을 중심으로 오랫동안 유목생활을 해 왔다.

한 흉노의 혼야왕은 선우로부터 죽임당할 것을 두려워하여 휴도왕을 기습 공격해 죽이고 4만 명의 무리를 거느리고 한나라 곽거병에게 항복했다. 곽거병은 항복을 거부하는 흉노를 공격하여 8천 명을 죽이고 치롄산 일대를 완전히 평정했다.

흉노는 자신들의 오랜 터전이었던 광대한 목초지대를 잃은 후 원통해 하며 울지 않는 이가 없었다. 그들의 애통해하는 슬픈 심정은 시로 남아 지금까지 전해 내려온다.

기원전 119년 위청과 곽거병은 기병 10만으로 양군(현 내몽골 자치구)과 대군(현재의 허베이성)을 공격하여, 고비사막 즉 만리장성 이북의 막북에서 흉노의 주력군 9만여 명을 섬멸하였다. 이로 인해 고비사막의 남쪽 만리장성 일대의 흉노는 완전히 궤멸되고 말았다. 이때의 상황을 역사서에서는 '금성(란저우) 즉 하서의 서쪽에서부터 치롄산맥을 따라 누란지역에 이르기까지 한 명의 흉노도 찾아볼 수 없다'라고 하였다.

한나라가 효과적으로 흉노를 공격하고 서역과 교통하기 위

약 2000년 전의 흉노유물. 왼쪽은 화려하고 정교하게 금판에 동물문양을 조각했고, 오른쪽은 흉노의 왕관.

해서는 반드시 하서회랑을 확보해야 했다. 하서회랑은 간쑤성 란저우를 지나는 황허에서 서쪽 둔황까지 길게 이어진 좁고 기다란 길이 1,000km의 지역을 일컫는다. 실크로드 시대에 하서회랑이 서역으로 통하는 유일한 통로였다. 때문에 흉노공격의 전진기지를 구축하고 실크로드로 나아가기 위해서는 이곳을 확보해야 했다.

한나라는 곽거병이 선봉이 되어 마침내 하서회랑 일대를 흉노로부터 빼앗았다. 한 무제는 하서회랑 일대를 영원히 중국의 지배영토로 삼고자 이곳에 하서군을 설치하여 한나라의 행정체제인 군현체제에 편입시켰다. 4년 후 하서군 서쪽에 주취안(주천)군을 설치하고 하서군의 명칭을 장예(장액)군으로 고쳤다. 그리고 다시 주취안군 서쪽에 둔황(돈황)군을 설치하고, 장예군에서 우웨이(무위)군을 분리하였다. 이로써 하서회랑에 우웨이군·장예군·주취안군·둔황군의 하서 4군 체제가 완성되었다. 이는 하서회랑이 처음으로 중국의 영토가 되었음을 의미하며 4군 체제의 골격이 현재까지 이어진다.

하서 4군은 후에 우웨이군이 량저우(양주)로, 장예군이 간저우(감주)로, 주취안군은 쑤저우(숙주)로, 둔황군은 사저우(사주)로 명칭이 바뀌었다. 이후에도 몇 번의 명칭 변경이 있었으나 상기 2종류의 명칭이 기본이 되었다. 그래서 이 지역에 가면 현재도 두 개의 명칭을 자주 볼 수 있다. 13세기 원나라 시대에 하서회랑 일대를 하나의 '성'(우리나라의 경기도 같은 '도'에 해당)으로 편제할 때, 간저우의 '간', 쑤저우의 '쑤'를 붙여 '간쑤성(감숙성)'이라고 했고, 이 명칭이 현재까지 이어지고 있다.

무제는 하서회랑을 항구적으로 중국 영토로 만들기 위해 70만 명의 중국인을 이곳으로 이주시키고, 만리장성의 서쪽 끝 관문을 둔황에서 서쪽의 옥문관으로 이동시켰다. 하서 4군을 설치하여 서역으로 통하는 교통로를 확보한 무제는 우즈베키스탄 수도 사마르칸트 부근에 있던 천마의 고장 대원을 정벌하는데 성공하였다.

무제의 서역진출은 서역의 나라들로 하여금 한나라의 국력을 인식하게 하는 계기를 마련했다. 그래서 서역 각국은 한나라에 사신을 파견하고, 무제 또한 서역의 중요성을 깨닫고 서역 각국에 사신을 보내며 교류를 강화했다. 이를 위해 한나라는 하서 4군의 가장 서쪽에 위치한 둔황을 서역진출의 핵심기지로 운영하기 위해 그곳에 둔전을 실시했다. 둔전이란 변경이나 군사요지의 미개간지 한광지를 개간하여 농사도 짓고 전쟁도 수행하는 제도다. 군량을 현지에서 조달함으로써 군량운반의 수고를 덜고 국방을 충실히 수행할 수 있는 제도다. 아울러 곳곳에 망루와 봉수대를 설치하고 흉노의 침략에 대비하였다.

왼쪽 아래 중국지도 안의 붉은 색 부분이 간쑤성. 오른쪽 지도의 초록색 부분이 중국 간쑤성이다. 하서회랑은 지역적으로 간쑤성과 거의 일치한다.(지도: 두산백과)

한나라는 하서회랑에 중국의 행정체제인 군을 설치하고 서역을 총관하는 서역도호부를 설치하여 70~80년 긴 안정적으로 서역을 경영했다. 한나라와 서역의 36개국은 사신을 주고받으며 동서교류를 촉진함으로써 실크로드가 화려하게 꽃을 피웠다. 실크로드 개통 이전에도 동양과 서양(서역) 간의 물자교류는 이뤄졌겠지만, 공식적인 교류는 한나라 때가 처음이다.

한 무제는 한나라에 온 사신과 상인들에게 성대한 연회를 베풀어 노고를 위로하고 중국의 진귀한 물품들을 보여주며 한나라의 부유함을 과시했다. 이 때문에 날이 갈수록 더 많은 사신과 대상이 고난을 무릅쓰고 한나라를 찾아왔다. 그들은 빛나는 옥을 비롯하여 향료, 유리제품, 약품 등의 진귀한 물건을 한나라로 가져왔고, 중국의 비단, 칠기 등을 서방으로 운반하였다.

한나라는 서역과의 교류를 강화하기 위해 지속적으로 서역에 사신을 파견하였다. 1년에 많을 때는 수십 차례 파견되어 오고가는 사신들이 길에서 서로 마주칠 정도였다. 서역으로 가는 사행 길은 멀고 험하여, 수많은 희생이 따랐다. 자연·지리적 재난은 기본이고 적대국에 의한 위험과 강도 및 도적 떼 습격으로 사망하는 경우도 비일비재했다.

무제 사후 국력이 급속하게 기운 한나라는 왕망의 신나라(8~23)에게 멸망된다. 그러나 왕망의 신나라는 15년 만에 멸망하고 한나라가 다시 부활했다. 이 때 부활한 한나라를 후한(8~220)이라 하고, 앞의 한나라가 전한(기원전 206~기원후 8)이다. 이렇게 전한이 망하고 신나라가 건국되고, 다시 후한이 건국하는 혼란기를 맞아 서역은 한나라의 통제에서 벗어나 자립하거나 흉노에게 복속되었다.

후한은 국내를 안정시킨 후 반초를 파견해 타림분지 일대의 서역지배권을 회복하였다. 반초가 30년에 걸쳐 구축한 타림분지 일대의 서역지배권은 그의 사후 조정의 서역에 대한 의지가 부족하고 국력마저 급속히 기울면서 서역에 대한 통제력을 상실하고 말았다.

후한이 붕괴하고 중국은 위진남북조(220~589)라는 분열의 혼란기를 맞는다. 이 시기는 중국역사에서 가장 참혹하고 혼란한 시기다. 중국 내부분열에 따른 혼란 속에 변방의 이민족까지 대거 쳐들어오면서 참극의 도를 더했기 때문이다. 때문에 이 시기는 적극적으로 대외정책을 펼 수 없었다. 이에 서역 각국은 독자세력을 구축하고 발전을 꾀하여 중원에서 먼 타림분지 일대는 말할 것도 없고, 중국에서 가까운 하서회랑의 우웨이, 장예, 둔황에도 독립왕국이 들어섰다. 이들은 지리적 이점을 이용하여 동서교역을 중계하며 번영을 누렸다.

370년간의 분열시대를 통일한 수나라(581~618)는 적극적으로 서역경영에 착수했다. 칭하이성과 하서회랑 일대에서 동서 중계무역을 장악하고 있던 토욕혼을 정벌하고 하서회랑에 서역 4군과 이오군을 설치하였다. 그리고 하서회랑의 장예에 큰 시장을 열고 서역의 사신과 대상이 물품을 교역할 수 있도록 조처했다. 많은 대상들이 장기간의 여로에 지쳐 장안까지 가는 것을 포기하고 하서회랑에서 교역하고 되돌아가곤 했는데, 수나라가 이 점을 보완해줌으로써 하서회랑을 중심으로 동서교류가 아연 활기를 띠게 되었다.

수나라를 계승한 당나라(618~907)는 명실상부한 세계제국으로 서역진출을 적극적으로 추진했다. 북방의 돌궐을 정복하고 하서회랑을 넘어 투르판의 고창국을 멸망시켰다. 그리고 투르판에서 남쪽으로 톈산산맥을 넘어 옌치(언기), 구자, 소륵, 우전(호탄) 등 타림분지 전역을 평정했다.

당나라는 이 지역을 안정적으로 지배하기 위해 쿠처에 안서도호부를 설치했다. 당나라는 동서남북 각 변경지역에 이민족을 다스리기 위해 도호부를 설치했다. 그래서 동쪽은 고구려를 멸망시키고 평양에 안동도호부를, 서쪽 서역에는 안서도호부를 둔 것이다. 후에 당나라는 군대체제를 10절도사 체제로 개편하면서 이곳에 안서사진절도사를 두고 옌치 등 타림분지의 4진을 관할하게 했다.

당나라는 타림분지 북쪽의 신장성 중북부의 준가르 평원을 정복하고, 세계의 지붕 파미르에 진출하여 타스쿠얼간에 군진 총령수착을 설치했다. 중국 역사상 처음으로 파미르에 진출하고 신장성 전역을 정복한 것이다. 그리고 톈산산맥 서쪽 너머 중앙아시아의 타슈켄트(우즈베키스탄의 수도)의 석국을 공격하여 멸망시켰다. 이로써 당나라는 중국 전역과 북방의 초원 그리고 신장성 전체와 그 너머 서역까지 지배하며 실크로드 전성시대를 열었다.

화려했던 당의 봄날은 8세기 중엽에 끝난다. 서아시아에서 급속히 세력을 팽창시킨 이슬람제국이 동진하며 중앙아시아 서역을 장악해 왔기 때문이다. 이슬람의 동진정책은 서역을 지배하려는 당나라와 충돌하지 않을 수 없었다. 그리고 마침내 751년 두 세력은 탈라스 강변에서 격돌했으나 당나라 군대가 대패하고 말았다.

이에 따라 톈산산맥과 파미르 서쪽 지역은 완전히 이슬람에게 장악되었다. 전쟁에 패배한 당나라는 설상가상으로 북방의 절도사 안록산이 반란(755~763)을 일으켜 수도 장안을 쑥대밭으로 만들면서 당 제국은 급속하게 쇠망의 길로 접어들었고, 이에 따라 1,000년간 번영을 누렸던 실크로드도 붕괴되고 만다. 실크로드는 당나라 시대에 최고 번영을 누렸고, 당나라 붕괴와 함께 실크로드의 번영 또한 끝을 다하고 만 것이다.

제4장 실크로드의 발전과 번영

1. 실크로드의 중심지 장안

　부분적인 과장과 애매함도 있지만, 중세 실크로드와 아시아 각지의 역사와 풍속, 관습, 지리, 물산, 전설 등을 『동방견문록』만큼 상세하게 전하고 있는 책도 드물다. 『동방견문록』의 저자 마르코 폴로는 '중국의 화려함과 아름다움에 감탄하지 않을 수 없다'라고 하였다. 그 화려함과 아름다움의 중심지가 오늘날 산시성(섬서성)의 성도 시안(서안)이다.

　장안은 주나라 이후 진, 한, 수, 당을 비롯한 중국의 11개 왕조의 수도였다. 5호16국 시기의 짧았던 왕조와 농민 반란군의 수도까지 포함하면 13왕조가 수도로 삼은 곳이다. 장안은 전통시대의 정치, 경제 문화의 중심도시로 중국역사의 심장부라고 할 수 있다.

　장안이 최고의 번영을 누린 시기는 수나라와 당나라 시대였다. 수·당대의 수도 장안은 실크로드의 출발지이자 종착지로서 실질적인 실크로드의 중심 도시였다. 특히 당대에 세계 각국의 사신과 상인이 장안으로 몰려들 수 있었던 것은 동서를 오고가는 교통상의 장애를 제거하여 실크로드가 원활하게 소

시안의 종루. 옛 장안의 중심지

통되었고, 당의 개방정책에 따라 외국인이 자유로이 내왕할 수 있었기 때문이다.

당나라 시대에 실크로드가 유례없는 번영을 누리자 이름도 알 수 없는 아득히 먼 서역에서조차 마술을 비롯하여 융단, 옥, 놀이기구 등의 진귀한 물품을 낙타 등에 싣고 타클라마칸 사막을 건너 장안에 왔다. 장안은 인구 100만 명의 국제 중심 도시로 세계의 모든 것을 빨아들이고 있었다.

그래서 세계 각국에서 파견한 사신, 상인 그리고 수많은 승려와 유학생이 몰려들고 세계의 모든 사상이 집결했다. 1,400년 전에 국제 유학생이 2만 명이었으니, 장안의 국제적 위상은 우리의 상상을 뛰어넘는다. 역사서에 '장안 서쪽 개원문은 매일 찾아오는 이국적인 카라반의 방울 소리로 종일 시끄러웠다'고 기록한데서 국제도시 장안의 번화함을 알 수 있다. 현재 시안의 서쪽 성문 밖, 즉 옛 서역으로 통하는 개원문이 있던

장안을 찾아오는 실크로드 대상의 모습을 조각한 사주지로군조상

자리에 낙타를 타고 장안으로 들어오는 서역의 대상 조각상인 '사주지로군조상'은 그러한 실상을 말해준다.

　장안은 없는 물건이 없는 풍요의 도시였다. 천일야화를 꿈꾸는 전성기의 바그다드보다 훨씬 화려했다. 수나라 양제는 적극적으로 동서교역을 장려했다. 그는 크고 웅장한 것을 좋아하며 남에게 과시하는 것을 좋아하는 성격도 한몫 했다. 그래서 장안의 화려함을 과시하기 위해 밤늦도록 등불을 훤히 밝히고, 세계 각국에서 온 사절단에게 1개월 동안 성대한 볼거리와 음악 연주회를 제공해 주었다. 장안이 풍요롭지 않다면 할 수 없는 일들이다.

　또 수나라 양제는 상점마다 풍성하게 물건을 진열시키고 서역을 비롯한 각국의 사신과 대상에게 마음대로 음식을 먹게 하고 "수나라는 풍요롭기 때문에 수과 음식은 공짜다"라고 하여 사람들을 놀라게 했다. 그리고 거리의 가로수마다 고급 비단을 휘감아 놓기도 했다. 이는 극단적 사치를 보여주는 행위로 비난받는 일이지만, 당시 수나라의 경제력과 장안의 풍요로움을 엿볼 수 있는 실례이기도 하다.

당은 모든 방면에서 수를 능가하는 왕조였다. 앞 장에서 언급했지만, 당은 중국사상 처음으로 타림분지를 포함하는 신장성 전역과 파미르까지 장악했다. 당나라의 세계관은 현장법사를 통한 서역에 대한 생생한 정보까지 확보함으로써 한나라 시대와는 비교할 수 없이 넓었고, 서역정책도 보다 더 적극적이고 광범위하게 펼칠 수 있었다.

이 같은 당나라의 팽창과 번영 속에 세계의 문화와 사상 그리고 물자가 당의 수도 장안으로 향했던 것이다. 장안은 사막을 넘어온 화려하고 이국적인 서방의 진기한 문물이 넘쳐흘렀고, 아름다운 서역의 여인이 비파를 연주하며 노래하고 춤추는 주점이 거리의 밤을 밝혔다.

장안은 국제도시에 걸맞게 2개의 국제시장을 개설하였다. 동방의 물산이 모이는 동부의 동시와 서역의 물품이 모이는 서부의 서시가 그것이다. 동시보다 서역 실크로드의 물품이 모이는 서시가 훨씬 인기를 끌었다. 그곳에는 중국의 비단을 구입하려는 소그드와 안식 등의 실크로드 상인들의 발길이 이어졌고, 시장 곳곳에서 서역의 공연과 마술 등이 펼쳐졌다. 고구려, 백제, 신라 등 동방에서 온 사신과 상인들은 동시에서 교역한 후 재빠르게 이국적인 물품이 넘치는 서시로 달려갔다. 삼국을 통일한 통일신라는 동시는 물론이고 서시 한편에 전용관을 설치하고 서역 각국과 직접 교류하였다.

장안의 동부와 서부의 양 시장에는 200개의 점포가 종일 불

시안의 대당서시(복원된 당나라 시대의 옛 서시)

을 밝혔고, 수백 개의 노점과 야시장은 새벽녘까지 성황을 이뤘다. 장안은 밤낮없이 떠들썩했고 등불은 꺼질 줄 몰랐다.

장안에서는 조야를 불문하고 서역의 물산과 문화에 심취했다. 궁정에서는 서역 음악 호곡이 울려 퍼졌고 귀족들은 서역의 물산과 서역 음식 호식을 즐겼다. 젊은 남녀 사이에는 몸매를 드러내는 서역의 의복 호복이 유행했다.

서역의 쿠처 음악은 인기가 높아 황궁 소속 3만 명의 악사와 무용수 대부분이 쿠처출신이거나 쿠처음악 연주가였다. 황궁을 비롯한 장안에서 쿠처 악단이 가수들과 함께 악극을 공연하는 것은 일상사가 되다시피 했다. 당나라 음악은 28개의 선법으로 이루어졌는데, 그것은 쿠처 악기인 비파의 선율에 바탕을 둔 것이다.

황제와 귀족들은 서역에서 들어온 받침대 위에 올려놓고 치는 갈고라는 작은 북 치는 것을 즐겼는데, 당 현종이 특히 애호했다. 예술적 감각이 뛰어났던 당 현종은 쿠처음악을 매우 좋아하여 '춤추는 말' 여섯 마리를 갖고 있을 정도였다.

장안은 서역의 모자와 신발, 화장품과 화장술도 유행했다. 이러한 사실을 알려주는 도용(흙으로 빚은 사람과 물건의 형상)이 장안과 뤄양의 무덤에서 대량으로 발굴되었다. 시의 신선으로 유명한 시선 이 태백의 시에는 서역의 여인과 서역에서 들어온 포도주 그리고 술집이 자주 등장한다. 서역풍이 일세를 풍미하고 있었음을 나타내주는 증좌다.

장안의 사대부들은 서역 하서회랑의 주취안에서 들어 온 야광 술잔에 서역의 포도주를 따라 마시는 것이 대단한 인기였다. 사람들은 군청색 아이섀도로 요염하게 짙은 화장을 한 서역 여인이 있는 이국풍의 술집에서 식사하고 술 마시기를 즐겨했다. 요즘으로 비유하면 서양인 셰프가 요리하고 서양 여인이 음악을 연주하고 서빙하는 서구식 레스토랑에서 식사하는 것과 같다.

서역인 중에는 교역을 위해 장안까지 왔다가 돌아가지 않고 장안에 정착하는 사람들이 늘어났다. 그들을 통칭하여 '호인'이라고 한다. 현재 시안에서 많이 만나볼 수 있는 후이족도 이들이다. 그래서 현재의 시안은 예전의 장안과 마찬가지로 살아있는 실크로드의 역사 현장이다.

당대의 국제성을 알려주는 대표적인 유적이 첸링(건릉)에 있는 61명의 외국사신 석상이다. 첸링은 당 고종 황제와 측천무후의 합장 능이다. 최소 왕복 수개월이 걸리는 7세기에 고종의 장례식에 세계 61개국에서 조문사절단을 파견한 것이다.

첸링 앞의 61명 외국사신 석상. 사신의 머리는 명나라 때 훼손되었다.

61개 국가에 통일신라도 포함된다. 이는 당나라의 국제적 위상을 상징하고, 장안이 명실 공히 세계의 중심도시였음을 드러내주는 증거다.

당은 유교를 통치의 기본이념으로 삼고, 세계제국을 효과적으로 통치하기 위해 중앙집권적 황제지배체제를 구축하였다. 이에 따라 유교경전에 대한 해석을 통일하는 작업이 진행되었다. 시안 일대의 수백 개의 고대 비석을 모아놓은 시안의 비림박물관에 있는 석대효경비는 이 같은 당대의 유교사상을 살필 수 있는 중요한 비석이다. 위진남북조 시기에 불교와 노장사상에 크게 밀렸던 유교가 당대에 크게 부활한 것이다.

유교 못지않게 발전한 사상이 도교사상이다. 도교의 창시자 노자가 당나라 황실의 성씨와 같은 '이(李)'씨라는 이유로 당 황실의 후원을 받으며 각지에 도교사원인 도관과 노자를 제사하는 노자묘가 세워졌다. 도교는 구복신앙의 대상으로 자리 잡으며 빠르게 민중종교로 자리 잡았고, 그러한 전통은 오늘날까지 이어지고 있다.

　불교 또한 도교 못지않게 당대에 발전하여 중국문화에 지대한 영향을 미쳤다. 서역의 외래 불교가 중국적 불교로 자리 잡은 시기가 당나라 시대다. 그래서 서역의 승려가 당나라로 오고, 또 중국의 승려들이 활발하게 서역으로 구법순례를 떠났다. 현장법사를 위시하여 수많은 명승이 이 시기에 배출되어 불교교리는 한층 체계화되고 집대성되었다.

　기독교 일파인 경교라는 네스토리우스교도 이 때 유입되어 유행하였다. 경교의 전래와 발전에 대해서는 시안의 비림 박물관에 있는 대진경교비가 상세히 설명해주고 있다.

　이렇게 당의 수도 장안으로 세계의 종교와 사상이 집결하자, 각국에서 이를 공부하고 전파하려는 유학생과 승려를 비롯한 선교사들이 모여들었다. 당나라가 종교와 사상에 대해 관용적 태도를 보였기 때문에 더욱 적극적이었다. 이러한 다양성의 포용과 이해는 문화의 자신감에 기인하며 또 당나라의 문화를 풍요롭게 했다.

　당나라는 당시 전 세계 GDP의 55%를 차지했다. 오늘날 미국이 세계에서 차지하는 비중의 약 2배 위상이다. 때문에 당대, 그 중에서도 7~8세기의 수도 장안은 그 어떤 도시와도 비교할 수 없는 세계 최고의 국제도시였다. 오늘날 미국의 뉴욕이나 영국 런던이 세계에서 차지하는 위상의 최소 3배 이상이다.

2. 소그드 왕국

장건이 실크로드를 개척하면서 서역의 오아시스 국가들은 동서교역을 통해 경제적으로 윤택하게 되었고, 문화수준 또한 한 단계 높아지는 계기가 되었다. 이러한 풍요로움과 생활기술의 발달로 인구가 증가하여 전한시기 36국이던 국가가 1~2세기 지난 후한시기에 55개 국가로 증가하였다.

장건의 대월지 사행 이후 한나라가 본격적으로 서역으로 진출하고 서역과 교류하면서 중앙아시아 서역은 실크로드의 중계지로 활발하게 역할하며 발전을 도모했다. 그 중에서도 가장 활발하게 중계무역을 하며 오랫동안 번영을 누린 왕국이 소그드다. 소그드는 속익, 속특 등으로 불리는 왕국으로 자체의 언어를 사용하고 조로아스터교를 신봉했다. 그들은 뛰어난 상술로 실크로드에서 눈부시게 활약했다.

소그드는 가까운 교역은 물론이고 원거리 교역에도 적극적으로 나서 기원 후 1세기 중국 후한의 수도 뤄양(낙양)까지 왕래했고, 서쪽의 유라시아 지방의 여러 나라와 교역했다. 그들은 땅이 있고 사람이 있는 곳이면 어디든지 찾아갔다.

소그드는 활발한 해외무역을 통해 막강한 경제력을 발휘하며 곳곳에 식민도시와 거점 도시를 건설하고 중요한 도시에 소그드 공동체를 구축했다. 공동체를 형성한 대표적인 도시가 장안, 둔황, 투르판 같은 교역의 중심 도시였다. 공동체는 숙박과 휴식을 취하고 서로의 정보를 교환하는 장소였다.

이러한 공동체를 주축으로 식민도시와 거점도시를 건설함으로써 이들은 국제적 상업망을 구축하였다. 실크로드의 그 어떤 왕국과 도시도 소그드의 경제 네트워크를 뛰어넘지 못했다. 최근 중국을 비롯하여 실크로드 곳곳에서 소그드인의 집단 거주지와 무덤이 발굴되는 것이 이러한 흔적이다. 소그드는 이 같은 활발한 교역과 활동을 통해 중국의 수·당대인 6~7세기경에 서 투르케스탄 왕국을 건설해 절정의 번영을 구가하였다.

소그드 사람들의 천부적 상업 재능은 여러 역사책에 자주 등장할 정도로 뛰어났다. 그들은 자식을 낳으면 입에 꿀을 바르고, 손에는 아교를 쥐어 주었다. 아이가 성장해 상업 활동에 나서면 입으로 꿀같이 달콤한 말로 상대방으로 하여금 물건을 사게 만들고, 한 번 손에 들어온 돈은 아교처럼 붙어서 나가지 않게 하라는 의미다.

남자는 20세가 되면 나라 밖으로 교역을 떠나는데 그들이 원하는 최종 목적지는 비단의 나라 중국 장안이었다. 그들은 중국뿐만 아니라 이익이 있는 곳이면 어디든 찾아갔다. 이들은 지극히 적은 이윤이라도 쉽게 포기하지 않았다. 많은 이익을 남길 수 있다면 남들이 두려워하고 포기하는 지역도 기꺼이 달려갔다. 이들이 험준한 톈산산맥과 돌아올 수 없는 타클라마칸 사막을 넘나든 것은 이러한 상업정신 때문이다. 결과적으로 이들의 이 같은 활동이 실크로드를 활성화시켰음은 의문의 여지가 없다. 때문에 실크로드의 진정한 교류 주역을 소그드라고 해도 지나치지 않는다.

실크로드 시대(기원전 2세기 한나라~기원후 8세기 당나라)에 중국 장안에서 소그드 상인은 크게 환영받았다. 어떤 카라반보다 다양하고 풍부한 서역의 진귀한 물품을 낙타의 등에 싣고 왔기 때문이다. 소그드는 장안에서, 특히 귀족들이 어떤 물품을 선호하는지 정확하게 꿰뚫고 그에 맞는 물품을 가져올 뿐만 아니라 서역의 흥미 있는 소식까지 전해줘 더욱 환영받았다. 그래서 장안의 귀족과 상인은 너도나도 소그드 상인을 만나 환담을 나누고 거래하기를 즐겨했다.

소그드 상인은 원거리 교역을 하면서 얻은 서역 각국의 정치·군사 상황을 은연중 제공해줌으로써 당의 조정으로부터도 환대받았다. 이들은 사람의 마음을 읽고 사람의 마음을 여는 방법을 아는 장사의 귀재였다. 때문에 소그드 상인은 장안에서 모든 서역 상인을 압도했다. 앞장에서 언급한 시안의 서문 밖에 세워진 거대한 '사주지로군조상'이 소그드의 카라반인 이유가 이 때문이다.

당나라가 붕괴하고 장안과의 교류가 끊어진 후에도 소그드는 번영을 이어갔다. 기존의 서역 각국은 물론이고 북방 초원의 유목국가와 이슬람제국 등 새로운 지역으로 교역대상을 확대했기 때문이다. 이들은 한 두 명으로 상업 활동에 나서지 않고, 수십 마리의 낙타로 구성된 대상(카라반)을 편성해 교역에 나섰다. 이들의 부유함을 노리는 도적떼를 대비하고 한 번 교역으로 가능한 많은 양의 거래를 하기 위함이다. 따라서 사주지로군조상 외에도 여러 곳에서 접할 수 있는 사막을 건너는 카라반의 대부분은 소그드인이라고 생각하면 틀리지 않는다.

그러나 찬란했던 소그드 왕국은 몽골의 침략으로 역사에서 지워지고 만다. 13세기 몽골의 사자가 교역과 통교를 위해 소그드 왕국을 찾았을 때, 소그드는 그들을 야만인으로 경멸하며 교역 제의를 거부하였다. 뿐만 아니라 그들의 재물을 약탈하고 사신일행을 죽였다. 경제적 부유함과 문화적 우월감에 빠져 초원의 신흥 강국 몽골, 정확하게는 칭기즈칸을 무시하고 야만시해서 벌어진 사태다.

도둑 떼를 가장해 재물을 강탈하고 자신의 사신까지 죽인 소그드에 격노한 칭기즈칸은 직접 군대를 이끌고 공격에 나섰다. 칭기즈칸은 소그드의 궁성과 건물을 모조리 불태우고 어린아이까지 모두 죽이라는 명령을 내린다. 이로써 소그드는 철저히 파괴되고 민족도 사라지고 말았다.

1965년 사마르칸트 근교에서 우연히 소그드의 왕궁터가 발굴되면서 소그드는 다시 역사무대에 등장했다. 역사에서 흔적조차 찾을 수 없었던 소그드가 800년 만에 화려하게 그 모습을 드러낸 것이다. 역사기록으로만 전해오던 소그드의 활약상이 아프라시압 왕궁터에서 확인된 것이다. 왕궁터의 발굴이 더 진행될수록 그들의 역사와 문화가 빛을 발하고 실크로드 또한 재조명될 것이다.

제5장 실크로드의 성쇠

1. 실크로드의 붕괴

　중국사상 실크로드의 최고 번영기는 당나라 시기다. 당의 지배영역은 한대 이상으로 광대하였고, 개방화된 수준 높은 문화는 주변국에 커다란 영향을 끼쳐 당을 중심으로 동아시아 문화권이라는 하나의 세계가 형성되었다. 이러한 시대적 흐름을 타고 동서교류가 활발하게 행해져서 실크로드는 절정을 누렸다.

　당나라는 하서지방 전체를 장악하여 옛 한대 영역을 모두 회복하였고 동북방의 초원제국 돌궐까지 굴복시켰다. 그리고 중국 역사상 최초로 5,000m가 넘는 험준한 톈산산맥 너머까지 정복하며 톈산남북로 모두를 장악하였다. 이 같은 여세를 몰아 세계의 지붕 파미르고원으로 진격하여 타스쿠얼간에 총령수착이라는 군진을 설치하여 파미르 서쪽 지역까지 지배영역으로 삼았다.

　이와 같이 당나라가 세계제국을 구축함으로써 실크로드가 활성화되자 모든 길은 당나라 장안으로 향했다. 천하는 태평하고 이국적인 서역의 문물, 인적, 문화의 교류 속에 당나라의 문화는 더욱 다채롭고 풍성해졌다.

그러나 중국에서 당 왕조가 안정과 풍요를 누리며 안주해 있을 때, 서남아시아에서는 이슬람세력이 빠르게 팽창하고 있었다. 이슬람은 마호메트 사후 정통 칼리프 시대(632~661)에 적극적으로 대외정복에 나서 시리아를 정복하고, 642년에는 중동의 최대 강국 사산조 페르시아를 멸망시켰다. 이슬람세력은 10년의 짧은 기간에 아프리카 북부 이집트로부터 서아시아의 페르시아까지 아우르는 강대국으로 떠올랐다.

칼리프 시대를 이은 우마이야 왕조(661~750)는 중앙집권적 군주제를 채택하고 영토 확장에 박차를 가했다. 서쪽으로는 북부 아프리카의 전 지역을 정복하고, 711년에는 지브롤터 해협을 건너 서고트 왕국의 스페인까지 진출했다. 동쪽으로는 페르시아를 발판으로 중앙아시아로 동진하여 아프가니스탄 카불을 정복하고 8세기 초에는 사마르칸트와 옛 대원이 있던 페르가나까지 점령하였다. 거침없이 진격해오던 이슬람은 거대한 파미르 고원에 막히자 동진정책을 남진정책으로 방향을 바꿔 파키스탄과 인도의 서북부 펀잡 지방을 공략했다.

우마이야 왕조를 이어 등장한 아바스 왕조(750~1258)는 수도를 다마스쿠스(시리아의 수도)에서 동쪽의 바그다드(이라크의 수도)로 옮기고, 아랍 민족주의에서 탈피하여 인종과 민족을 초월한 범 이슬람주의를 내세우며 더욱 강력한 확장정책을 추진했다. 이와 같은 이슬람제국의 세력 확장은 서역에 대한 지배권을 강화하려는 당나라를 자극하게 되었다.

당나라는 중앙아시아 서역으로 팽창해 오는 이슬람세력을 좌시할 수 없어 750년 안서절도사 고선지로 하여금 출격을 명령한다. 고선지는 안서도후부가 있는 쿠처를 출발하여 톈산산맥을 넘어 오늘날 우즈베키스탄의 타슈켄트인 석국으로 공격해 들어가 석국을 멸망시켰다. 석국을 점령한 당나라는 수많은 사람들을 무자비하게 학살하고 사로잡은 석국 왕을 성문 밖에서 처형하였으며 건물과 집을 무차별적으로 불태웠다. 식국의 왕자가 인근 왕국으로 도망하여 당나라의 만행을 호소하자 분노한 주변국이 연합하여 당나라와 맞서 싸우기로 결의했다. 아바스 왕조는 이 틈을 이용하여 이들과 연합하여 당나라에 대항하게 되었다.

751년 당나라의 고선지는 7만 대군을 이끌고 인더스강 상류로 진출하였다. 이곳이 간다라 평원으로, 북쪽에는 유명한 탈라스 대평원이 있다. 간다라 지방은 동쪽으로 중국, 남쪽으로 인도, 서쪽으로 이란으로 뻗어 나가는 3갈래 길이 만나는 교통과 문명의 교차 지역이다.

간다라 지역은 이 같은 지리적 조건을 발판 삼아 동서 문화가 활발하게 교류하면서 간다라 문화를 탄생시켰다. 간다라 문화란 인도문화, 정확히 말하면 인도의 불교문화와 서양의 그리스문화가 결합된 문화를 말한다. 이러한 간다라 불교문화의 상징이 불상이다. 석가모니의 우상숭배 금지에 따라 석가모니 사후에 불상을 비롯한 석굴, 불교벽화, 사천왕상 등 불교 관련 상징물은 일체 조성되지 않았다. 석가모니는 우상 숭배에 따른 형식적 신앙에 빠질 것을 경계하여 자신의 무덤은 말할 것 없고 자신과 관련한 일체의 형상물을 만들지 못하게 했던 것이다.

그런데 기원전 4세기 마케도니아의 알렉산더 대왕의 동방원정대가 간다라 지방에 진출하였다. 알렉산더 대왕은 가는 곳마다 헬레니즘 문화를 적극적으로 이식하였다. 헬레니즘 문화의 핵심은 그리스 문화다. 그리스 문화는 신과 인간의 조화를 지향하며 예술이 그것의 미적 표현을 구현했다. 즉 제우스를 비롯한 헤라, 비너스 같은 신들을 아름다운 예술조각으로 나타낸 것이다. 이러한 예술관을 지닌 이들이었기에 간다라에서 석가모니, 즉 부처를 조각하는 것은 너무나 당연했다. 이렇게 해서 불상이 탄생한 것이다.

따라서 불상은 인도의 불교문화와 헬레니즘의 그리스 예술 문화, 다시 말해 동양과 서양의 문화가 융합해 탄생한 것이다. 불상이 간다라에서 탄생하자 빠르게 확산되어 불상이 없는 불교는 상상할 수 없는 지경에 이르렀다. 불상은 석가모니에서 보살, 사천왕상 등으로 확대되었고, 화려한 불교 벽화로 발전했다.

이와 같이 동서 문화가 공존하고 융합하여 찬란한 문화를 꽃피웠던 간다라의 탈라스 지역이 8세기에 동서 전쟁의 무대가 된 것이다. 이 전쟁은 지역적으로 당나라의 동양과 사라센의 전쟁이고 문명사적으로는 유교와 불교문화 대 이슬람 문화의 충돌이다.

탈라스에서 양군이 대치하던 중 당나라의 연합군 일부가 배반하여 이슬람군과 손잡고 기습하면서 당나라 군대는 대패하였다. 5만 명이 죽고 2만 명이 포로로 잡히는 참패였다. 당나라 기록에는 당나라 연합군 군대가 7만 명이 아니라 3만 명으로 나오는데, 어느 쪽 기록이든 대군임에는 틀림없다. 살아남은 병사가 천여 명에 불과할 정도로 당나라는 철저하게 패배

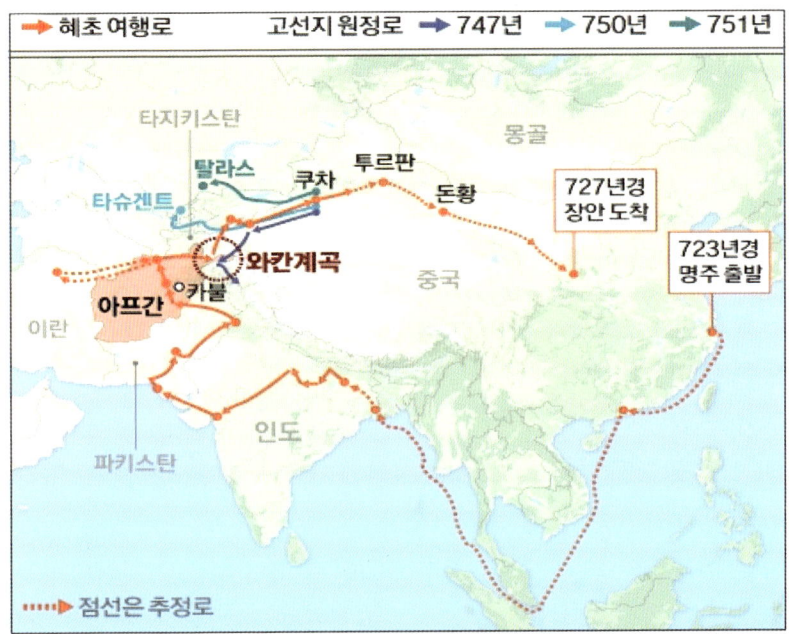

탈라스 전쟁은 실크로드는 물론이고 인류사의 중요한 분기점이 되었다.(지도: 김호동, 아틀라스 중앙아시아)

했다. 탈라스 전쟁의 참패 이후 당나라는 두 번 다시 파미르와 톈산산맥을 넘지 못했다.

 탈라스 전쟁의 결과 당나라의 중앙아시아 서역 지배권은 완전히 상실되었고, 1,000년 동안 장안을 축으로 유지되던 실크로드도 붕괴되었다. 이에 따라 실크로드의 중심지 장안의 운명도 다하고 말았다. 기원전 3세기 진시황제가 장안을 수도로 삼은 이래 1,000년 넘게 온갖 영화를 누리던 장안은 수도 지위마저 잃고 말았다. 수도가 동쪽의 카이펑, 항저우, 베이징으로 차례로 옮겨가면서 장안은 두 번 다시 정치와 역사의 중심 무대에 서지 못했다.

반면에 이슬람은 파미르와 톈산산맥 서쪽의 실크로드 전역을 장악하며 명실상부한 이슬람제국의 전성시대를 열었다. 이로 인해 중앙아시아 전역은 물론이고 인도의 서북부와 중국 신장성의 타림분지까지 이슬람화 하였다. 이로써 이들 지역에서 불교, 마니교, 조로아스터교, 네스토리우스교 등의 종교는 모두 퇴출되었고, 이러한 현상은 21세기 현재까지 그대로 이어오고 있다. 탈라스 싸움이 동서 양쪽에 어마어마한 결과를 낳은 것이다.

이슬람은 장안으로 연결되는 육로 실크로드가 붕괴하자 해상 실크로드를 적극적으로 개척하였다. 해상 실크로드는 아라비아 반도에서 인도를 거쳐 싱가포르의 말래카 해협을 통과해 인도네시아를 비롯한 동남아시아와 중국의 동남부 취안저우(천주)와 광저우(광주)로 이어졌다. 일부 아리비아 상인은 신라와 고려까지 와서 교역하였다. 이것이 오늘날 인도네시아를 비롯한 동남아시아와 푸젠성 같은 중국 동남부지역에 이슬람교가 전파되고 이슬람인이 거주하게 되는 계기다.

장안으로의 통로가 막힘으로써 서역과의 교류는 크게 위축되었지만, 서역의 실크로드 교류는 아랍의 이슬람을 중심으로 계속 이어졌고, 여기에 해상 실크로드가 활발하게 전개되면서 세계 각국의 문물이 이슬람제국으로 물밀 듯이 유입되었다. 더욱이 탈라스 싸움을 통해 아랍으로 전래된 중국의 제지술이 종이 혁명을 가져와 이슬람 문화의 르네상스를 가져왔다.

이에 따라 이슬람의 수도 바그다드는 인구 100만 명의 대도시로 당나라 장안 못지않은 세계 최대의 도시로 발전했다. 화려하고 풍요로운 바그다드는 찬란한 문화를 꽃피우며 '알리바

바와 40명의 도둑', '신밧드의 모험' 같은 천일야화로 유명한 '아라비안나이트'를 탄생시켰다.

중앙아시아 사마르칸트로 전파된 제지법은 중동의 아랍과 아프리카 북부를 거쳐 이베리아 반도와 서유럽으로 전파되었다. 이것을 계기로 유럽은 근대사회로 나아가 세계를 주도할 수 있는 발판을 마련했다. 이와 같이 탈라스 전쟁은 정치, 군사, 문화, 종교 등 인류사회의 여러 방면에 중요한 영향을 끼친 역사적 전쟁이었다.

당나라는 탈라스 전쟁의 패배에 이어 곧바로 안록산의 난(755~763)이 발발하면서 급속히 쇠망으로 치닫는다. 당나라 황제 현종이 국정을 멀리하고 양귀비와의 사랑에 탐닉하면서 조정은 부패하고 백성은 도탄에 빠진 틈을 이용하여 북방의 군사령관 안록산이 15만 대군을 이끌고 반란을 일으킨 것이다. 안록산 부대는 부패한 당나라 군대를 파죽지세로 격퇴시키며 수도 장안으로 침공해왔다. 황제 현종은 양귀비를 데리고 한 밤중에 장안을 탈출해 쓰촨성으로 피난가는 신세가 되었다.

당나라는 의병을 모으고 이민족의 도움까지 받으며 수년간의 전쟁을 통해 겨우 안록산의 난을 진압했지만, 이전의 대당 제국은 회복할 수도 회복하지도 못했다. 쇠퇴를 거듭하며 겨우 당 왕조의 명맥은 겨우 이어나갔지만, 끝내 멸망에 이르고 말았다(907). 이후 송나라가 건국(960)하기까지 약 60년 간 5대10국이라는 혼란과 분열기에 접어들며 실크로드의 영화도 역사 속으로 사라지고 말았다.

탈라스 싸움 이후 일체의 실크로드 교류가 끊어졌다고 할 수는 없어도, 이전과 같은 실크로드는 찾아볼 수 없게 되었다. 이에 따라 동서를 오고가는 대상과 교역에 의지해 1,000년 동안 번영을 누렸던 서역의 사막과 초원의 도시들은 하나 둘씩 사라져갔고 사람들의 기억에서 잊혀져갔다. 그렇게 실크로드는 20세기 초까지 1,100년 동안 잠들며 역사 속에 묻히고 말았다.

2. 실크로드의 의의

실크로드는 중국 장안과 중앙아시아 그리고 고대 로마를 잇는 동서 문화교류의 길, 역사와 문명의 길, 교역의 길이다. '실크'라는 물품명이 붙었지만, 단순히 동서 간에 비단이나 향료 같은 물자만 오고 간 길은 아니다. 동·서양의 예술과 종교를 비롯한 무형의 인간정신까지 유통하는 경로였다. 때문에 실크로드는 인류 역사발전의 대동맥 같은 역할을 했다고 평가 받는다.

서역이라 불리는 타림분지를 포함한 중앙아시아는 아시아와 유럽의 두 지역과 밀접한 연관을 가지고 각각의 시대구분에 중요한 영향을 미쳤다. 예컨대 세계사에서 고대로 시대구분 짓는 시기는 지금으로부터 약 4천 년 전 서역지방에 있던 아리아인의 분산이 시작됐다고 추정되는 연변지역에서 발생하였다. 유럽의 중세 봉건사회는 실크로드와 떼려야 뗄 수 없는 흉노의 이동으로 촉발된 게르만 민족의 대이동에 의해 형성되었다.

8세기에 시작된 톈산지방의 위구르계 민족 투르크족의 이동

실크로드의 겨울은 혹독한 추위와 함께 폭설이 내린다.

은 중동에 셀주크 투르크와 오스만 투르크의 출현을 낳았다. 이는 십자군 전쟁(11~14세기)을 유발하는 계기가 되었으며 이는 이탈리아의 도시번영을 가져왔다. 피렌체 같은 이탈리아 도시의 번영은 르네상스운동(14~16세기)을 싹틔웠으며 여기에 제지법이 전래하고 인쇄술이 발달하면서 16세기에 종교개혁을 촉발했다. 이와 같이 유럽의 근대사회는 이 같은 제 요인이 결합하여 탄생된 것이다.

결국 실크로드를 중심으로 수많은 민족과 국가의 흥망성쇠가 거듭되면서 인류 역사의 바퀴를 오늘에 이르게 한 것이다.

문명의 탄생과 발전은 대외교류 없이 불가능하다. 교류 없이 문명의 발전과 문화전파는 있을 수 없다. 흘러들어오는 물이 없고 흘러나가는 물이 없는 호수는 고요하고 평화로운 듯하지만, 결국 썩거나 말라버리고 만다.

문명과 문화도 마찬가지다. 이러한 문명과 문화에 새 바람

봄과 겨울이 공존하는 실크로드

을 일으키며 발전시키고 촉진한 것이 실크로드다. 황허 문명, 인더스 문명, 유목 기마민족 문명, 페르시아 문명, 불교와 이슬람 문명 등은 모두 실크로드를 위요한 지역에서 싹이 텄고, 이 길을 통해 발전의 열매를 맺었다.

 동양에서 볼 때 실크로드는 당나라를 중심으로 하는 국제 선진문화의 대이동을 의미한다. 당 문화를 흡수한 주변의 후진국은 자기들의 고유문화와 결합시켜 발전의 토대를 마련했다. 이를 바탕으로 8~9세기의 당·송변혁기를 맞아 중국 주변의 동아시아에서 각자의 언어 국어와 학문 국학이 생기고 독립의식이 싹트는 등 커다란 변혁을 가져왔다. 다시 말해 당나라의 문화가 이러한 문화운동의 바탕이며, 그것은 실크로드의 연장인 것이다. 이와 같이 문화교류와 유입은 또 다른 문화의 발생 요인이 되고 발달의 촉진제가 되었다.

 실크로드는 물자교역을 기본으로 한다. 서역으로부터 중국으로 들어 온 포도, 콩, 오이, 밀 등의 농작물은 부족한 영양분을 보충해 주었다. 그 중에서도 밀의 유입은 쌀, 보리에 의존해야 했던 한반도를 비롯한 동양의 식량문제를 획기적으로 개선했다. 쌀과 보리는 물의 공급이 가능한 농경지가 아니면 재배가 불가능하지만, 밀은 척박한 땅에서도 재배되는 작물이다.

1960~1980년대 우리나라가 부족한 식량문제를 해결하기 위해 대대적으로 야산을 깎아 개간할 때, 개간한 초기의 척박한 땅에는 언제나 밀을 재배하였다. 이렇게 밀은 논농사, 밭농사를 할 수 없는 지역에서 재배할 수 있고 일손도 크게 들지 않는다.

중국에서도 쌀농사가 부적합한 건조하고 척박한 중국 서북부의 산시성(섬서성), 산시성(산서성)을 비롯하여 간쑤성과 신장성 같은 지역은 대부분 밀이 생산된다. 더욱이 밀을 재료로 하는 면과 만두 등은 쌀이나 보리로 밥 짓기보다 훨씬 간편하게 조리할 수 있고 먹기에도 간단해서 전래되자마자 바로 대중화되었다.

불교와 그에 수반하여 들어온 불교문화는 중국의 사상과 문화예술은 물론이고 동아시아에 지대한 영향을 끼쳤음은 더 이상의 부연설명을 필요로 하지 않는다.

비파를 비롯한 악기와 노래 등의 음악은 인간의 정서적 안정에 긍정적으로 작용했고, 마술은 사람들의 즐거운 여가생활을 제공해주었다. 천문, 역법, 수학 등은 과학적인 농경생활을 가능하게 해주었고 의학은 인간의 고통 해소에 기여했다. 이와 같이 실크로드는 거창한 역사적 평가를 떠나 일반 대중에게 실질적이고 다양하고 윤택한 삶을 제공했던 것이다.

실크로드는 동서양 역사 전개의 중추적 역할을 담당한 문명의 길로 역사의 숨결을 진하게 간직한 곳이다. 더욱이 지구상에서 가장 아름답고 신비로운 다양한 민족문화와 자연풍광까지 갖춘 최고의 관광 코스이기도 하다.

3. 부활하는 실크로드

역사적으로 실크로드가 담당하고 수행한 역할과 중요성은 너무나 크다. 실크로드는 아시아와 중앙아시아, 중앙아시아와 유럽, 유라시아와 아프리카, 심지어 아메리카까지 이어주는 대동맥의 역할을 담당하였다. 그렇기 때문에 실크로드는 명실상부하게 동서 교류의 가교역할을 수행한 인류문명의 생명루트라고 할 수 있다.

실크로드의 중심축을 이루는 중앙아시아 서역의 역사는 아시아와 유럽이라는 두 지역과 상호 연관성을 가지며 각각의 역사발전에 중요한 영향을 끼쳤다. 이는 실크로드가 세계사적으로 중요한 위치를 차지하고 있다는 증거다. 이러한 실크로드가 8세기에 역사의 기억 저편으로 사라진 후 오랫동안 세계무대에 등장하지 못했는데, 이는 비단의 신비가 풀린 후 그것을 대체할 마땅한 수단이 없었던 것과도 관련된다. 그렇게 1,100년 동안 잠자던 실크로드는 20세기 들어 수많은 전설과 신화를 간직한 채 우리에게 다시 나타났다.

타림분지를 중심으로 전개된 실크로드가 단순히 부활하는데 그치지 않고 경제 문화적으로 화려하게 부활하고 있는 것은

교통이 불편했던 하서회랑과 신장성 일대에 고속도로가 개통되었다.

2000년부터 시행한 중국의 서부 대개발 정책 영향이 크다. 서부 대개발은 만리장성을 쌓는 일에 비유될 정도의 엄청난 대역사다. 1980년대부터 시행한 개혁개방으로 베이징과 상하이를 비롯한 동부가 비약적인 경제발전을 이루었지만, 서부는 발전의 혜택이 미미하여 낙후한 상태를 벗어나지 못했다. 일부 옛 실크로드의 서부지역은 1,000년, 2,000년 전의 삶과 크게 다르지 않을 정도로 낙후한 상태였다. 이 같은 서부지역의 낙후한 경제수준을 끌어올리기 위해 추진한 것이 서부 대개발이다.

중국에서 서부는 산시성, 쓰촨성, 간쑤성, 닝샤성(닝샤후이족자치구), 칭하이성, 신장위구르자치구를 일컫는다. 특히 옛 실크로드의 핵심지역인 간쑤성, 닝샤성, 신장성이 경제적으로 가장 낙후한데다 소수민족 밀집 거주지역으로 서부 대개발의 중점 개발지역이다.

때문에 2000년 이후 실크로드 지역 어디를 가나 어마어마한 규모의 개발이 진행되었다. 2000년에서 2004년까지 4년 동안 정부가 투입한 자금이 5천억 위안(약 90조원)이고 지방정부와 민간이 투입한 자금이 2조9천5백억 위안(약 531조원)이다. 개발은 도로 철도 같은 인프라 확충부터 시작되었다. 그러한 결과 구불구불하고 경운기 한 대 겨우 지나갈 수 있던 비포장도로가 정비·포장되고 새로운 도로와 철도가 놓였다.

중국정부는 2013년 선언한 '일대일로'라는 21세기 '신 실크로드' 정책에 착수했다. 2,000년 전 낙타가 주요 교통수단이었던 실크로드에 고속도로와 고속철도를 연결하여 21세기 실크로드로 개발하겠다는 구상이다. 육·해상으로 중국 중심의 세계 경제권을 형성하려는 전략이다.

이를 위해 중국정부는 서부 대개발과 비교할 수 없는 막대한 자본을 쏟아 붓고 있다. 이 같은 정책으로 중앙아시아와 유럽으로 연결되는 중국의 서부, 특히 옛 실크로드 중심지역인 하서회랑의 간쑤성과 타림분지를 포함한 신장성이 새롭게 도약하고 있다.

간쑤성과 신장성이 오랜 동면에서 깨어나 외부세계에 닫혔던 문을 열고 변화와 발전의 엔진을 달기 시작한 것은 1950년대 란저우에서 우루무치까지의 란신철로가 부설되면서다. 여기에 1990년대 철도 복선화가 이뤄지고 서부 대개발과 일대일로 정책이 연이어 추진되면서 고속도로와 고속철이 건설되고 공항이 확장되면서 발전의 가속화가 촉진되었다.

이러한 발전에 힘입어 하서회랑의 작은 오아시스들도 현대도시로 탈바꿈하는 중이다. 건물과 도로는 새롭게 정비되고

사막공로 즉 타클라마칸 사막을 남북으로 잇는 사막 고속도로

시설이 뛰어난 4, 5성급 호텔들도 들어서고 있다. 최근 필자가 숙박했던 주취안의 4성급 호텔은 서울의 특급 호텔에 뒤지지 않았다. 작은 오아시스 주취안이 이 정도니 다른 오아시스 도시는 말할 필요도 없다.

철도는 하서회랑의 입구 란저우에서 신장성의 성도 우루무치까지 부설되어 옛 실크로드 부활의 신기원을 이루었고 1980년대는 신장성 중부를 남북으로 가르는 톈산산맥을 뚫고 타클라마칸 사막 북쪽으로 철로가 놓였다. 난장(남강 ; 신장성 남쪽이라는 의미)철도의 개통이다. 해발 5,000m의 톈산산맥을 뚫고 한국보다 면적이 더 큰 사막에 철도를 놓는 기적이 일어난 것이다. 2011년에는 타클라마칸 남쪽의 옛 서역남로의 호탄까지 철도가 연결되었다.

그리고 한반도보다 더 큰 황량한 사막을 가르는 고속도로까지 건설되었다. 1990년대 후반에 '죽음의 땅' 타클라마칸 사막의 남북을 연결하는 고속도로 제1 사막공로가 건설된데 이어 2007년에 제2의 사막공로가 개통되었다.

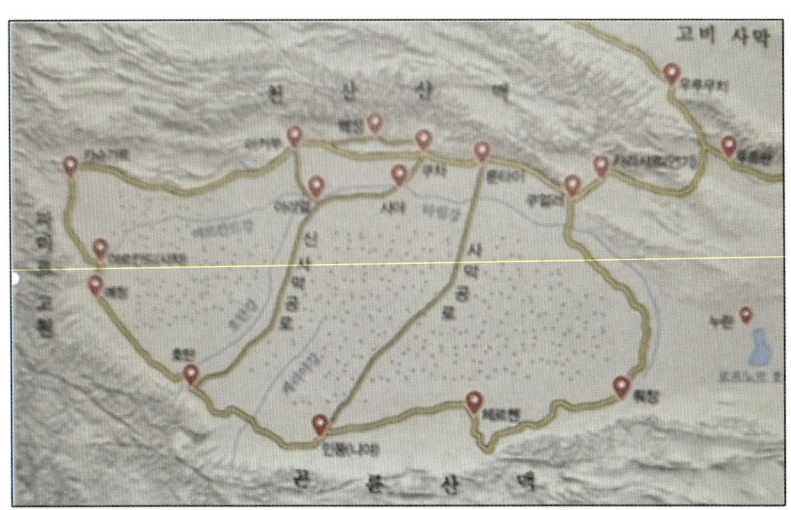

실크로드 중심지였던 타클라마칸 사막 일대의 오아시스 도시는 도로 등의 인프라가 갖춰지면서 빠르게 발전하고 있다.(지도: 유홍준, 나의문화답사기 중국편)

이와 같은 교통의 발달에 따라 외부세계와 철저하게 차단된 채 1990년대까지 2,000년 전의 한나라 시대와 비슷한 삶을 살던 타클라마칸 사막의 오아시스 도시들은 커다란 변화를 맞고 있다.

1990년대 후반 필자가 대중교통을 이용하여 우루무치에서 타클라마칸 남쪽 뤄챵(약강 ; 차르클릭)으로 들어가서 치에모(체르첸)→민펑→호탄→카슈가르로 이어지는 서역남로를 일주하려 했다. 그러자 모든 중국인이 그곳은 문명화가 되지 않은 지역이어서 숙박은 물론 언어와 음식마저 불편하고 위험하기까지 하다며 가지 말라고 말렸다. 더욱이 외국인 혼자 간다는 것은 스스로 화를 자초하는 행위라고 질책하기까지 했다. 위구르인들도 똑 같은 조언을 했다. 그래서 포기할까 고민하다

2,000년 전의 장건도 갔고, 1,400년 전 현장법사도 갔으니 두렵지만 도전하기로 결심했다.

우루무치에서 쿠얼러에 도착한 다음 수소문 끝에 뤄챵가는 버스를 겨우 탈 수 있었다. 버스는 한 눈에 보아도 노후하기 짝이 없었다. 39도를 오르내리는 무더위에 에어컨 없는 완행버스를 타고 비포장의 사막 길을 모래먼지 뒤집어 쓴 채 18시간을 달려 뤄챵에 도착하였다. 뤄챵에 도착해 호텔에서 하나 남은 방에 투숙할 수 있었다. 아주 작은 오아시스 뤄챵에 호텔이 있다는 것도 놀라웠지만, 투숙객으로 만원이라는 것도 놀라웠다. 그 몇 년 전만 해도 여인숙 같이 허름한 숙소에서 물이 나오지 않아 샤워는 고사하고 세수도 못했다는 곳이다. 뤄챵은 오랫동안 외부세계와 단절된 관계로 그 옛날 실크로드의 정취를 물씬 풍기고 있었고, 도로의 가로수는 온통 타마리스크 나무였다.

뤄챵에서 치에모 가는 길도 사막의 비포장길이어서 고생이 이만저만이 아니었다. 더욱이 연일 40도가 넘는 기온으로 쿤룬산맥의 빙하가 너무 많이 녹아 강이 홍수를 이뤄 도로가 끊기고 다리가 무너져 도중에 되돌아올 수밖에 없었다. 민펑과 호탄으로 이어지는 길도 열악하기는 마찬가지였다. 포클레인이 도로정비를 하고 있으나 강한 모래바람이 불면 공사를 다시 해야 하는 일이 반복되고 있었다.

그러나 2010년대 들어 뤄챵을 비롯하여 치에모, 민펑, 호탄, 사처, 카슈가르로 이어지는 타클라마칸 사막 남쪽의 서역남로는 이전의 낙후함을 기억 못할 정도로 빠르게 발전하고 있다. 20여 년 전 필자가 두려움을 갖고 고단하게 여행했던

파미르를 넘는 카라코람 하이웨이

　서역남로는 이제 추억의 전설이 되었다. 교통의 발달과 함께 오아시스 도시에 현대식 고층 건물이 올라가고 현대식 고층 아파트 단지가 들어서고 있다. 어떨 때는 이곳이 과연 사막 속의 오아시스가 맞는가 의심마저 들곤 한다. 그래서 조금이라도 옛 전통문화의 향기를 느끼고 싶다면 하루라도 빨리 서역여행을 떠나야 한다.
　소륵이 있던 카슈가르에서 거칠고 험준한 파미르를 넘어 키르기스스탄과 파키스탄으로 이어지는 위험했던 옛 실크로드는 이제는 카라코람 하이웨이가 달린다. 카라코람 하이웨이가 개통되면서 물동량이 크게 증가하여 카슈가르와 파키스탄의 오아시스 도시들의 상호 발전을 촉진하고 있다. 교역량은 갈수록 증가해 물건을 가득 실은 화물차가 꼬리에 꼬리를 물고 이어진다. 낙타와 말을 타고 막막함과 두려움 속에 이동했던 산악 실크로드가 이제는 카라코람 하이웨이라는 새로운

신장성 곳곳에 대규모로 들어선 석유 시추공

이름으로 자동차로 이동하는 루트가 된 것이다.

21세기 실크로드는 세계 최고의 답사 여행코스로 떠올랐다. 역사와 문화답사는 물론이고 이국적이고 신비적인 자연풍광과 독특하고 다채로운 민족의 삶을 느낄 수 있는 최고의 여행지이기 때문이다. 어디를 가나 역사가 있고 전설이 있고 놀라운 경치가 여행객을 매료시킨다.

그래서 유명한 둔황 막고굴은 말할 것도 없고, 서유기의 무대 투르판과 만리장성의 서쪽 끝 자위관 등은 여행 성수기에 기차표와 호텔 예약이 쉽지 않다. 사신과 대상들로 가득했던 자리를 이제는 여행객이 가득 메우고 있는 것이다. 타림분지를 비롯한 중국 신장성의 실크로드 관광은 2000년 초반에 절정을 이루었다. 그때는 어디를 가나 관광객으로 넘쳤다. 이 같은 관광문화 산업이 옛 실크로드 지역민의 삶의 제고에 크게 기여함은 말할 필요가 없다.

21세기 실크로드가 주목받는 또 하나의 이유는 비단 못지않

겨우 수십 명이 유목 생활하던 준가르 평원(사막)의 작은 오아시스 커러마이는 석유가 발견되면서 아랍의 두바이가 되었다.

은 황금자원이 등장했기 때문이다. 대규모의 가스와 유전 그리고 광산 매장이 확인된 것이다. 새로운 유전지대가 계속 발견되고 있어 원유의 총 매장량은 가늠하기조차 어렵다. 죽음의 땅이었던 타클라마칸 사막과 준가르 평원은 이제 어마어마하게 들어선 석유 시추공이 새로운 풍경이다. 석유공업의 중심이 된 준가르 사막의 커러마이는 수십 명이 살던 작은 오아시스에서 수 십 만명의 현대도시로 변모했고, 소득도 한국을 능가하는 부유한 도시가 되었다. 준가르 사막 평원의 두바이가 된 것이다.

또 강풍이 많이 부는 이점을 살려 세계 최대의 풍력단지가 조성되고, 철광석과 석탄 등의 광물자원을 이용한 화학과 광공업 산업도 빠르게 발달하고 있다. 이 같은 산업의 발달로 신장성의 인구는 더욱 빠르게 증가하고 있다.

최근 신장성에서 가장 핫한 여행지는 북쪽의 알타이 산맥 기슭의 카나스다. 카나스는 신장성의 위구르인들도 꼭 가보고 싶어 한다. 카나스 가는 풍경이 더 장관이다.

한가로이 말과 양이 풀을 뜯던 오아시스 초원이었던 신장성의 성도 우루무치는 제2의 실크로드 황금기를 맞이하여 인구 200만 명이 넘는 대도시로 성장하였다. 도시 곳곳에 현대식 백화점과 우아하고 아름다운 고층 건물이 속속 건축되며 하루가 다르게 스카이라인이 바뀌고 있다. 작은 초원의 간이역 같았던 우루무치 기차역은 웅장한 모습으로 재탄생했고, 깨끗하게 정비된 도로는 늘어난 차량으로 교통 혼잡을 이룬다. 초원의 오아시스 도시에서 우리나라의 출퇴근 모습과 다를 바 없는 러시아워 모습에 두 눈이 휘둥그레진다. 사막의 오아시스에 러시아워라…… 어딘가 좀 어울리지 않다는 생각이 들지만, 이것이 21세기 실크로드의 실상이다.

  1,300년 만에 부활하고 있는 실크로드! 실크로드가 영원히 축복의 땅이 되기를 바란다.

제6장 실크로드와 동서 문화교류

1. 동서 문화교류와 그 내용

장건에 의해 실크로드가 개척되기 이전에도 동서교류는 있었다. 서방의 채색도기가 중국에 전파되었고, 은나라와 주나라(기원전 12세기~기원전 3세기) 시대의 옥 가운데 서역의 옥이 있었다. 춘추전국시대(기원전 8세기~기원전 3세기)의 천문, 역법, 신화전설에도 인도를 비롯한 서역의 영향이 나타난다. 그렇지만 본격적인 동서 문물교류는 비단길 개척 이후에 전개되었다. 특히 한대와 당대에 가장 활발했다.

그러면 구체적인 동서 문화교류에는 어떠한 것이 있을까? 미리 전제할 것은 이분법으로 동과 서로 나누어 설명하기가 애매하다는 점이다. 직접적으로 교류된 것도 있지만, 중간단계를 거치면서 변형된 것도 많기 때문이다. 또 어떤 것은 전래된 다음 그곳에서 더욱 발전하여 세월이 흐른 뒤에 다시 역전래된 것도 있다. 그리고 서역의 범주도 시대에 따라 달랐다는 점이다.

여기서는 전통적인 중국의 중원지방과 오늘날의 신장성 지역을 모두 서역으로 간주한 서역과의 교류내용을 살펴보기

옥으로 만든 그릇, 옥기

로 하겠다. 먼저 서역에서 동양(중국)으로 동류한 것을 보자.

가장 일반적인 것은 물품의 전래다. 산호, 호박, 유리, 옥 등의 보석류와 말, 향료, 양탄자, 유향 등이 이에 속한다. 특히 옥은 비단만큼이나 귀한 대접을 받았다. 그래서 중국에서 서역으로 나가고 들어오는 서쪽 끝 관문을 옥이 들이오는 관문이라는 의미로 옥문관이라고 했다. 중국 고대문헌에 옥을 '달빛이 정화해서 만들어진 결정체'라고 예찬하고, 한자 가운데 500여종 글자가 직·간접적으로 옥과 관련되어 있는 사실에서 중국문화에서 옥의 위상을 짐작할 수 있다.

서역의 옥 중에서 최고의 옥은 호탄 옥이다. 쿤룬산에서 나는 호탄 옥은 견고하면서도 윤이 나고, 따뜻하면서도 고상한 빛은 영원의 상징으로 여겼다. 장안에서 호탄 옥은 금보다 비쌌다. 그래서 옥을 지상에서 가장 고귀한 물건으로 여기고, 가장 귀한 것에 '옥'자를 붙였다. 황제의 자리를 옥좌, 황제의 말을 옥음, 부모님 또는 귀한 분의 몸을 옥체라고 하는 것이다.

중국황제를 상징하는 도장도 금이 아니라 옥으로 만들었기 때문에 옥새라고 했다. 아름다운 여인의 손을 섬섬옥수, 귀하게 얻은 아들을 옥동자라고 일컬었다.

유리도 대단한 인기를 끌었다. 유리는 이집트에서 기원전 15세기에 처음 생산한 것으로 추정된다. 기원전 8세기에 투명한 유리가 만들어졌고, 기원후에 입으로 공기를 불어넣어 다양한 그릇을 만드는 유리 제작기술이 발달했다. 유리 제조방법을 풀기 전까지 유리그릇은 금제 그릇보다 더 귀한 대접을 받았다. 심지어 왕비의 노리개도 유리구슬이 많을 정도였다.

중국에서 귀한 유리였기에 한반도에서는 더욱 고귀한 물건으로 취급되었다. 그래서 삼국시대는 왕과 최고위급 무덤에서만 유리구슬과 유리그릇이 발굴된다. 유리는 한정된 광물에서 나오는 옥과 달리 제조법이 풀리는 순간 보석에서 바로 단순 물질로 떨어진다. 전 세계가 유리 제조법을 알게 된 지금은 어린이들이 구슬치기하는 물건이고, 건물의 창문도 유리로 할 정도로 값싸고 흔한 물품이 되었다.

식물과 농산물로는 말먹이 풀인 거여목을 비롯하여 연, 목화, 홍람(천 물감으로 쓰는 잇꽃), 수박, 포도, 토마토, 포도, 참깨, 오이, 땅콩, 마늘, 호도, 석류, 무화과, 살구, 후추, 당근 등이다. 이러한 물품의 전래는 당시의 열악한 농업경제 상황을 고려할 때 매우 중요하고 유용했다.

중국에서는 서역에서 들어 온 것을 한자로 표기할 때 '호(胡)'자를 붙였다. '호'는 중국 밖의 오랑캐를 뜻한다. 즉 중국이 아닌 다른 지방에서 전래했다는 의미로 '호'자를 붙인 것이다. 가령 당근은 호라복, 후추는 호초로 표기한다. 따라서 앞 글자에 호자가 붙은 것은 서역에서 들어온 것으로 보면 된다. 호 대신 가끔 서역을 뜻하는 '서(西)'자를 붙이기도 한다. 그래서 수박을 한자로 '서과(서역의 과일)'라고 한다.

당시 중국인에게 놀라온 동물로 여겨졌던 타조와 타조 알은 서역의 안식국을 통해 들어왔고, 의학과 약품도 들어왔다.

놀이를 비롯한 여러 문화도 전래되었다. 각저라고 하는 씨름, 닭싸움, 페르시아의 타구 등이 전래되었다. 타구는 당 현종이 즐긴 놀이로 유명하다. 이집트 알렉산드리아의 마술과 곡예도 들어와 대단한 인기를 끌었다. 칼을 삼키고, 입에서 불을 내뿜으며, 콩을 입으로 불어서 싹을 틔우는 등의 마술과 곡예는 중국에서 공연 때마다 인산인해를 이루었다. 서역(이슬람)의 발달된 천문과 역법도 많은 영향을 주어 농사에 유용하게 이용되었다. 음력에 윤달을 넣는 것도 메소포타미아의 바빌로니아 영향으로 추측된다.

악기와 춤을 비롯한 음악도 빼놓을 수 없다. 흔히 호악(오랑캐 음악)이라고 불리는 서역 음악은 한대부터 시작하여 위진남북조 시대를 거쳐 당대에 크게 발전했다. 비파와 공후는 전래되자마자 중국의 주요 악기가 되었다. 비파는 페르시아에서, 공후는 서아시아에서 전래되었다. 피리의 일종인 호적을 비롯하여, 굴자, 호고, 동발 등의 악기도 전래되었다. 이들 악기는 음조가 비감하고 처량하다는 점이 특징이다. 악기와 함께 빠른 템포의 호선무라는 서역의 춤이 들어와 크게 유행하였다.

서역 음악은 대부분 구자(쿠처)로부터 전래되었다. 구자국

쿠처의 춤은 음악과 함께 발달했다

은 서역에서 음악이 가장 발달한 나라였다. 구자국은 서역북로의 중간에 위치한 지리적 요충지로 실크로드에서 중요한 중계지 역할을 담당하였다. 그 중에서도 음악분야만큼 동서 양 지역에 강한 영향을 끼친 것은 없다.

구자국은 실크로드를 통해 새롭고도 다양한 음악을 수용하여 그것을 자기 음악으로 발전시켰다. 구자의 음악적 재능과 번성함은 쿠처의 여러 천불동 벽화에서 확인된다. 쿠무투라 천불동 벽화에는 고대 쿠처 음악에서 중요한 악기로 기능했던 비파와 배소를 연주하는 천사의 그림이 있다. 3~4세기에 조성된 쿠르즈가하 천불동에는 앗시리아의 견공후와 페르시아에서 전래된 4현 비파, 중국에서 전래된 배소 그리고 쿠처 고유의 악기 필률이라는 피리가 나타난다. 특히 키질 천불동의 38굴은 온갖 종류의 악기를 연주하는 벽화로 가득하여 음악동굴로 불린다.

구자국은 그들의 천부적 음악재능이 동서 문화교류의 지리적 이점과 결합하여 독특하고 미려한 쿠처 음악으로 발전시켰다. 구자국은 음악을 문화사절로 삼아 서역의 사마르칸트나 동방의 장안으로 파견하여 커다란 인기를 누렸다.

현대의 모든 나라는 대통령 같은 외국 귀빈이 자기 나라를 방문하면 자국의 공연문화를 관람시키는 것이 하나의 관례가 되었고, 때로는 음악인으로 구성된 문화사절단을 해외에 파견하고 있다. 이러한 문화사절단의 공연과 해외 파견의 선구가 1,400년 전의 구자국이었다. 구자국이 처음으로 음악을 문화상품화했고, 또 성공시켰던 것이다.

구자의 음악사절단은 가는 곳마다 환영을 받았고, 금이나 옥처럼 사고파는 상품으로 자리매김 했다. 연주 관람료를 지불하거나 구자인이 연주하는 식당의 음식 가격이 비싼 것 또한 같은 것이다. 미려하고 수준 높은 구자 음악이 중국에 전래되자 궁중과 민간 모두에서 사랑받으며 급속하게 확산되었다.

실크로드를 통해 동방으로 전래한 문물 중에는 일상생활과 관련 있는 것도 많다. 서역 의복인 호복, 호장, 호상, 접는 의자, 걸상 같은 것들이다. 여성의 치장과 화장법에도 서역의 영향으로 머리카락을 높이 올려 땋는 퇴계 형이 유행했고, 연지로 입술을 검게 바르고, 남청색으로 눈가를 화장했다. 볼에 반원 또는 원으로 칠하는 혈훈장도 유행했다.

설탕 만드는 제당법은 인도와 페르시아로부터 전래되었다. 일찍부터 중국의 남방에서 사탕수수가 재배되었지만, 7세기에 인도에서 제당법이 소개되면서 본격적으로 사탕제조가 이뤄졌다. 후에는 중국의 제당수준이 서역을 능가하여 서역으로 역수출되기도 했다.

중국의 회화는 당나라 초기 서역출신 화가 위지을승의 영향을 받았고, 페르시아의 영향으로 명암과 원근법이 도입되었다. 초기의 조각 기법에도 서역의 영향을 받았다.

앞에서 서술한 대로 서역의 마술과 곡예는 대중을 사로잡는 최고의 예술이었다. 서역에서 온 대상들은 마술사와 곡예사를 앞세워 사람들을 불러 모았다. 그리고 공연 중간에 서역의 물산을 판매하여 판매고를 끌어 올렸다. 그 판매대금으로 비단을 사서 서역으로 돌아갔다.

불교를 비롯하여 배화교의 조로아스터교, 마니교, 네스토리우스교, 회교라고 불리는 이슬람교 등의 종교도 전래되었다. 이들 다양한 외래종교는 개방주의 정책을 편 당대에 크게 발전했다. 종교전래와 함께 종교미술, 종교음악, 종교풍습 등의 종교예술도 전래되어 중국의 문화를 한층 다양하고 풍요롭게 하였다.

당나라는 중국에 들어 온 다양한 서역문화를 중국의 전통문화와 융합하여 국제적이고 귀족적인 문화로 발전시켰다. 화려하고 완숙한 당대의 문화는 한국, 일본, 월남 등의 주변국으로 뻗어나갔다.

중국문화의 서역전파도 활발하였다. 대표적인 것이 비단이다. 사실 실크로드 비단길에서 비단을 빼고 무엇을 말할 수 있겠는가?

비단은 중국에서도 귀한 물건이었지만, 서역에서는 그 값을 매기기 어려울 지경이었다. 특히 로마에서 폭발적인 인기를 누

황제와 황후의 의복은 모두 비단 옷이다.(청나라 황제와 황후)

렸다. 새털 같이 가볍고, 부드러운 감촉에 은은한 색상, 그러면서도 따뜻하고 질긴 환상의 옷감이 비단이다. 때문에 비단은 서역으로 전달되자마자 서역인들과 로마 사람들의 마음을 사로잡았다. 특히 로마에서는 비단을 금과 무게를 따져 같은 값으로 쳤다.

　로마에서 비단 옷은 귀족들에게만 허용되었다. 천상의 물품으로 알려진 비단의 고귀함 때문에 그렇게 제한한 것이다. 비단은 로마에서 의복으로 신분의 귀천을 구별하는 위력까지 발휘한 것이다. 후에 평민들의 반발이 커지자 3세기 아우렐리우스 황제가 누구나 비단 옷을 입을 수 있게 허용하였다. 로마에서는 비단생산의 비밀을 알아내려고 많은 노력을 기울였지

실크로드의 대상은 비단교역을 위해 목숨을 담보로 사막을 넘나들었다.

만 끝내 그 신비의 비밀을 풀지 못했다.

실크로드가 개통된 한대 이후 서역에서는 비단산지와 비단의 신비에 대해 어느 정도의 정보를 갖게 되었다. 그러나 서쪽 끝에 위치한 로마는 중국과 직접 교통하지 못하여 서역의 여러 나라, 예를 들어 소그드를 비롯한 천축, 대하, 파르티아 왕국 등을 통해 비단이 들어왔다. 서역 각국이 비단제조에 대한 정보를 로마에게 철저하게 비밀로 하면서 로마와 한나라와의 사신교환을 방해했기 때문이다. 그렇게 함으로 해서 그들은 더 높은 중계 수수료를 챙길 수 있었다.

서역의 대상 카라반은 최고의 부를 안겨주는 비단을 찾아 죽음을 무릅쓰고 실크로드를 넘나들었다. 하서회랑과 타클라마칸 사막, 그리고 설산의 고산준봉과 광막한 사막이 이어지는 죽음의 길을 넘고 또 넘었다. "위로는 나는 새도 없고 아래로는 달리는 짐승도 없다. 아무리 둘러보아도 망막하고, 가야

할 길을 찾으려 해도 어디로 가야할 지 알 수가 없다. 언제 이 길을 가다 죽었는지 알 수 없는 죽은 사람의 해골만이 길을 가리키는 표지가 되고 있다"라는 법현(337~422년)의 말처럼 실크로드를 오가는 것은 언제 죽음을 마주할지 모르는 위험한 길이었다.

이 같은 험난한 과정을 거쳐 서방에 도착한 비단이었기에 신비감은 더할 수밖에 없었다. 오죽하면 하늘에서 내려온 물건이라고 했겠는가. 더욱이 독특하게 생긴 누에가 뽕잎만 먹고 번데기가 되는 자기 몸을 보호하기 위해 스스로 실을 토해 만든 누에고치에서 비단을 뽑아낸다는 사실을 어찌 상상이나 할 수 있겠는가. 때문에 비단은 금과 같은 값의 대접을 받았던 것이다.

서방으로 전래된 또 하나의 중요한 것은 종이와 제지술이다.

종이는 후한시대 채륜이 기원후 105년에 처음 발명했다. 종이 이전에는 거북이의 껍질과 짐승의 뼈를 이용하거나 나무와 대나무 조각을 이용하였다. 나무에 쓴 기록물을 목간, 대나무에 쓴 것을 죽간이라고 한다. 특히 푸른 대나무를 깎아 약한 불에서 기름을 빼고 만든 죽간은 보존성이 매우 길었다. 최근 2,000여 년 전의 진나라와 한나라 시대의 죽간이 대량으로 출토되는 것은 이 때문이다.

이런 것들에 비해 종이는 편리하고 대량생산이 가능하여 지식문화 발전에 획기적인 기여를 할 수 있다. 중국이 기록문화를 통한 고도의 문화를 발전시킬 수 있었던 것은 이 같은 기록 보존법의 발전과 무관하지 않다.

제지법의 서역전파는 751년 탈라스 싸움에서 포로가 된 당나라의 제지공에 의해서였다. 탈라스 싸움에서 패해 이슬람의 전쟁포로가 된 당나라 군인 속에 제지공이 있었던 것이다. 그들에 의해 서역의 사마르칸트에서 서역 최초의 제지공장이 문을 열었고, 그곳에서 제조된 종이는 사마르칸트지로 불리며 서역과 이슬람 지역에서 최고의 명성을 누렸다. 사마르칸트 종이는 이집트의 파피루스와 양피지를 대체하며 빠르게 이슬람지역으로 전파되었고, 10세기에는 바그다드를 비롯한 아랍의 여러 지역에 제지공장까지 들어섰다. 종이의 보급으로 이슬람 경전인 꾸란이 대량 생산되어 이슬람교는 더욱 빠르게 확산될 수 있었고, 이슬람 문학과 문화 또한 화려하게 꽃을 피웠다.

이슬람의 제지술은 지중해 연안의 아프리카 북부를 거쳐 12세기 무렵 포르투갈과 스페인이 속한 서유럽의 이베리아 반도로 전파되었다. 그리고 피레네 산맥을 넘어 유럽으로 전달되어 인쇄술의 발명과 함께 지식의 대량 보급이 가능해졌다. 이를 바탕으로 14~16세기에 르네상스가 일어났고, 뒤이어 16세기에 종교개혁이 일어날 수 있었다. 이와 같이 종이와 제지술은 유럽의 지식산업에 혁명적 변화를 일으켰고, 그 결과 유럽의 신문명 사회를 여는데 결정적인 역할을 하였다.

제지술 외에도 여러 동방문화의 서방전파는 탈라스 싸움이 중요한 계기가 되었다. 탈라스 싸움에서 포로가 된 당나라 군대 2만 명과 그 후예 중에는 직조공, 금은세공사, 그림 그리는 기능공 화공으로 활약한 사람들이 많다. 이 기술자들이 사마르칸트를 비롯한 중앙아시아와 아랍 땅에 중국의 기술문화를 서방에 전파하는 문화 전도사 역할을 하였다.

당나라의 당삼채는 녹색·백색·황색 등의 3가지 색의 도용을 말한다.

이란의 옛 페르시아 수도 수사에서 당나라 때 무덤 부장품으로 쓰였던 당삼채가 출토되었다. 당삼채는 당나라 시대의 녹색·황색·백색 또는 녹색·황색·남색의 3가지 빛깔의 도용을 일컫는다. 이 당삼채는 조형 예술적 측면에서 새로운 경지를 개척한 것으로 평가받는다. 당삼채는 뤄양을 위시한 귀족들의 거주 지역 무덤에서만 출토되는 것이 특징이다. 이러한 당삼채가 서역의 페르시아에서 발견되는 것을 볼 때 서방의 도기제작에 중국적 요소가 상당한 영향을 미쳤을 것으로 추측된다.

중국의 금과 은, 칠기, 차 등도 서역상인의 낙타에 실려 서역으로 흘러갔다. 특히 차는 갈수록 서양인이 애호하는 기호품으로 정착되어 갔다.

물품 이외에도 중국의 관혼상제 같은 문화풍습도 서역으로 전래되었다. 주로 하서회랑 서쪽의 투르판 일대를 중심으로 신장성 지역에서 유행했다. 이러한 문화관습의 전래는 인종적으로나 지리·풍토적으로 중국과 이질적인 신장성 지역이 후에 중국영토로 편입되는 데에 긍정적 역할을 하였을 것으로 사료된다.

이상과 같이 실크로드를 통한 동서교류는 인적 물적 교류를 넘어 불교를 비롯한 사상, 천문, 역법, 의학, 예술 등 각 다방면으로 이뤄졌다. 이러한 교류를 통해 인류 문화를 더욱 다채롭고 풍요롭게 하여 당시는 물론이고 그 후의 삶과 문화의 질을 윤택하게 하였다.

2. 불교의 전래와 발전

실크로드를 통한 문화교류에서 가장 주목되는 것이 불교의 동양 전파다. 불교가 동아시아에 끼친 영향은 매우 크며 현재도 동아시아에서 융성하고 있다. 불교는 인도에서 서역의 실크로드를 거쳐 오는 동안 여러 민족의 정신과 문화가 융합되어 중국으로 들어왔다. 불교가 동방으로 전래되면서 문화적 변용을 초래한 것이다. 따라서 불교는 종교에 국한하지 않고 하나의 종합 문화체로서 정치, 경제, 문화, 사상의 각 분야에 영향을 미쳤고, 동방의 정신과 문화수준을 높이는 데 기여했다.

불교의 중국 전래는 기원 전후의 한나라시기로 추정된다.

뤄양의 백마사는 한나라 시대에 창건한 사찰로 중국 최초의 불교사원이다.

초기 불교는 일부 지식계급에 한정되었고, 일반 민중까지 뿌리 내리지 못했다. 그 후 2세기 후한 말 서역 월지국의 지루가참과 안식국의 왕자출신 안세고 같은 명승이 수도 뤄양에 와서 불경을 한역하면서 불교는 조금씩 사회에 침투하기 시작했다.

한나라(후한)가 멸망한 후 중원이 내란에 휩싸이자 이 틈을 타고 북방 이민족이 침입하여 혼란이 극에 달했다. 이른 바 위진남북조 시대다. 위진남북조 시대에 5호16국 시대가 포함된다. 극심한 전란에 따른 사회체제의 붕괴는 대규모의 유민을 발생시켰고 주검은 이곳저곳에 어지러이 널려 있었다. '천리 간에 개 울음소리가 들리지 않고, 들에는 오직 해골만이 널려있을 뿐이다'라고 표현한 것처럼 사람들은 유위전변의 파도에 휩쓸리는 참혹한 삶을 영위했다. 죽음이 멀리 있는 것이 아니라 늘 옆에 있었던 것이다. 사람들은 전쟁을 피해, 굶주림을 피해 고향을 떠나 이리저리 유랑했지만, 그들이 쉴만한 곳은 어디에도 없었다.

 장기간에 걸친 이와 같은 불안한 상황은 사람들로 하여금 삶에 대한 회의와 인생의 허무를 느끼게 했다. 그래서 '인간이 하늘과 땅 사이에서 살아가는 것은 홀연히 멀리 여행하는 방랑객과도 같으니……'라고 인생무상과 덧없는 삶에 대한 비애의 감정을 쏟아냈다. 정신적 육체적 고뇌와 함께 항상 죽음에 직면하게 되면서 삶과 죽음에 대해 진지하고도 심각하게 고뇌하게 되었다.

 그렇지만 이 같은 문제에 대해 중국의 지배철학인 유교는 해답을 제공해 주지 못했다. 유교는 현실적인 생철학으로서 인간의 영혼이나 죽음 등을 논하는 사상이 아니기 때문이다. 그런데 불교는 이러한 시대 상황에 부합하는 인간 삶의 고통과 죽음의 근본 문제를 논하는 종교였기 때문에 발전의 기회를 맞게 된 것이다.

 불교발전의 또 다른 계기는 5호16국으로 통칭되는 북방 이민족 왕조의 적극적인 불교 진흥책이다. '5호'란 선비, 갈, 저 등 5개의 유목 이민족인 오랑캐 호를 뜻하고, '16국'은 5개의 이민족이 중국 중원에 세운 16개 나라를 뜻한다. 이들 왕조는 불교가 자기들과 마찬가지로 중국이 아닌 외래적인 것이어서 동질감을 느꼈다.

 소수의 외래 이민족이 인구가 많은 중국인을 지배하기 위해서는 전체를 통합할 수 있는 뭔가 필요했다. 여기에 부합하는 것으로 종교만큼 좋은 것이 없다. 게다가 불교는 이민족의 지배를 받는 중국인들의 불만과 반란을 억제시킬 수 있는 살생을 금하고 무욕을 강조하는 종교다. 모두가 불교를 믿으면 민족을 초월해 같은 불자라는 동류의식이 생길 수 있어 더더욱 부합했다. 더욱이 석가모니가 이민족이어서 중국인들의 유목 이민족 왕조에 대한 거부감도 완화시키는 효과까지 있었다.

이에 따라 5호의 군주들은 앞장서 불교에 귀의하며 적극적으로 불교를 장려했다. 그래서 국가 수호를 위해 서역의 고승을 다투어 초빙하고, 서역의 명승을 얻기 위한 전쟁까지 불사했다. 대표적으로 5호16국의 하나인 전진의 군주 부견은 서역의 명승 구마라지바를 얻기 위해 사막을 건너 서역의 구자로 대규모의 군대를 파견까지 했다.

구마라지바는 구자국의 왕자로 간다라에서 불교를 연구한 서역 제일의 명승이다. 구마라지바는 중국에 와서 300권에 달하는 불경을 한자로 번역하여 불교발전의 토대를 마련했다. 그 외 축법호, 도안, 혜원 등의 명승도 황실의 정치고문을 맡으며 불경 한역에 종사하였다. 모든 불경은 고대 인도어인 산스크리트어로 되어 있어 초기 승려들이 심혈을 기울인 것이 불경을 중국인이 읽을 수 있도록 한자로 번역하는 일이었다.

5호의 군주들은 대규모의 석굴사원 조성에도 앞장섰다. 그러한 결과 둔황석굴, 룽먼(용문)석굴, 윈강(운강)석굴, 마이지산(맥적산)석굴 같은 세계적인 석굴사원이 탄생하고 발전했다.

5호의 이민족에게 쫓겨 남방의 강남지방으로 피난한 한족정권 남조도 북방의 호족왕조 못지않게 불교발전에 힘을 쏟았다. 불교는 외래종교가 아니고 중국인 노자가 일으킨 종교라는 민간전승이 있었고, 불교사상 또한 노장사상과 크게 다르지 않아 한족 또한 불교를 수용하는데 거부감이 크지 않았다. 그래서 남조에 480개의 사찰이 세워질 정도로 불교가 융성했다. 이와 같이 남과 북 공히 불교문화가 화려하게 꽃피었다.

불교가 발전하면서 중국에서 불교의 고장 천축으로 가서 구법하려는 자들이 출현했다. 구법행렬은 4세기 말에서 8세기 사이에 가장 활발하였다. 그들은 장비라고 할 만한 것도 없이 오로지 불심 하나로 죽음의 험로를 이겨냈다. 천축으로의 구법순례는 여름철에는 숨조차 쉬기 어려울 정도의 40~70도의 열기를 내 뿜고, 겨울철에는 영하 20~40도의 칼바람과 눈보라가 몰아치는 고난의 길이다. 그들은 끝없는 거친 사막과 설산의 빙하지대, 그리고 깎아지른 산악지대를 불심 하나로 넘나들었다.

많은 구법승 가운데 우리가 기억하는 사람은 주로 여행기를 남긴 사람들이다. 『불국기』의 법현, 『왕오천축국전』의 혜초, 『남해귀기내법전』의 의정, 『대당서역기』의 현장법사 등이다. 이들 구법승의 여행기는 실크로드를 연구하는데 없어서는 안 되는 귀중한 자료다.

불교는 실크로드를 타고 동방으로 전래되면서 곳곳에 수많은 불교유적을 남겼다. 불교는 발상지 인도에서 쇠퇴하고 오히려 실크로드 서역과 중국에서 더욱 꽃을 피웠다. 톈수이의 마이지산 석굴, 란저우의 빙링쓰 석굴, 둔황 막고굴, 투르판의 베제클리크 석굴, 쿠처의 키질 석굴 등이 대표적이다. 이 외에도 실크로드 곳곳에 산재해 있는 불교관련 유적이나 유물은 동서 문화가 어떻게 변용과정을 거치며 전래되었는가를 보여준다.

불상은 간다라 지방에서 서양 그리스문화의 영향으로 처음

다퉁(대동)의 윈강석굴(운강석굴)

탄생했기 때문에 초기의 불상모습은 서양인 얼굴 형상이다. 서역의 초기 불교벽화에서 나타나는 콧수염이 그려진 석가모니와 날개 달린 천사도 마찬가지다. 그러나가 실크로드를 타고 타림분지의 서역으로 들어오면 서역인 모습의 형상으로, 그리고 장안에 가까워질수록 중국인 얼굴 모습을 띤다. 이렇듯 하나의 문화가 다른 문화와 접촉하며 어떻게 변용되어 발전하는지 그 과정을 실증적으로 보여주는 곳이 실크로드다.

오늘날 실크로드 불교문화 가운데 가장 주목되는 것 중의 하나는 대규모 석굴사원이다. 앞에서 예를 든 석굴 즉 천불동을 포함하여 뤄양의 룽먼석굴, 다퉁의 윈강석굴 등이 대표적이다. 중국 북방을 지배하는 5호의 군주들이 경쟁적으로 엄청난 재력과 지난한 수고로움을 필요로 하는 석굴조성에 앞장선 것은 '불상을 만드는 것이 곧 불도를 성취하는 것'이라는 법화경에 따른 것이다. 석굴사원은 대부분 서역과 중국 북방의 건조한 지역에 건설되었다. 남방은 기후가 습하고 지질적으로 석굴사원 조성에 부합하지 않아 석굴사원 대신 마애석불이 발달하였다.

혹한과 혹서가 반복하는 중앙아시아의 열악한 기후조건을 극복하고 효율적인 불사건립을 위해 조영된 석굴사원은 인도의 탑원굴(차이티야)과 승원굴(비하라)에 기원한다. 그러나 중국에 들어온 석굴사원은 중국적 특징으로 발전하였고, 이는 다시 한국과 일본에 영향을 끼쳤다.

석굴사원 가운데 중국인이 많이 찾는 곳은 윈강석굴과 룽먼석굴이다. 지리적으로 중국 중원과 가깝기 때문이다. 허베이성 다퉁에 위치한 윈강석굴은 북위시대(386~534)에 조성된 것으로 53개의 석굴에 51,000개의 불상이 안치되어 있다. 윈강석굴은 서역풍이 강한 초기 석굴부터 유목 민족적 전통이 스며 있는 석굴단계를 거쳐 중국화로 이어지는 석굴 변용과정을 나타낸다. 독특한 석굴양식과 눈부시게 화려한 채색의 윈강석굴은 보는 이를 황홀경에 빠트린다. 짧은 시간에 강한 인상을 주는 곳은 단연 윈강석굴이다.

룽먼석굴은 뤄양에 조성된 석굴로 둔황석굴, 윈강석굴과 함께 중국 3대 석굴의 하나다. 둔황석굴은 벽화로, 윈강석굴은 채색화로, 룽먼석굴은 조각으로 대표된다. 룽먼석굴 조성은 5세기 북위 효문제가 뤄양으로 천도한 뒤부터 시작해서 수→당→송대의 8개 왕조에 걸쳐 400년간 계속 조영했다. 작은 석굴까지 포함하면 1,000여개가 넘는 석굴군으로 오랜 기간의 응축된 중국 예술양식의 발달 경지를 보여준다.

룽먼석굴의 봉선사 비로자나불상은 룽먼석굴을 대표하는 불상으로 측천무후를 모델로 조각했다고 전해진다. 그래서 항상 수많은 인파로 붐빈다.

룽먼석굴을 대표하는 당나라 시대의 봉선사 비로자나불과 좌우 불상은 당나라 시대의 문화 수준과 그 특징을 반영하고 있다. 당나라 고종의 황후 측천무후를 모델로 했다는 거대한 불상은 팔각형의 연화대 위에 결가부좌를 틀고 앉아 있다. 그 좌측에는 정교하게 조각된 당대의 무신 형상의 천왕과 역사상이 있고, 우측에는 당대 문신의 제자상과 궁중의 비빈 형상을 본뜬 보살상이 있다.

북위(386~534)와 서위(535~557) 시대 불상이 소박하고 고졸한 아름다움이 있다면 당나라(618~907) 시대는 위엄 있고 역동적이며 사실적이다. 앞 시대가 날씬한 몸매에 청순한 미소를 짓는다면, 당나라 시대의 불상은 풍만하고 역강한 육체미를 자랑한다. 이 같은 당나라의 예술적 미를 봉선사 불상이 모두 보여준다.

실크로드를 따라 동아시아로 전파된 불교는 서역남도와 서역북도 간에 조금씩 그 양식을 달리하며 발달했다. 간다라 지방에서 직접 불교가 전파되었다고 생각되는 서역남도는 불탑 건축이 많고, 서역북도는 석굴사원이 발달했다.

종교는 일종의 문화현상이기 때문에 그 전파과정이나 전파결과에 관계없이 중요한 문명교류사의 하나다. 특히 불교는 불·법·승의 3보와 이 3보를 안치하는 가람과 사찰, 그리고 그 속에서 거행되는 각종 종교의식과 그것을 연찬하는 학문, 그리고 탑과 불구(佛具) 등을 건조하고 장식하는 각양각색의 회화, 조각, 복식, 음악, 무용, 건축 및 예술을 망라하는 종합문화의 성격을 띤다. 그렇기 때문에 불교는 단순히 신앙의 대상으로 그치지 않고 중요한 역사문화의 종합체인 것이다.

3. 실크로드와 한국문화

1965년 우즈베키스탄의 사마르칸트에서 옛 소그드 왕국의 아프라시압 왕궁 터가 발굴되어 학계의 비상한 관심을 끌었다. 소그드는 실크로드에서 가장 활발하게 중계활동을 한 왕국이다. 그러나 소그드는 13세기 몽골의 무차별적인 공격을 받고 흔적도 없이 역사 속으로 사라졌다. 그렇게 800년간 역사무대에서 사라졌던 소그드가 아프라시압 왕궁의 발굴을 통해 화려하게 스포트라이트를 받으며 역사무대에 다시 등장한 것이다.

아프라시압 왕궁 터의 발굴은 소그드의 부활인 동시에 7세기 실크로드 전성기 역사의 부활이다. 그래서 이 유적발굴

소그드의 아프라시압 왕궁터의 벽화. 맨 오른쪽 머리에 깃털 장식의 조우관을 쓴 2명이 고구려 사신으로 추정되는 인물이다.

은 실크로드 역사에서 가장 가치 있는 고고학적 발굴 중 하나로 평가받는다.

한반도에서 까마득히 먼 이 유적에 우리가 주목하는 것은 왕궁벽화에 등장하는 인물 때문이다. 궁전 벽면에 2단으로 그려진 벽화는 실크로드 각국에서 온 사신들을 묘사하고 있다. 놀랍게도 그곳에 상투모양에 깃털장식의 조우관을 한 2명의 고구려 사신이 등장한다. 고구려 사신은 사신 중에서도 중요한 사절로 묘사되어 있고, 허리에 칼까지 차고 있다. 사신이 상대국의 왕을 만나면서 칼을 차는 경우는 매우 드물다.

때문에 이 사신도는 실크로드에서 고구려의 위상을 확인시켜주는 중요한 자료다. 일부 학자는 고구려가 아닌 신라 사신으로 보는데 필자를 포함한 대부분의 학자들은 고구려 사신으로 보고 있다. 시기는 7세기 중후반으로 추정한다. 아프라시

고구려 각저총의 서역인. 서역인이 고구려를 직접 방문했음을 보여준다.

압 벽화는 우리 한반도가 삼국시대부터 실크로드의 주요 국가의 하나로 서역과 직접 교류했음을 보여주는 실증적 사례다.

고구려 각저총은 씨름하는 벽화가 있는 고분이다. 그런데 씨름하는 사람의 한 명은 서역인이다. 중국, 구소련 러시아와 외교관계가 없던 1990년대 이전에는 서역에 갈 수도 없고 국내의 실크로드 연구도 영성하여 이 서역인에 주목하는 사람이 거의 없었다.

아프라시압 벽화에서 확인되었듯이 각저총에 등장한 서역인은 우연이 아니다. 서역의 아프라시압 벽화에 등장하는 고구려인, 고구려 벽화에 등장하는 서역인, 이것은 고구려와 서역 간에 인적 교류가 활발하게 이뤄졌음을 명확하게 보여주는 것이다. 때문에 우리 문화에 서역 요소가 많이 투영되어 있을 것임은 의심의 여지가 없다.

우리나라 사람들은 우리와 실크로드는 관계없는 것으로 인식하는 경향이다. 심지어 삼국시대는 서역과 실크로드의 존재조차 몰랐을 것으로 생각한다. 하기야 21세기 현재도 가기 쉽지 않은 까마득히 먼 서역 실크로드를 삼국시대에 어떻게 알겠으며, 알았다 한들 어떻게 그 먼 곳과 교류했을까? 라고 의아해하는 것은 당연할 수 있다. 그러나 세상에는 상식을 깨는 일들이 너무도 많다. 그래서 발상을 전환해라, 사고의 틀을 깨라고 하는 것이다.

최근의 연구결과에 의하면 서역에서 가장 서쪽 끝에 위치한 터키의 이스탄불(콘스탄티노플)의 귀부인이 사용하는 머리핀이 신라 경주에 도착하는 데 불과 6개월밖에 걸리지 않았다고 한다. 문화전파가 상상이상으로 빠르게 이뤄진 것이다. 신라시대 경주의 귀부인과 비잔틴의 이스탄불 여인이 같은 머리핀을 했다는 애기가 된다. 이 얼마나 놀라운 일인가!

머리핀 외에도 실크로드의 흑해 연안과 페르시아의 문품이 경주 황남대총과 천마총에서 대량 발굴되었다. 홍덕왕릉에 있는 서역인 무인상은 서역인이 신라에서 활동했음을 증거 해주는 유물이다. 신라와 실크로드의 교류는 서역의 각 오아시스 도시가 릴레이 하듯 서로 중계하며 장안과 로마에 도달된 것처럼 간접방식 교류가 많았겠지만, 직접교류도 적지 않았다.

당대의 장안에서 서시와 동시라는 2개의 국제시장을 개설한 것은 너무 많이 몰려드는 사람들을 분산하기 위함이다. 이러한 장안의 국제시장에 신라, 고구려, 백제인도 섞여 있었다. 그들은 서역의 물건도 구입하고 서역인과 교류하며 서역 실크로드에 대한 이해의 폭을 넓혔을 것이다.

통일신라시대는 더 많은 신라인이 장안으로 갔다. 공식 사절단을 비롯하여 유학생과 불법을 구하기 위한 승려들이 많았다. 이들은 서해의 당진과 화성에서 목선을 타고 산둥성 등주로 향했다. 작은 목선은 심한 배 멀미는 기본이고 예기치 않은 사고가 상존했다. 태풍과 폭풍우를 만나면 그대로 죽음의 항해가 됐다. 요즘에 저런 방식으로 항해한다면 무모하다 못해 스스로 죽음을 택하는 어리석음이라고 지탄받을 것이다.
　그럼에도 그들은 더 넓은 세상에서 더 넓은 견문을 쌓기 위해 죽음을 감수하며 떠났다. 당나라로 건너간 사람들은 실크로드 서역에 대해 알았을 것이고, 일부는 직접 서역으로 떠났을 것이다. 귀국 후에는 조정이나 일반인에게 그 같은 사실을 전달하여 신라인의 세계관을 넓히는데 일조했을 것이다.
　고구려, 백제, 신라의 사신은 한나라와 당나라 조정에서 서역 각국의 사신들과 직접 대면했다. 중국을 내방하는 서역 국가가 36국, 57국, 또는 61국이었으니 이들과 교류했음은 틀림없다. 중국 남북조시기의 남조 양나라(502~557) 때에 각국의 사신모습을 그려놓은 『양직공도』에 백제인이 등장한다. 양직공도에는 서역과 남방의 각국 사신들이 그려져 있다. 이로 볼 때 고구려, 백제, 신라 삼국은 서역 실크로드는 물론이고 베트남, 필리핀, 캄보디아 같은 남방에 대한 인식까지 갖추고 있었다고 사료된다.
　고구려, 신라, 백제는 현재의 우리보다 더 글로벌 마인드를 갖추고 있었을지 모른다. 신라의 수천 명의 젊은이가 죽음을 무릅쓰고 노 젓는 작은 목선을 타고 서해바다 건너 당나라로 간 사실이 그것을 시사한다. 그때와는 비교할 수 없이 안전하고

경주 황남대총에서 출토된 서역에서 전래한 유리그릇

편리한 21세기 현재도 우물 안에 갇힌 채 답답하고 편협된 세계관을 갖고 살아가는 사람들이 얼마나 많은가!

한반도와 실크로드의 교류를 보다 구체적으로 살펴보면 다음과 같다.

서방에서 비단제조를 몰랐다면, 동방에서는 유리의 신비를 풀지 못했다. 그래서 중국과 한반도에서 유리는 가장 귀중한 물품의 하나였다. 유리는 물건이라기보다 보석에 가까웠다. 그래서 유리의 값어치는 상상 이상이었다. 경주 박물관에는 금이 간 유리그릇을 금실로 감싸고 있는 유물이 있다. 유리가 얼마나 귀했으면 깨진 유리병을 금으로 감아 사용했을까? 현재는 건물마다 창문으로 사용할 정도로 흔하디흔한 것이 유리지만, 삼국시대는 왕과 귀족들이나 만져볼 수 있는 귀한 물품

경주 황남대총은 두 개의 봉분이 붙은 거대 고분으로 금관, 금제 관장식 등 수많은 황금 장신구와 함께 곡옥, 유리그릇 등 서역에서 전래된 물품이 대량 출토되었다.

이었다. 그래서 삼국시대와 통일신라시대까지만 해도 서역의 유리는 왕릉급 무덤에서만 출토된다.

유리는 다양한 용도로 쓰였다. 구슬을 비롯한 귀부인의 놀이 물품으로부터 음식용 그릇과 술잔 및 제의 용기 등으로 사용되었다. 유리제품은 유리 장식품과 유리용기로 나뉘는데, 최고의 유리 공예품은 관옥의 통형구슬이었다.

한반도에서는 기원전 2세기부터 각양각색의 유리장식품이 출현했다. 수준 높은 유리는 대부분 서역에서 들어왔다. 서역의 유리는 비잔틴 유리를 뜻하는 로만 글라스, 사산조 유리, 이슬람 유리로 구분된다. 서역에서 직접 들어오거나, 중국이나 남방을 경유하여 들어왔다. 천마총과 황남대총 같은 신라고분에서 많이 발견되는 유리구슬, 유리그릇, 유리 사리병은 주로 로만 글라스 계통으로 중동의 팔레스타나 지방에서 4~5세기 후반에 만들어진 제품이다. 왕관 같은 고급 장식품에 쓰이는 구부러진 구슬인 곡옥도 마찬가지다. 다만 백제 무령왕릉에서 발굴된 수많은 구슬은 인도나 동남아시아 계통으로 추정된다.

유리는 그 제조방법만 알게 되면 희귀성이 바로 떨어지지만, 옥은 만드는 것이 아니라 생산되는 광물이기 때문에 유리보다 훨씬 오랜 기간에 걸쳐 귀한 대우를 받았다. 중국과 마찬가지로 호탄 옥은 우리나라에서도 신의 선물로 여겼다. 타클라마칸 남쪽 쿤룬산에서 나는 호탄 옥은 중국을 경유하여 한반도로 유입되었다. 한복에 다는 옥으로 만든 노리개도 호탄 옥의 영향으로 보고 있다.

악기도 서역에서 전래한 것이 많다. 통일신라시대의 향악 관악기 삼죽은 고구려의 횡적을 수용하여 발전시킨 것이다. 그런데 횡적은 장건이 서역에서 가져온 악기다. 고구려 벽화에 자주 보이는 관악기, 소도 서역의 대표적인 악기다. 우리 고유의 악기로 일고 있는 기문고도 서역 악기에 기인한다. 『삼국사기』에 중국에서 보내 온 거문고를 왕산악이 고쳐서 우리 음악연주에 맞도록 만들었다고 기록되어 있다. 실크로드를 거쳐 중국에 들어 온 거문고가 다시 우리나라로 들어왔음을 알려주는 것이다. 비파도 마찬가지다.

악기의 전래는 춤을 수반한다. 고구려 황해도 안악 3호분의 벽화에는 세 사람의 악사와 한 사람의 무용수가 나온다. 무용수는 고구려 복장을 한 서역인이다. 일부 학자는 투르판 혹은 소그드에서 온 서역인이라고 지역까지 특정 한다. 그가 추는 춤은 서역의 호선무로 추정된다. 호선무는 다른 고구려 고분 벽화에도 나타난다.

신라의 음악과 춤은 중국 당나라로부터 영향을 받았다. 앞에서 언급한 대로 당나라의 음악과 춤은 서역의 영향을 받았다. 때문에 신라의 음악과 춤 상당수는 실크로드가 원류라고 할 수 있다. 우리나라에서 공연되는 사자춤도 중국을 거친 서역의 춤이다. 우리나라는 사자가 존재하지도 않는다.

고려시대 편찬된 『고려도경』이라는 역사책에 '오늘날 고려에는 두 가지 계통의 음악이 있는데 하나는 당악으로 중국(당)의 것이며, 다른 하나는 향악으로 고려의 것이다'라고 하였다. 당악은 앞에서 누누이 말한 것처럼 서역요소가 강하게 스며있는 당나라 음악이다. 때문에 고려의 음악도 서역의 영향을 강하게 받았음을 알 수 있다.

그런데 서역에서도 쿠처 음악이 중국에 가장 강하게 영향을 끼쳤으니, 우리나라 음악의 일부 원류도 쿠처 음악이라고 볼 수 있다. 필자가 쿠처에서 들었던 음악이 전혀 낯설지 않고 어딘지 익숙한 리듬으로 느껴졌던 것은 이 같은 이유 때문이다.

목화가 고려 말 공민왕 때 문익점에 의해 중국 원나라로부터 들어왔다는 사실은 누구나 알고 있는 내용이다. 목화의 유입은 의복의 혁명을 가져왔다. 비단이 최고의 옷감이지만, 값이 비쌀 뿐만 아니라 일상생활의 실용적 측면에서 불편한 점이 많다. 비단 옷은 안방에서 쉬거나 나들이 할 때에, 그것도 귀부인이 품위를 지키며 입을 때가 제격이다.

이에 반해 목화로 만든 의복은 실용성이 뛰어나서 일을 하거나 평상시 활동에 편리하다. 목화의 솜은 이불에도 안성맞춤이다. 가난한 평민 입장에서는 여름철의 더위보다 추운 겨울철 나기가 더 힘들다. 그런데 비단 옷은 시원한 여름과 봄, 가을에 알맞은 반면에 목화를 재료로 한 옷은 겨울철 의복으로 더 좋다. 따라서 밖에서 활동을 많이 해야 하는 일반 백성의 입장에서는 목화가 훨씬 실용적이고 값의 측면에서도 합당했다.

우리나라의 목화가 중국에서 들어왔지만, 중국이 목화의 원산지는 아니다. 목화는 4세기 전후에 서역에서 중국으로 전래됐다. 목화가 들어오자 그 뛰어난 효용성으로 국가가 적극적인 보급정책을 펼쳤다. 서역과 풍토가 비슷한 지역에 대대적으로 목화단지를 조성하였는데 그곳이 오늘날 하서회랑의 간쑤성과 타림분지의 신장성 일대다. 그래서 당나라 때인 7세기 하서회랑의 둔황 일대는 온통 목화밭이었다. 현재도 간쑤성과 신장성 일대에 목화밭이 매우 많다.

필자가 어릴 때 우리나라 농촌에는 목화밭이 매우 흔했고, 간식이 없던 어린 시절에 목화가 꽃을 피우기 직전의 봉오리를 따 먹곤 했다. 그러다 어른한테 혼나 줄행랑친 것이 한두 번 아니다. 그러나 지금은 농촌 어디에서도 찾아보기 힘들다. 그런 목화밭을 서역 오아시스에서 끝없이 펼쳐진 광경을 보고 넋을 잃으며 감탄사를 연발했다.

4세기에 중국으로 전래된 목화가 900년이 지난 13세기에 우리나라에 전래되었으니, 그만큼 우리 민중들의 삶이 중국보다 훨씬 고달팠다는 의미가 된다. 중국에서 바로 전래되지 못한 것은 중국이 목화씨의 해외 반출을 엄격히 금지했기 때문이다.

삼국시대에 전래된 수수와 탑등이라는 모직품도 서역제품

이다. 이 물품은 유목민족의 특산물로 서아시아 산이 최고의 품질이다. 계라는 모직물도 들어왔는데, 이것은 워낙 고가의 귀중 물품이어서 신분이 낮은 사람들은 사용이 금지될 정도였다.

호도를 비롯한 많은 과일도 서역에서 직접 또는 서역→중국을 거쳐 한반도에 들어왔다. 호도는 고려후기에 전래하여 천안 광덕산에 처음으로 재배하였다. 그래서 천안을 호두과자의 고장이라고 부른다. 수박은 조선시대에, 포도는 고려시대에 전래된 것으로 추측된다. 우리나라 것으로 잘못 오해하는 마늘과 참깨도 서역물산이다. 한반도로 전래하자마자 곧바로 한국인의 기호식품이 되어 우리 것으로 착각하게 된 것이다. 이러한 과일과 채소의 전래는 음식문화의 발전을 가져왔고, 당시 부족했던 비타민 C 등의 영양 상태를 개선하는데 크게 도움이 되었다.

불교의 전래와 그 중요성에 대해서는 말할 필요도 없다. 고구려는 5호 16국 시대의 호족 왕국 전진을 통해 순도라는 승려가 불상과 경문을 가져오며 전래되었고, 백제는 침류왕 원년 384년에 서역승려 마라난타가 불교를 전파하였다. 신라는 아도화상이 서역으로부터 남중국과 백제를 거쳐 들여왔다. 삼국 모두 서역의 승려로부터 불교를 받아들인 것이다. 신라에 온 묵호자도 그 이름으로 볼 때 서역승려로 판단된다.

한반도로 들어온 불교는 한국적 불교로 다시 태어났다. 초기의 한국불교는 호국 불교적 성격이 강했지만 후에는 선교일치와 삼교일치 등 제종을 회통하여 발전했다. 이것이 서역과 다른 한국 불교의 특징이다.

우리나라가 자랑하는 문화재로 경주 불국사와 석굴암이 빠지지 않는다. 석굴사원의 기원은 인도지만, 란저우의 빙링쓰(병령사)와 뤄양의 룽먼석굴처럼 중국내지에서 더욱 활발히 조영된 것이 우리 한반도에 영향을 끼쳐 석굴암을 탄생시켰다.

우리나라 사찰에서 흔히 볼 수 있는 인동당초문도 헬레니즘 문화에서 발원하여 인도를 거쳐 우리나라로 전파된 문양이다. 여러 가지 형태의 꽃이나 잎을 종합적으로 구성하여 그것을 형상화한 보상화문과 구슬형태로 둥근 모양으로 문양을 나열한 연주문, 중앙의 나무아래 좌우 대칭으로 새를 묘사한 수하쌍조문 등도 모두 서역→중국→한반도로 전해진 불교예술이다.

수하쌍조문은 중앙에서 나무가 수직으로 올라간 다음 잎이 무성한 나뭇가지가 좌우로 뻗은 나무 아래 좌우로 두 마리의 새가 서로 마주보고 있는 것으로, 페르시아가 원류로 서역에서 발달한 문양이다. 서역의 수하쌍조문에 나타나는 타마리스크 나무는 오아시스에서 생명의 나무이자 신성한 나무로 현재도 서역 오아시스에서 많이 볼 수 있다. 그렇기 때문에 서역의 회화에 타마리스크 나무가 자주 등장하고, 또 그 나무아래에 인물이 있는 수하인물도가 발달했다.

필자도 오아시스를 여행하면서 타마리스크 그늘에서 무더위를 식히곤 했는데, 그 모습을 회화로 나타내면 수하인물도가 되는 것이다. 그런데 우리나라의 수하쌍조문에는 타마리스크 나무 아래에 사람 대신 새를 등장시키는 것이 특징이다.

우리나라의 불탑과 사리함에 많이 조각되어 있는 사천왕상도 서역의 영향이다. 일일이 거론할 필요 없이 불교와 관련된

<석가탑과 유향> 아라비아 남부의 홍해 연안에서 생산되는 유향은 아라비아 상인들이 취급하는 주요 물품이다. 이 유향이 석가탑을 해체 복원 작업 중 사리함과 함께 발견되었다.

것은 모두가 인도를 비롯한 서역의 영향을 받은 것이다. 영향을 받지 않았다면 그것이 오히려 이상한 일이다.

2013년 불국사의 석가탑을 해체 복원작업 하던 중 사리함과 함께 유향이 발견되었다. 유향은 아랍지역, 주로 아라비아 남부의 홍해 연안 사막에서 생산된다. 용나무 비슷한 나무줄기를 칼로 그어 거기에서 흘러나오는 수액을 응결시켜 만든다. 유향은 통증, 부종의 관절질환, 피부질환(상처 난 후 새살을 돋게 하는 등), 기관지염 등에 효험이 있어 아라비아 상인들이 취급하는 주요 물품이다. 귀한 물품이기 때문에 석가탑에 사리함과 함께 안치했을 것이다. 유향이 나옴으로써 신라의 실크로드 교역은 아랍까지 이어졌음이 확인되었다.

신라 원성왕의 왕릉으로 추정되는 괘릉에는 서역인 무인 석상이 서 있다. 왕릉에 서 있을 정도면 조정에서 상당한 역할을 했다는 의미다. 이 서역인에 대해 해로로 온 아랍인으로 보기도 하지만 위구르인이나 소그드인으로 보는 것이 일반적

원성왕의 왕릉 괘릉에 있는 서역인상

이다. 그들이 활발하게 원거리 교역을 했기 때문이다. 아랍의 이슬람인이 교역을 위해 신라에 왔던 것도 사실이다. 아랍의 지리서에 신라가 표기되어 있고, 아랍인이 신라에 진출한 기록이 있기 때문이다. 고려시대는 이슬람인의 활동이 더욱 두드러져 수도 개경에 집단 거주지까지 있었다.

신라의 경주일원에 산재되어 있는 많은 유적지에서 사산조 페르시아 풍의 화려한 금속제품과 유리제품, 의복이 발견되는 것은 우연이거나 예외적인 현상이 아니다. 경주는 실크로드와 직간접적으로 깊숙이 연결되어 있었기 때문이다.

경주시는 이 같은 역사를 기념하고 관광문화 산업으로 육성하기 위해 1998년 '경주 실크로드 엑스포'를 개최하였다. 이후 2~3년마다 문화 엑스포를 열고 있다. 엑스포가 개최되었던 장소는 현재 엑스포 공원으로 되어 그곳 전시관에 신라와 실

2013년 경주와 터키 이스탄불에서 열린 경주-이스탄불 (실크로드)세계 문화엑스포

크로드의 관련 내용이 전시되고 있다.

2013년에는 터키의 이스탄불에서 '이스탄불-경주세계문화엑스포 2013'가 열렸다. '길, 만남, 그리고 동행'이라는 주제로 이스탄불 일원에서 열린 실크로드 엑스포다. 머나먼 동방의 나라 신라와 관련한 이 행사는 이스탄불 시민과 세계 각처에서 온 수많은 사람들의 관심과 호기심을 불러일으켰다. 터키는 위구르 계통의 민족으로 실크로드와 불가분의 관계가 있는 민족이다. 경주와 이스탄불은 실크로드를 매개로 자매도시를 맺었다.

요컨대 실크로드를 중국과 서역이라는 두 특정 지역 간의 교류로 한정해서 이해해선 안 된다. 실크로드는 서양과 인도, 인도와 중국, 서역과 서역, 중국과 타림분지 그리고 한반도와 중국, 한반도와 서역간의 문화교류가 종합적으로 이뤄졌던 길이다. 그러한 교류를 통하여 각국의 고대사회는 정체되지 않고 끊임없이 변화와 발전을 이룩해 나갈 수 있었다.

제7장 실크로드의 어제와 오늘

 푸른 하늘에 만년설을 이고 우뚝 솟은 치롄산맥, 톈산산맥, 쿤룬산맥 그리고 수천 미터 높이의 빙하에서 흘러내리는 물이 형성한 사막의 오아시스가 여기저기 흩어져 있는 곳이 실크로드다. 이 같은 실크로드를 낙타를 몰며 이동하는 것은 인간의 한계를 넘는 고행 길이지만, 먼 하늘 위에서 이들 오아시스를 바라보면 황갈색의 융단 위에 눈부시게 빛나는 초록의 보석을 아로새긴 듯한 황홀한 정경이다. 이러한 오아시스를 잇는 길이 고대부터 중세에 이르기까지 아시아와 유럽을 이어주는 삶의 루트였다.
 각국의 문화와 물품이 이 루트를 따라 동에서 서로, 서에서 동으로 이동했고, 때론 남북으로 이동했다. 이 길을 사신과 대상(카라반)이, 때로는 군대가 이동하며 인류역사를 움직이고 변화시켰다. 호탄의 찬란한 옥과 아라비아의 향료, 아름다운 로마의 유리그릇이 낙타의 등에 실려 동방으로 왔으며, 중국의 황홀한 비단이 이 길을 따라 저 멀리 로마 궁정까지 운반되었다.
 중국 장안과 로마를 잇는 실크로드는 수천 미터 높이의 쿤룬산맥, 톈산산맥 같이 만년설을 이고 있는 거대한 산맥이 사

타클라마칸 사막. 실크로드는 타클라마칸 사막 남쪽과 북쪽으로 형성된 오아시스로 연결된다.

방으로 가로막고, 칼날 같은 암석이 겹겹이 쌓인 험준한 절벽 지대가 간단없이 이어지는 길이다. 해발 평균 4,000m의 세계의 지붕 파미르가 인간의 한계를 시험하고, 돌아올 수 없는 타클라마칸 사막이 죽음을 유혹하는 곳이다.

이러한 실크로드 루트는 지도상에 짙은 갈색으로 그려져 불모의 땅으로 묘사되지만, 그곳에는 실크로드시대 이래 수 천만 명의 사람들이 자신들의 전통을 간직하며 살아가고 있다. 이러한 내륙아시아의 깊은 산맥과 모래사막에 둘러싸여 있는 오아시스야말로 동서교류를 이어준 사막 속에 빛나는 실크로드의 보석 같은 생명선이다.

이들 오아시스 도시는 실크로드가 붕괴하면서 오랫동안 화려한 빛을 잃었지만, 몇 백 년 또는 1천년 넘게 외부세계와 차단된 채 고유의 문명과 문화를 간직해 온 인류문화의 보고다. 그래서 누구라도 한 번 이곳을 여행하게 되면 영원히 잊혀지지 않는 환상의 꿈길을 걷는 듯한 추억을 간직하게 된다. 이러한 실크로드의 역사와 문화가 숨 쉬고 있는 지역을 따라가 보자.

1. 영원한 실크로드 도시 시안

장안으로 더 많이 알려진 산시성의 성도 시안은 유구한 역사의 땅으로 그곳의 나무 하나, 풀 한 포기, 벽돌 하나, 기와 한 조각까지 역사이며 전설이다. 마르코 폴로는 동방견문록에서 "중국의 화려함과 아름다움에 감탄하지 않을 수 없다"라고 하였다. 그 화려함과 아름다움의 중심지가 바로 옛 장안 시안이다.

중국의 역사도시를 대표하는 시안은 황허의 지류 웨이수이 부근에 발달한 고도로 기원전 12세기 주나라가 도읍을 정한 이래 진·한·수·당을 비롯한 역대 11대 왕조의 수도였다. 5호 16국 시기의 단명 왕조와 농민 반란군의 수도까지 합산하면 13왕조의 수도였다.

시안은 천하를 호령할 수 있는 광활한 관중평야를 끼고 있고 급수와 교통 또한 원활하다. 이 일대는 관개시설이 잘 갖춰져 홍수 피해도 받지 않는 천혜의 땅이다.

더욱이 관중에서 중원의 동쪽으로 공격하기는 쉬우나, 중원에서 관중지역을 공격하기는 어려운 지리적 이점도 갖고 있다. 그래서 진시황제가 2,200년 전에 이곳에 수도를 정했고, 진나라 멸망 후 한나라 고조 유방이 다시 이곳에 수도를 정하면서 자손들이 '영원히(長 ; 영원할 '장', 길 '장') 평안(安 ; 평안할 '안')'하기를 바란다는 뜻으로 '장안'이라고 명명했다.

시안이 최고의 번영을 누린 시기는 당나라(618~907) 시대다. 현재 시안을 둘러싸고 있는 웅장한 성벽은 명대(1368~1644)에 축조되었다. 당대의 성벽은 이것의 8배 크기로 동서 10km, 남북 8km로 성곽 둘레 36.7km, 면적 84km^{2}의 거대한 규모였다. 당대의 인구는 100만 명(위성 도시까지 포함하면 200만 명)으로 세계 최대의 도시였다. 당시 영국의 런던 인구가 2만 명이 되지 않음을 고려할 때 장안의 규모가 어느 정도였는지 짐작할 수 있다. 옛 장안의 중심지는 현재 종루가 있는 지역이다.

시안은 실크로드의 실질적인 출발지이자 종착지였다. 그래서 세계 각국의 상인이 장안으로 몰려들었다. 이들을 위해 2곳의 국제시장을 열었음은 앞에서 언급했다. 장안은 이국적이고 화려한 물건이 넘치고 서역을 비롯한 세계 각국에서 온 외국인이 거리를 활보하는 국제도시였다.

당시의 장안 모습을 이 태백은 이렇게 읊었다.

어디서 그대와 이별하면 좋을까
장안의 동문인 청기문에
호희(서역의 여인)는 하얀 손을 내밀어 손짓하여 부르고
손님은 금준(서역산의 좋은 술병에 담아있는 술)으로 취하네
(이백의 '송배18도남귀숭산' 중 일부)

이 태백의 시뿐만 아니라 많은 시에 서역의 여인과 서역의 술(포도주)과 술집이 등장한다. 이는 서역 풍이 일세를 풍미하고 있음을 말해주는 증거다. 당대는 서역에서 들어 온 야광 술잔에 서역의 포도로 빚은 술을 가득 채워 마시는 것이 대단한 인기였다. 군청색 아이새도로 요염하게 실은 화장을 한 이국풍의 서역 여인이 지체 높고 돈 많은 귀족자제와 유협소년을 뇌쇄시키고 있었다.

서역인 중에는 죽을 고비를 넘기며 장안에 왔다가 이런 저런 이유로 귀국하지 않고 장안에 정착하는 사람들이 많았다. 풍요롭고 화려한 장안을 떠날 수 없었던 이유도 한몫 했을 것이다. 그들은 국제도시 장안에 정주하며 상업은 물론 벼슬도 하는 등 다양한 방식으로 삶을 영위했다. 이들의 후손을 후이족(회족)이라고 한다. 현재 시안에서 후이족과 이슬람사원을 많이 볼 수 있는 것이 이 때문이다.

국제도시 장안을 알려주는 유물 가운데 가장 대표적인 것이 당삼채다. 당삼채는 정교하고 아름다운 예술성 외에도 서역인이 낙타를 타고 악기를 연주하는 모습 등 당시 실크로드의 실상을 잘 보여준다.

실크로드와 옛 장안의 역사를 이해하려면 시안 비림 박물관을 찾아가면 좋다. 비림 박물관은 시안 일대에서 발견된 수많은 비석을 모아 놓은 곳이다. 비석이 숲을 이뤘다는 의미로 비림이라고 한다. 이곳의 비석은 대부분 1,000년~1,500년 전의 것으로 역사적 가치가 매우 높다.

그 가운데 석대효경비는 당대의 사상, 특히 유교사상을 이해하는 데에 더 없이 좋다. 독립된 누각 속에 보호되고 있는 이 거대한 비석은 당나라 현종이 직접 주석을 단 것으로 유명하다. 개성석경도 마찬가지다. 개성은 당나라 문종 황제의 연호로, 이 석경비는 830년부터 837년까지 7년에 걸쳐 『주역』 『상서』 등 유학경전을 돌에 새겨 국립대학인 국자감에 세워 놓았던 비석이다. 『시경』을 비롯한 유교의 13경전을 227개의 비석에 새겼는데, 글자 수가 무려 650,252자에 달한다. 돌에 새긴 책이라고 이해하면 된다.

　당나라의 국제주의와 개방 정책에 따라 외래종교가 활발히 유입되었음은 이미 앞에서 언급했다. 그러한 외래 종교 가운데 네스토리우스교라고 하는 경교는 에페수스 종교회의에서 예수의 신격을 부정했다는 이유로 이단으로 몰려 로마제국에서 쫓겨난 기독교 일파다. 로마에서 쫓겨난 그들은 소아시아(터키 일대)와 아라비아반도 그리고 페르시아로 흘러 들어갔고 그들 일부가 장안으로 들어왔다. 그들은 이동하면서 그리스와 로마 문화를 전파하였고, 당나라에는 서방의 과학문명을 전달했다.

　이러한 내용이 비림박물관에 있는 대진경교유행중국 비석에 기록되어 있다. 이 비석은 당나라 덕종 때인 781년에 경교전래를 기념하기 위해 한자와 시리아 문자로 새겨 세워졌다. 비석에 나오는 82명의 신자 가운데 77명이 시리아 출신으로 종교전래와 함께 인적교류가 활발하게 이뤄졌음을 전해준다.

　현재 시안시를 상징하는 것은 현장법사와 관련 있는 자은사와 대안탑이다. 자은사는 규모가 크지 않으며 사찰구조와 풍경이 특출 나지도 않다. 자은사에 있는 대안탑도 대형 탑이

자은사와 대안탑은 시안을 대표하는 당대의 문화유적이다.

아니고 조형예술이 특별히 뛰어나지도 않다. 그래서 일반인이 자은사에 가면 실망하기 일쑤다.

  자은사와 대안탑은 외형적으로 시안을 대표하는 것이 아니라 그 역사성 때문에 유명하다. 자은사와 대안탑은 역사와 그 문화정신을 음미하는 곳이지 눈으로 경치를 보는 곳이 아니다. 이곳은 중국인이 가장 존경하고 흠모하는 현장법사의 정신이 스며있는 곳으로 자은사와 대안탑에 대한 자부심이 실로 대단하다.

  건립된 지 약 1,400년 된 대안탑은 정상까지 올라갈 수 있다. 중국의 탑은 원칙적으로 모두 오를 수 있다. 우리나라가 문화재를 보호한다는 명목으로 올라가지 못하게 하는 것과 대조적이다. 당나라 시대에 대안탑 꼭대기에 오르면 장안 시가지 전체를 조망할 수 있었다. 현재도 자은사 일대는 고도 제한으로 묶여 자은사에 오르면 시안 시가지가 한눈에 들어온다. 그러니 대안탑은 반드시 올라가볼 일이다. 대안탑은 한층 오를 때마다 수명이 연장된다는 속설까지 있어 옛날이나 지금이나 인파로 넘쳐난다.

자은사에는 현장법사가 천축에서 가져온 고대 인도의 범어 산스크리트어로 쓰인 불경(패엽경) 원전이 보존되어 있다. 현장법사는 자은사에서 불경을 번역하고 강론을 했다. 그러나 그의 유골은 홍교사에 안치되어 있다. 홍교사는 시안시 외곽에 위치한 사찰로 이곳에도 현장법사가 천축에서 가져온 산스크리트어로 쓰여진 패엽경이 보존되고 있다. 자은사 앞 광장에는 현장법사의 동상이 서 있고, 주변에는 당나라 문화를 상징하는 대당불야성이 줄지어 있다.

대안탑을 꼭 닮은 15층의 소안탑은 남문 밖 천복사에 있다. 천복사는 중국 유일의 여성 황제인 측천무후가 그녀의 남편 당나라 고종 황제의 사후 그의 명복을 빌기 위해 세운 사찰이다. 천복사는 신라의 승려 혜초가 불경을 한문으로 번역했던 사찰이다. 혜초는 8세기 바닷길로 천축국에 갔다가 4년 후 돌아올 때는 중앙아시아와 타림분지를 거치는 실크로드로 귀환했다. 그 순례기가 『왕오천축국전』이다.

중국에 밀교를 전래한 인도의 금강지는 당나라 황제의 극진한 대우를 받으며 천복사에서 불경을 번역하였다. 혜초는 금강지의 수제자로 『대승유가금강경』의 구술을 받아 적고 금강경의 서문을 썼다. 금강지 사후 밀교의 법통은 불공을 거쳐 혜초로 이어졌다. 황제는 혜초를 존숭하여 가물 때 국가를 대신하여 기우제를 담당하는 기우승에 임명했다. 혜초가 황제 대종(762~779)의 어명을 받아 시안 서남쪽 200리에 위치한 산시성 동지현의 선유사 부근 옥녀담에서 기우제를 올리자 '비단같은 비가 흡족하게 내렸다'고 한다. 혜초는 만년에 불교의 성지 오대산에 들어가서 불경을 번역하다 입적했다.

시안은 진시황제 관련 유적이 많다. 진시황제와 시안은 떼려야 뗄 수 없는 도시이기 때문이다.

진시황제는 500년간 혼란과 분열의 시대였던 춘추전국시대를 기원전 221년 통일하고 시안 정확하게는 셴양(함양)에 도읍을 정했다. 천하를 통일한 진시황제는 문자와 도량형, 화폐를 통일하고 군현제를 통한 중앙집권체제를 구축하였다. '황제'라는 칭호를 최초로 사용하여 '시(始 ; 처음 '시', 시작 '시')황제'가 된 그의 통치체제는 이후 2,000년간 중국 황제들의 통치의 근간이 되었다. 때문에 진시황제를 빼고 중국 역사를 말할 수가 없다. 진시황제가 중국역사에서 차지하는 비중이 그만큼 크다는 의미다.

진시황제는 죽지 않는다는 불사약을 신봉하고 늙지 않는다는 불로초를 구하기 위해 서불에게 소년 소녀 수백 명을 붙여 신선이 산다는 동해의 바다로 보냈다. 그리고 자신의 통치정책을 비판하는 학자 수백 명을 생매장하고 자신의 통치와 맞지 않는다는 이유로 수많은 서적을 불태우는 끔찍한 분서갱유를 일으켰다. 그는 그의 후손들에게 "만세까지 내 이름을 전하라"라고 당당하게 말했으나, 그의 제국은 그의 사후 3년 만에 종말을 고하고 말았다.

진시황제의 거대한 무덤은 시안 교외 임동현에 있다. 1974년 진시황제 무덤에서 서쪽으로 1.5km 떨어진 밭에서 세계를 놀라게 한 진시황제의 병마용 갱이 발견되었다. '용'이란 사람, 말, 수레, 공구 등의 조각상을 말한다. '병'은 군사를 말하고, '마'는 말을 뜻하며, '갱'은 땅 구덩이를 말한다. 즉 군사와 말의 도용(흙으로 빚은 용)이 묻힌 땅 구덩이를 병마용 갱이라

진시황제 병마용 갱. 병마용 갱의 발굴은 20세기 세계 최고의 고고학적 발굴로, 이를 통해 진시황제의 막강한 군대를 엿볼 수 있다.

고 하는 것이다. 진시황 병마용 갱은 20세기 세계 최고의 고고학적 발굴로 평가받는다.

병마용은 2천 년의 어두운 시간을 뚫고 인류 문명의 품으로 돌아왔다. 천하의 산하를 집어삼킬 듯한 호호탕탕한 위용의 진용(진나라 시대의 용) 대군은 마치 진나라 제국이 부활한 듯하다. 병마용 갱의 발굴로 진시황제는 다시 주목받으며 수많은 영화, 시, 소설, TV드라마, 다큐멘터리, 연극이 쏟아졌고, 현재도 매년 쏟아지고 있다. 병마용 갱 발굴로 만리장성과 함께 진시황제의 이름은 잊히지 않는 영원성을 띠게 되었다. 그러니 그의 제국은 붕괴됐지만 그가 후손에게 말한 "만세까지 내 이름을 전하라"라는 말은 실현된 셈이다.

발굴된 진용은 어느 것 하나 주목받지 않는 것이 없지만, 그 중에서도 4마리의 말이 끄는 동으로 만든 2량의 동거마가 압

병마용 갱에서 발굴된 동거마. 중국은 물론이고 세계에서 최초이면서 가장 화려하고 정교한 청동 마차.

권이다. 중국에서 말이 끄는 마차의 역사는 적어도 3,700년 이상 올라간다. 그렇지만 수레가 대부분 목재여서 썩어버리거나 심하게 파손된 채 발굴되어 고대 수레의 전모를 파악할 수 없었다. 그런데 진시황 병마용 동거마는 2천 년 전 진나라 수레의 원형 그대로 발굴되어 사람들을 흥분시켰다.

진시황제가 타는 수레는 청동과 황금으로 장식한 금근거로 여섯 마리의 말이 끌었다. 그 뒤로 음양오행에 따라 각기 4마리의 말이 끄는 다섯 가지 색깔의 입거와 안거가 따랐다. 진시황제가 천하를 순행할 때는 호랑이 가죽인 호피로 장식한 장벌거가 어가를 호위하며 길을 열었고, 그 뒤를 황후, 비빈, 태자, 공주, 문무백관의 수레가 따랐다. 이처럼 위풍당당한 순행을 통해 진 제국의 위용을 과시하는 동시에 존엄한 황제에게 반란을 꾀할 꿈도 꾸지 못하도록 하였다.

동거마를 끄는 말에 씌우는 마구 즉 고삐나 굴레, 말 머리 부분의 장식은 모두 금으로 만들었다. 2호 갱에서 출토된 동거마는 총 중량이 2,308kg으로 3,462개의 부분으로 구성되어 있다. 금으로 만든 것이 737개로 3kg이고, 은으로 만든 것이 983개로 4kg이다. 중국은 물론이고 세계에서 최초이면서 가장 화려하고 정교한 청동 마차다.

진시황제가 천하를 통일하고 각지를 순행한 것은 자신의 위업을 과시하고 공고히 하기 위함이다. 자신이 통일한 천하를 직접 가서 밟아보고 살핀다는 의미도 있다. 그래서 몇 달 몇 년을 흙먼지 마다하지 않고 먼 지역까지 찾아갔던 것이다. 그리고 광대한 자신의 통치영역을 보다 신속하고 편리하게 순행할 수 있도록 수도 셴양을 중심으로 직도를 건설했다.

직도는 오늘날의 고속도로다. 직도의 넓이는 50보로 상당히 넓었고 도로 양측으로 두텁게 둑을 쌓고 푸른 소나무를 심었다. 이 같은 직도가 최근 여러 곳에서 발견되고 있다. 진시황제가 천하를 순행할 때 그 진용이 매우 삼엄하고 성대하여 백성들에게 위압감을 주면서도 진귀한 볼거리를 제공하였다.

그는 불로장생의 영약을 구하는데 진력하였다. 최초의 황제가 되었으니 삶과 죽음을 뛰어넘으려 노력하는 것은 당연할 수 있다. 그러나 그런 초월적 삶을 추구하면서도 죽음을 피할 수 없는 인간의 한계를 받아들였다. 그것이 자신의 무덤 조성이다. 그는 상상을 초월하는 웅장하고 화려한 무덤공

진시황제가 70만 명을 동원해 36년간 공사한 진시황제 릉은 거대한 산과 같다. 높이와 면적은 2,000여년의 세월이 흐르면서 크게 줄어들었을 것으로 여겨진다.

사를 위해 70만 명을 동원하였다. 36년 동안 진행된 무덤 공사가 완성되기 전에 진시황제는 순행 중 갑자기 운명하고 말았다. 갑작스런 죽음으로 2년에 걸쳐 서둘러 무덤을 마무리했다. 결국 진시황릉은 70만 명의 인부가 38년 동안 공사한 대역사다.

진시황제 능역은 시신을 안치한 봉분을 포함하여 지상에 건설된 여러 전각까지 포함한 묘역 전체를 말한다. 전체 묘역은 60여만 평이고, 묘역 안팎으로 수도 셴양처럼 내성과 외성을 쌓았다. 바깥성곽의 길이가 12km에 달했으니 무덤이라기보다 하나의 도시라고 할 수 있다.

진시황제의 관이 안치된 봉분 지하는 지하궁전이라고 한다. 지하궁전을 건설하기 위해 지하로 흐르는 물줄기를 걷어내며 지하 4층까지 파 들어간 중앙에 관을 안치했다. 고래 기름을

왼쪽은 키 197cm의 장군용. 칼을 세워 땅에 대고 있는 자세지만 칼은 이미 녹슬어 사라졌다. 오른 쪽은 키 186cm의 경정보병으로 서서 쏘는 자세의 병사용. 장군, 중급 군리, 병사 간의 지위에 따라 키가 차이가 난다.

이용해 어둠의 불을 밝히고 수은의 강을 만들었다. 살아있는 것처럼 업무를 보고 휴식을 취할 수 있게 누각도 건설했고, 부장품을 담아 놓은 부장묘구도 설치했다. 지하궁전의 하늘은 우주의 별자리를 모두 갖추고, 아래의 땅은 지리를 갖추었다.

 지하궁전의 영원한 비밀을 위해 진시황제의 관을 운반한 자들과 무덤을 건축한 기술자들을 모두 무덤 안에 가둬 죽이고, 죽은 진시황제를 받들도록 수십 명의 궁녀를 지하궁전에 생매장하였다. 외부에서 지하궁에 접근하는 자에게 자동으로 발사되어 죽일 수 있는 비밀병기도 설치했다.

능묘의 지상에는 진시황제에게 제사하고 묘역을 관리하기 위한 여러 전각을 건축하고, 묘역을 지키는 군대를 배치했다. 지상 건물들은 진시황제 능묘를 보호하고 죽은 진시황제를 봉양하기 위해 설치되었던 휘황찬란한 여산읍과 함께 진나라 말기의 병란으로 철저하게 파괴되어, 일대는 황량한 초원으로 변하고 말았다. 그래서 웅장하고 화려했던 진시황제의 능역은 모두 사라지고 현재는 거대한 봉분 하나만 산같이 남아있다. 그 봉분이 열리는 날 세계는 또 다시 병마용 갱 이상으로 놀랄 것이다.

실크로드 1,000년 역사(기원전 2세기~기원후 8세기) 동안 최고의 전성기는 7~8세기 당나라 시대다. 특히 8세기 당 현종의 여인 양귀비가 누구보다 서역의 문화와 물품을 좋아했다. 음악적 재능이 있던 그녀는 특히 서역의 음악과 춤을 무척 좋아했다. 황제의 총애를 한 몸에 받는 그녀의 이 같은 취향이 실크로드를 더욱 활성화시켰음은 물론이다.

양귀비와 당나라 황제 현종이 사랑을 나눈 온천이 화청지(화칭츠)다. 그래서 시안을 방문하는 사람은 반드시 화청지를 찾는다. 양귀비가 목욕한 화청지의 온천에선 지금도 물이 솟아나고 있다. 꽃조차 부끄러워했다는 양귀비의 미모지만, 그녀에게도 고민이 있었다. 겨드랑이에서 나는 체취, 즉 암내였다. 그래서 양귀비는 목욕을 위해 화청지의 온천을 자주 찾았다. 그곳에서 양귀비는 서역의 노래를 부르고 서역의 춤 호선무를 즐기고 서역의 과일을 즐겨 먹었다. 의복과 머리는 서역의 각종 액세서리로 장식했다.

서역의 대상은 양귀비의 취향에 맞는 물건을 갖고 끊임없이

당 현종과 양귀비가 사랑을 나누었던 화청지. 양귀비가 목욕했던 온천수는 지금도 솟아 나온다.

 화청지를 찾아왔다. 당 현종이 서역의 북과 운동을 즐겼음은 앞에서 언급했다. 이처럼 황제와 황후가 서역의 문물을 좋아하니 실크로드는 더욱 번영하였다.
 양귀비는 현종의 18번 째 아들의 아내였으나 시아버지 현종의 눈에 띄어 여인으로 누릴 수 있는 모든 부귀영화를 누렸다. 그러나 그녀의 화려했던 삶도 수도 장안을 향해 밀어닥친 안록산의 반란군에 의해 끝나고 말았다. 반란군을 피해 황제와 함께 촉(쓰촨성)으로 도망가던 양귀비는 나라를 부패하게 만들어 반란의 원인을 제공했다는 이유로 황제를 호위하던 병사들에 의해 목매달아 죽임을 당했다. 그 때 그녀의 나이가 38세였다. 미인박명인가?
 양귀비가 비극으로 죽음을 맞이한 시안의 교외 마외역에 그녀의 무덤이 있다. 양귀비 무덤의 흙을 얼굴에 바르면 미인이 된다는 속설에 무덤은 온전하지 못했다. 밤마다 여인들이 무덤의 흙을 파갔기 때문이다. 할 수 없이 무덤 봉분을 흙이 아닌 벽돌로 덮어버렸다. 현재 양귀비 묘가 흙이 아닌 벽돌로

왼쪽은 화청지 앞 광장에 있는 당 현종과 양귀비가 춤추는 동상. 오른쪽은 화청지에서 매일 당 현종과 양귀비의 사랑을 그린 화려하고 웅장한 장한가가 공연된다.

덮여있는 이유가 이 때문이다.

화청지는 1936년 중국 현대사의 흐름을 바꿔놓은 시안사건이 일어난 역사의 현장이다. 장제스(장개석)의 국민당 군대의 대대적인 공세로 몰락 직전까지 몰린 중국 공산당이 기사회생하여 자기들보다 몇 배 월등한 세력의 장제스의 국민당을 타이완(대만)으로 쫓아내고, 중국대륙을 찾는 결정적 계기가 됐던 것이 시안사건이다.

때문에 중국 공산당은 화청지를 현종과 양귀비가 사랑한 장소보다 혁명 장소로 더욱 중요하게 여긴다. 이 때문에 이곳을 찾는 사람들도 무척 많다. 그래서 화청지는 이래저래 찾아오는 수많은 인파로 연중 내내 북새통을 이룬다.

기원전 12세기 은나라 말기 강태공(태공 망)이 웨이수이에서 30년간 낚시질을 했다. 동서고금을 막론하고 이렇게 오랫동안 낚시질 한 사람은 없다. 그래서 낚시질 좋아하는 사람을 강태공으로 빗댄다. 그렇게 낚시질만 하던 강태공은 마침내 나이 80세에 세월을 낚는데 성공하여 주나라 무왕을 도와 주지육림에 빠진 은나라를 멸망시켰다.

　강태공은 젊어서 학문에만 힘쓰고 집안일을 전혀 돌보지 않아 찢어지게 가난했다. 아내의 품팔이로 겨우 연명했다. 30년 만에 공부를 마친 강태공이 이번에는 웨이수이에서 종일 낚시질, 그것도 물고기 한 마리 잡지 못하는(미끼 없는 낚시질만 했기 때문에) 낚시질만 했다. 이제나 저제나 남편이 성공하기를 고대하던 아내는 낙담하여 집을 나가버렸다.

　그렇게 30년을 낚시하던 강태공은 기적처럼 나이 80에 주나라 문왕을 만나 재상이 된 것이다. 그리고 작은 주나라의 국력을 키워 문왕 사후 무왕을 도와 은나라를 멸망시키고 제(봉국의 하나)의 왕으로 봉해졌다. 이 제나라가 춘추전국시대에 진시황제와 맞섰던 마지막 강국의 하나였다.

　강태공이 낚시한 장소는 유명 관광지가 되어 조급하게 사는 현대인에게 인내와 기다림의 미덕을 가르치고 있다. 강태공이 낚시질 했던 웨이수이는 시안과 바오지 사이에 있다. 이곳은 실크로드가 개척된 이래 서역으로 떠나는 사람을 전송하던 이별의 장소였다. 그래서 웨이수이 주변에 여관이 즐비했고, 그곳에서 이별의 술잔이 오고갔다. 살아 돌아올지 알 수 없기에 서역으로 떠나는 사람을 위해 웨이수이 강변의 버드나무를 꺾어 주는 것이 유행했고, 역대 시인은 웨이수이에서 서역으로 떠나는 인사들의 애잔한 이별시를 지었다. 웨이수이는 당나라 시대까지 수량이 많고 맑았지만, 지금은 수량이 크게 줄어들어 옛 위용을 뽐내지 못하고 물 또한 맑지 않아 서글프기만 하다.

　당대의 국제시장 서시는 시안의 노동남로에 위치했다. 시안

후이족 거리는 서역에서 장안에 왔다가 고향으로 돌아가지 못한 사람들의 집단 상업 거리로 옛 실크로드 분위기를 가장 많이 간직한 곳이며 연중 관광객이 넘쳐난다. 왼쪽은 인파로 넘치는 후이족 거리, 오른쪽은 후이족 거리로 연결되는 고루 골목.

시는 그곳에 대당 서시를 복원했다. 모름지기 실크로드 시대의 장안을 이해하려면 반드시 이곳을 둘러봐야 한다. 더욱이 복원된 당대 서시에 신라관이 한 자리를 차지하고 있다. 신라가 실크로드의 중요한 국가의 하나였음을 이곳에서도 확인할 수 있다.

시안에서 옛 실크로드 분위기를 가장 강하게 느낄 수 있는 곳은 후이족 거리다. 시안의 종루 인근에 있는 후이족 거리는 서역에서 장안에 왔다가 고향으로 돌아가지 못하고 정착한 후손들의 집단 거주지다. 연중 불야성을 이루며 인파로 가득한 후이족 거리는 전성기의 당나라 장안을 보는 듯한 착각을 불러일으킨다. 서역의 온갖 물품과 먹거리가 넘쳐나는 후이족 거리는 옛 실크로드 장안의 축소판이다. 이곳에 가보지 않고 장안을 말하고 실크로드를 말한다는 것은 어불성설이다.

2. 관중평원의 실크로드 문화

시안에서 바오지(보계)까지 약 175km다. 예전에 필자는 시안에서 기차로 4시간 걸려 도착했다. 현재는 자동차로 1시간 30분, 고속철을 타면 40분이면 도착한다. 시안에서 바오지까지 산이라고는 찾아볼 수 없는 광활한 평야지대다. 이곳이 관중평야(관중평원이라고 함)로 간쑤성 톈수이까지 약 300km 이어진다. 면적이 한국과 비슷하다.

처음 이곳을 방문했을 때 드넓은 관중평야를 보고 무척 놀랐다. 넓은 평원임은 익히 알고 있었지만 이렇게 넓은 줄 상상하지 못했기 때문이다. 책으로 이해하는 것과 실제 보는 것은 이렇게 차이가 난다. 그래서 역사와 문화는 반드시 답사가 필요한 것이다.

관중평야를 직접 보니 한나라 시대에 관중지역의 생산량이 전국의 1/3이었다는 말이 실감났다. 진시황제 때 정국거가 완공되어 수리시설이 갖춰지면서 광대한 관중평야가 옥토가 되어 생산량이 비약적으로 증가했기 때문이다. 진시황제는 옥야천리 관중평야를 기반으로 천하통일을 이루었다.

관중지역은 주나라(기원전 1046~기원전 256)가 발원하고 500년간 주나라의 수도가 있던 땅이다. 그래서 이 일대에서 2,500~3,000년 전의 주나라 천자를 상징하는 세발 달린 커다란 '정'을 비롯한 유물이 대량 발굴되었다. 흥미롭게도 이곳의 주나라 유물은 한 군데서 하나씩 출토되는 것이 아니라 한꺼번에 대량으로 쏟아진다. 이는 급박한 사정으로 유물을 급히 묻었을 개연성을 시사한다. 주나라가 서쪽 견융의 공격을 받

한나라 무제의 릉 마오링. 무제는 55년 재위하는 내내 흉노와의 전쟁에 집중하며 적극적으로 서역에 진출했다. 이를 계기로 실크로드가 개통되었다.

고 동쪽 뤄양으로 급히 피난가게 되면서 귀중 물품을 황급히 땅 속에 묻었을 것이라는 추정이다.

공자가 가장 흠모하는 주나라의 주공의 묘(주공에게 제사하는 사당)도 관중 땅에 있다. 삼국시대의 영웅 제갈공명이 위나라를 공격하다 죽은 오장원도 이곳 기산현에 있다. 수나라와 세계제국을 건설한 당나라의 지배층 대부분도 부풍, 농서 등 이곳 관중지역 출신이다. 역사에서는 그들을 관롱집단이라고 부른다.

이와 같이 관중지역은 장안과 함께 1,000년 넘게 중국의 중심 지역이었다. 때문에 관중지역은 역사 유적지가 많으며 실크로드와 관련한 유적지도 매우 많다.

황제로 재위하는 55년 동안 흉노와 전쟁을 치르며 실크로드를 개척한 한나라 무제(기원전 141~기원전 87)의 황릉 마오링(무릉)도 이곳에 있다. 마오링은 능묘이름이면서, 이

지역 마오현의 행정 명칭이다. 무제는 자기의 무덤 마오링을 이곳에 만들면서 마오현도 함께 설치했다. 중국의 고대 제왕은 즉위하면서 자신의 능묘를 건설하는 관습이 있었다. 진시황제가 살아생전에 36년간 자신의 무덤을 만든 것도 마찬가지다.

무제가 이곳에 마오링과 함께 마오현을 건설한 것은 두 가지 뜻이 있었다. 하나는 자신의 사후 능묘를 보호하기 위함이고, 다른 하나는 수도 장안이 서쪽에 치우쳐 있어 경제적 측면에서 황허 하류와 산둥성 지역에 미치지 못했기 때문이다. 그래서 수도 장안과 그 부근의 경제력을 강화하기 위해 위성도시 건설이 필요했다. 그래서 마오현을 설치하고 천하의 부호와 백성 27만 명을 강제 이주시키고, 이주하는 가구에게 20만전과 땅 200무를 주는 특혜를 부여했다. 위대한 『사기』의 저자 사마천의 집안도 이 때 하양에서 마오현으로 이주했다.

무제의 황릉 마오링은 높이 46m, 밑변 230m로 평원 가운데에 우뚝 솟은 산과 같다. 2,000년의 세월이 흘러서 이 정도지, 원래 규모는 이보다 훨씬 컸다. 무제는 공사 53년 만에 마오링을 완공했다. 능묘에 아름드리나무를 심고 시신이 안치된 묘실로 통하는 통로에는 검과 쇠뇌를 설치하여 도굴을 방지했다. 그러나 무제가 죽고 얼마 지나지 않아 적미군의 반란 때 마오링은 파헤쳐지고 유물은 약탈당했다.

한나라 무제가 흉노와의 전쟁에 전력을 기울일 때 청년 장군 곽거병이 연전연승했다. 그는 요충지 하서지방을 정복하고 흉노의 근거지 치롄산을 빼앗는 등 혁혁한 전공을 세웠다. 곽

마오링 답사객과 곽거병 묘. 곽거병은 흉노공격에서 혁혁한 공을 세웠으나, 24살의 짧은 나이에 요절하여 무제가 그의 무덤을 자신의 황릉 옆에 쓰도록 은혜를 베풀었다.

거병은 이 같은 무공으로 무제의 절대적인 신임을 받았지만, 24살의 젊은 나이에 요절했다. 무제는 애통해하며 곽거병의 묘를 자신의 마오링 옆에 쓰도록 하였다. 황제의 능 주위에 조성하는 무덤을 배총이라고 하는데, 황제와 특별한 관계가 있는 자들만 허용된다.

마오링 박물관은 무제의 마오링에 있지 않고 곽거병의 무덤 앞 광장에 있다. 곽거병 무덤이 마오링 영역에 포함되기 때문에 마오링 박물관이라고 한다. 그곳에서 가장 눈길을 끄는 것은 '흉노를 짓밟고 있는 천마석상'이다. 천마의 기상을 드높이는 동시에 흉노를 무찌르고 싶은 한나라의 열망이 담겨 있다. 사실 무제와 곽거병에게 흉노와 말을 빼면 이야기할 것이 없다고 해도 과언이 아니다.

실크로드 전성시대의 황제였던 당나라 고종 황제의 첸링(건릉)도 관중에 있다. 첸링은 당나리 고종과 횡후 측천무후의 합장릉으로 높이 1,048m로 웅장한 기세가 진시황제릉 못지않

당 고종과 측천무후의 합장 무덤인 쳰링. 중국 역대 황릉 중 가장 웅장한 무덤으로 황릉으로 가는 도로(신도) 양 옆에는 거대한 석상의 문무백관과 신수(신기한 동물)상이 세워져 있다.

다. 한나라와 당나라 시대의 거대한 황제 묘는 모두 도굴 당했지만, 쳰링은 도굴 당하지 않은 채 보존되고 있다. 산의 암석이 견고하고 거석으로 봉분의 문을 철저하게 밀봉해 놓았기 때문이다.

당 고종과 측천무후 시기는 중국 역사상 최고의 문화 절정기다. 당 고종은 아버지 태종이 구축해 놓은 안정적 통치체제에서 황금기를 구가했고, 측천무후는 황후와 태후로 30여년을 보내며 황제 이상의 권력을 행사했다. 그리고 고종 사후 당왕조를 멸망시키고 주 왕조(690~705)를 개창한 후 15년간 황제로 군림했다. 중국 역사상 유일한 여성 황제다.

고종과 측천무후가 통치하던 시기는 산업과 문화가 융성하고 수많은 서역국가와 통교하던 실크로드의 황금기였다. 측천

첸링은 높이 1,048m의 웅장한 기세로 유일하게 도굴되지 않은 황릉이다. 오른쪽의 측천무후 무자비는 높이 7.53m, 넓이 2.1m, 무게 99톤으로 어마어마하다.

무후는 새로운 왕조의 황제였지만 자신의 무덤을 따로 만들지 않고 고종의 황릉에 합장하게 하였다. 때문에 첸링이 발굴되면 진시황제 병마용에 버금가는 놀라운 고고학적 성과를 낼 것으로 추측된다. 중국의 고고학자들이 진시황제 황릉보다 첸링을 더 발굴하고 싶어 하는 것만 보아도 짐작할 수 있다.

첸링은 유래를 찾아보기 어려울 정도로 거대하고 화려하다. 입구에서 황릉까지 4km가 넘고 신도라고 일컬어졌던 도로 양쪽에는 신령한 거대 동물상과 높이 4.5m에 달하는 거대한 문무백관 석상이 늘어서 있다. 석상이 끝나는 황릉 앞에는 서역을 비롯한 세계 각국에서 파견한 61개국 조문사절 석상이 기립해 있다.

첸링 앞의 거대한 비석 2개는 보는 이를 압도한다. 글이 쓰여 있는 비석은 고종의 신도비고, 글이 쓰여 있지 않은 비석은 측천무후의 비석이다. 묘비는 죽은 후에 쓰는 것으로 측천무후는 후대인들이 가장 웅장하고 훌륭하게 비문을 써 주기를 기대하며 미리 거대한 비석을 세워놓았는데, 그녀 사후 그

법문사는 면적이 워낙 광대하여 셔틀버스를 타고 관람해야 한다.

녀를 위해 아무도 비문을 쓰지 않아 글씨가 없는 '무자비'가 되었다.

첸링의 배총은 측천무후가 권력을 장악해 가는 과정에서 죽임을 당한 그녀의 아들과 손자, 손녀인 장회태자와 의덕태자 그리고 영태공주의 무덤이 있다. 이들 배총은 모두 1970~1980년대에 농부가 밭갈이 하던 중 우연히 발견되었다. 무덤에서 발굴된 진귀한 부장품과 화려한 벽화를 통해 궁중 생활상을 살피기에 더 없이 좋았다. 특히 장회태자 묘의 벽화 예빈도에 신라사신이 중요한 사신으로 그려져 있어 우리에게 더욱 특별하다.

바오지에 있는 법문사(파먼쓰)는 당나라를 대표하는 사찰의 하나였다. 법문사 건축은 실크로드를 따라 후한 말 서역에서 온 승려 안세고가 관중 땅에 석가모니의 진신사리를 봉안하고 탑을 세우면서 시작되었다.

왼쪽은 낙뢰를 맞고 예리한 칼날로 베어낸 듯 탑의 절반이 떨어져 나간 법문사 13층 탑. 오른쪽은 법문사 지하궁에서 발견된 수정으로 된 석가모니 진신 사리함.

 1981년 법문사 13층 탑이 강풍과 폭우를 동반한 번개를 맞고 예리한 칼날로 위에서 아래로 내려 긋듯 탑의 절반이 떨어져 나갔다. 1987년 이 탑을 복원공사 할 때 탑 밑에서 거대한 지하궁이 발견되었다. 지하궁에서 석가모니의 진신사리를 비롯하여 841자의 글자를 새긴 신기도와 향로, 불상 등 낭나라 황실에서 공양한 것만 1,000여점 쏟아져 나왔다. 하나하나 역사성과 함께 예술적 조형미가 뛰어난 유물들이다.
 법문사는 당 태종을 비롯하여 당나라 황제들이 방문하여 그 어떤 사찰보다 명망이 높았다. 특히 30년에 한 번씩 석가모니의 진신사리를 장안으로 봉영하는 행사로 그 권위가 대단했다. 불사리가 봉영될 때는 수천 명의 황제 의장대가 악기를 연주하며 선두에서 인도하고 그 뒤를 수백 명의 승려들이 합장하며 따랐다. 화려한 연주와 엄숙하고 웅장한 행렬을 보기 위해 법문사에서 장안에 이르는 200여리는 수만 명의 백성들로 가득했다. 법문사 진신사리 장안 봉영은 8명의 황제가 실시했다.

  법문사는 자은사와 함께 당나라 불교문화를 대표하는 찬란한 사찰이었으나 실크로드가 끊어지면서 사람들의 기억에서 잊혀졌다. 그렇게 1,200년간 역사무대에서 사라졌던 법문사는 지하궁의 발견으로 화려하게 부활하며 관중지역의 실크로드를 깨웠다. 2000년대 들어 복원된 법문사는 면적이 어마어마하여 셔틀차량을 타고 경내를 둘러봐야할 정도다. 입장료가 120위안(약 22,000원)으로 비싸지만(셔틀차비 별도), 그만큼 볼거리가 많은 사찰이다. 일반인에게 법문사는 소림사에 비해 생소한 사찰이지만, 역사성으로 볼 때에 법문사를 어찌 소림사와 비교할 수 있겠는가!

3. 톈수이와 마이지산 석굴

  시안에서 간쑤성의 톈수이(천수)로 가는 주변경관은 우리나라에서 볼 수 없는 풍경이다. 이 구간은 서역에 진입하는 지역으로 독특한 지리적 특색을 보여주기 때문이다. 역사적 의미와 문화를 떠나 시안에서 우루무치를 거쳐 카슈가르(카스)에 이르는 실크로드 노정은 그 풍경만으로도 잊을 수 없는 여행이 된다.

  시안에서 하서회랑에 이르기까지 보이는 것은 온통 누런 황토지대다. 황토지대는 나무가 적어 비에 씻겨 깊게 패인 단애지대를 만들고 곳곳에 계단식 밭을 만들어 이곳에 고량(수수), 옥수수, 밀 등을 재배한다. 기본적인 삶의 영위는 가능하지만 고단한 삶의 현실이 아닐 수 없다. 황토 단애지대에 사람들이 굴을 파서 집으로 삼는데 그것을 야오동(요동)이라고 한다. 요동은 산시성(산서성), 산시성(섬서성), 간쑤성(감숙성) 일대에 많다.

야오동은 동굴 형태의 집으로 역사가 유구하다. 비개한 삶이라고 생각하기 쉬우나 그들 나름의 지혜를 발휘한 주거 형태다. 야오동은 습도와 온도가 조절되고 여름에는 시원하며 겨울은 따뜻하다. 예전의 우리나라 초가집보다 주거환경이 나쁘다고 할 수 없다. 요즘 우리나라에서 황토 집이 유행하듯 황토 집은 건강에 좋다.

황토지대에 야오동이 발달한 이유는 나무 구하기가 어렵고 값이 비싸기 때문이다. 당나라의 유명한 시인 두보도 야오동에서 태어났을 정도로 당나라 시대까지 야오동은 일반적인 주거지였다. 2000년대 들어와 야오동에 사는 인구가 크게 줄었지만, 아직도 약 3천만 명이 거주한다. 중국이 경제발전을 이룩하면서 야오동은 빠르게 사라지는 추세다.

톈수이는 진시황제가 태어나기 오래 전에 진나라가 탄생한 곳이다. 톈수이 중심 구도심 시가지를 '진성(친청)'이라고 하는데, 이는 '진나라 도시'라는 뜻이다. 진나라는 이곳에서 국가의 기틀을 갖춘 후 동쪽으로 근거지를 옮겨 장안, 정확하게는 셴양(함양)에 안착했다.

톈수이의 지명유래는 동화처럼 아름답다. 한나라 무제 때 이곳의 땅이 갈라지며 땅속에서 붉은 빛이 솟아 하늘의 번개와 뒤섞여 은하수의 물이 갈라진 땅으로 내려와 호수가 되었다. 물맛이 감로(달콤한 이슬) 같고 깨끗하여 사람들이 그 호수를

마이지산을 멀리서 바라보면 보릿단을 쌓은 모양 같다.

하늘(천: 天)의 물(수: 水)이 샘솟는 우물(정: 井)이라는 뜻의 천수정이라고 불렀다. 이때부터 이곳 지명이 천수(天水), 즉 톈수이(천수의 중국어 발음)가 되었다.

톈수이는 복희씨의 고향이다. 복희는 중국 전설상의 중화민족 시조인 3황 가운데 한 명이다. 그는 수렵과 어로를 가르치고 음양 변화의 이치에 따라 팔괘를 창안한 성인이다. 톈수이의 일반 열차의 기차역에 내리면 중국의 전 국가주석 장쩌민이 쓴 '복희고리(복희의 고향)'라는 대형 표지판과 마주한다. 시내 중심에는 복희를 모시는 고색 찬연한 복희묘(복희 사당)가 있고, 그 앞은 시민들을 위한 광장이 조성돼 있다.

마이지산(맥적산) 석굴은 시내에서 35km 떨어진 깎아지른 절벽 위에 조성되어 있다. 멀리서 마이지산을 바라보면 마치

왼쪽은 제 9굴의 부처, 보살 등을 모셔놓은 7개의 감실. 오른쪽은 거대한 수나라 시대의 마애삼존불. 송나라 때 보수하면서 원형을 다소 잃어버렸다.

보릿단을 쌓은 모양 같다고 해서 맥적산(보리 '맥', 쌓을 '적' ; 중국어 발음으로 마이지산)이라고 한다. 직각에 가까운 아찔한 바위절벽에 어떻게 굴을 파서 석굴을 조성했는지 경이롭다. 석굴에 올라 밑을 내려 보면 수직의 깎아지른 절벽에 현기증이 일어날 지경이다. 마이지산은 해발 1,742미터로, 친링산맥의 높은 지대에 위치해 있어 석굴 정상에 오르면 시야가 탁 트여 저 멀리 첸링산맥을 바라보는 조망이 장쾌하기 이를 데 없다.

마이지산 석굴(천불동)은 석굴 221개, 소조상 10,632개로 흙으로 빚은 불상이 특히 많은 사원이다. 석굴조성은 5세기 북위(386~534)시대부터 시작되었다. 북위는 중원의 5호16국을 통일하고 남쪽으로 피난 간 한족 정권과 대립하며 남북조 시대를 연 이민족 유목 왕조다. 북위는 불교를 적극적으로 진흥시켜 다퉁의 윈강석굴, 뤄양의 룽먼석굴을 굴착했고, 이곳 마이지산에 88개의 석굴을 열었다. 북위 시대의 석굴이 전체 마이지산 석굴의 절반 가까이 된다.

북위를 이은 서위시기(535~556)에 12개, 서위를 이은 북

왼쪽은 깎아지른 절벽에 조영한 마이지산 석굴. 오른쪽 사진은 43굴로 을불황후의 시신이 안치되었던 적릉.

주시기(557~580)에는 석굴이 44개다. 이 시대의 불상 특징은 몸매가 빼어나고 해맑고 준수한 얼굴에 천사같이 예쁜 미소의 수골청준(수골청상)이다. 특히 보살상은 높은 관에 머리를 늘어뜨리고 웃옷을 입지 않은 채 긴 치마를 입고 있어 독특한 매력을 풍긴다.

마이지산 석굴에서 빼놓을 수 없는 곳이 43굴이다. 비련의 을불황후와 사연이 있는 곳이다. 을불황후는 16세에 서위(북위가 분열하여 서위와 동위가 됨)의 황제 문제의 황후가 되었다. 그러나 그녀가 낳은 12명의 자녀 가운데 11명이 어린 나이에 죽고 태자 한 명만 겨우 살아남았으니, 어머니로서 지극히 불행한 여인이었다.

서위는 유목민족 선비족 계열로 몽골계 유목민족 유연으로부터 자주 침략 당했다. 수세에 몰린 서위의 황제 문제는 고심 끝에 유연의 결혼정책을 받아들인다. 굴욕적이지만 그것으로 그들의 침략을 저지해 보자는 심산이었다. 문세는 유연 황실 출신의 도후와 결혼하고 그녀를 새 황후로 삼았다. 원래 황후였던 을불황후는 평민으로 강등하여 출가해 비구니가 될 것을 명령했다. 538년 을불황후는 황궁을 떠나 궁벽하고 쓸쓸한 외지고 깊은 마이지산 석굴에 와서 머리 깎고 비구니가 되어 세상과 단절된 삶을 살았다.

그러나 새 황후 도후는 황제가 여전히 을불황후와 몰래 관계를 지속한다고 의심하였다. 그녀는 친정인 유연족이 다시 서위를 공격해 굴복시키자 문제와 을불황후와의 관계를 공식적으로 문제 삼았다. 문제는 을불황후와 일체 연락하지 않는다고 해명했지만 도후는 막무가내였다.

문제는 어쩔 수 없이 깊은 산속 석굴에서 처량하게 비구니 생활하고 있는 을불황후에게 자결을 명령하였다. 궁중에서 화려한 영화를 누리다 하루아침에 비구니 신세로 전락하여 산속으로 쫓겨난 비련의 황후는 주위의 통곡 속에 목숨을 끊었다. 그녀의 나이 31세였다.

가련한 을불황후가 죽자 마이지산에 석굴을 파고 그곳에 그녀의 시신을 안치했다. 그곳이 43굴이다. 황제 문제는 죽음에 임해 비운의 여인 을불황후를 영원히 제사지내라고 유언하였다.

문제가 죽고 을불황후의 아들 태자가 황제가 되었다. 을불황후의 아들이어서 태자 자리가 위태위태했지만, 마침내 황제가 된 것이다. 을불황후가 인내하기 힘든 모진 고통을 감내하고 종국엔 죽음으로 생을 마감한 것도 따지고 보면 모두 태자를 위해서였다. 황제에 오른 태자는 어머니 을불황후를 평민신분에서 문황후로 추봉하고 그녀의 시신을 영릉으로 이장하여 아버지 문제와 합장하였다. 이후 43굴을 적릉이라고 한다.

43굴에서 불상을 감상하며 을불황후를 떠올려 본다. 43굴 불상이 총명하고 아름다웠던 을불황후의 모습을 본떠 만들었기 때문이다. 43굴 불상이 마이지산 석굴에서 가장 아름다운 불상이라는 평가를 받는 것이 이 같은 이유다.

시기와 질투로 집요하게 을불황후를 죽음으로 몰아넣었던 도후는 황후가 된지 2년 뒤 산후처리가 좋지 않아 16세의 짧은 나이로 세상을 떠나고 말았다. 이런 것을 업보라고 하나?

2019년 20여년 만에 다시 마이지산 석굴을 찾았다. 석굴을 찾아가는 고즈넉한 주변 풍경은 크게 변함없는데 도로를 확·포장하는 공사가 한창이고, 주차장과 매표소 주변이 완전히 탈바꿈해 있었다.

마이지산 석굴은 텐수이 기차역 앞에서 시내버스를 타면 편리하다. 요금은 5위안(900원)이고 50분 소요된다. 진성에서 타면 요금은 같지만, 1시간 50분 걸린다. 필자는 유적지를 찾아갈 때 원칙적으로 대중교통을 이용한다. 그래야 운치도 있고 현지인의 삶을 살필 수 있기 때문이다.

한대의 장군 이광의 묘도 텐수이에 있다. 한 무제 때 흉노와의 싸움에서 수많은 명장들이 명멸했지만, 이광만큼 명성이 자자하고 그 자신과 그의 후손만큼 불행한 경우도 없다. 이광

이광의 묘. 일생을 흉노전에 바친 이광은 그 자신과 후손 모두 비운의 생으로 마감하였고, 끝내는 집안 모두가 멸족 당하였다.

은 그의 생애 대부분을 흉노와의 싸움으로 보내면서 많은 공을 세웠지만, 그의 집은 가난을 면치 못했다. 승리를 거두면 그 공을 부하들에게 돌리고 황제로부터 상금을 받으면 그것을 부하들에게 나눠줬기 때문이다. 그런 그였지만 만년에 그를 시기하는 무리들에 의해 목숨을 잃고 만다(기원전 119년).

이광의 세 아들도 모두 무장으로 흉노와의 전쟁에서 이름을 떨쳤지만, 모두 불행하게 젊은 나이에 생을 마감했다. 이릉은 유복자로 태어난 이광의 손자로 그 또한 흉노와의 싸움에서 공을 세운 명장이었다. 이렇게 이릉까지 3대에 걸쳐 공을 세운 명문가로 이름을 날렸지만, 이릉은 단 한 번의 실패로 흉노에게 항복하는 신세가 되었다. 이릉의 항복에 격노한 한나라 무제에 의해 이릉의 집안은 9족이 죽는 멸문지화를 당했다.

이 때 항복한 이릉을 변호한 죄로 위대한 역사가 사마천이 궁형의 참화를 입는 비극을 당했다. 이른바 '이릉의 화'다. 사마천은 울분과 자괴감 그리고 절망감에 빠져 하늘을 원망하고 탄식하다 발분하여 위대한 『사기』를 저술하였다.

20여 년 전 처음 이광의 묘를 찾아갔을 때는 마을 가운데에 봉분만 덩그러니 있고 그 앞에 다듬지 않은 나무판에 흰 색 분필로 이광을 소개하는 안내판이 전부였다. 걸려있는 나무 안내판도 머지않아 떨어질 듯 부실하여 더욱 쓸쓸하고 덧없는 인생무상을 느꼈다. 그러한 상황이 마치 이광과 그 후손의 불운한 삶과 비슷해 울컥하며 왠지 모를 서글픔이 밀려왔다.

그리고 2019년 다시 이광묘를 찾아보니 입장료 20위안(약 3,500원)을 받을 정도로 능역이 정비되어 있었다.

4. 하서회랑의 관문 란저우

하서회랑으로 이어지는 메마른 지대에 생각보다 많은 작은 도시가 간단없이 이어진다. 해발 3,500~6,000m의 치렌산맥의 만년설이 녹아 흘러내린 물이 오아시스를 만든 결과다. 이곳 오아시스의 삶은 2,000년대 들어서면서 변화를 맞고 있다. 오지의 시골 구석구석에도 개발의 변화가 일고 있는 것이다. 현재 중국은 도시, 농촌, 산골을 불문하고 개발이 불을 뿜고 있다. 특히 서부는 2,000년 전후에 개발의 시동을 건 후 2,010년부터 본격적인 개발 붐을 이루고 있다. 그리고 중국의 신 실크로드 정책인 일대일로가 펼쳐진 2015년 이후 개발과 발전의 속도는 더욱 가속화하고 있다. 한 번 불이 붙은 중국의 개발과 발전은 브레이크 없는 엔진과 같다.

빠르게 변화하는 중국의 발전에 공포심이 느껴질 때가 한두 번이 아니다. 베이징, 상하이 같은 메트로폴리탄은 물론이고 청두, 우한 등 지역 거점 대도시의 스카이라인도 하루가 다르게 치솟고 있다. 외형적인 측면에서 볼 때 중국의 도시발전과 변화에 비해 서울을 비롯한 우리나라 도시는 정체되고 낙후되고 있다.

20여 년 전 중국 남부의 광저우는 서울은 물론이고 인천과도 비교되지 않는 지방 도시에 불과했다. 그러나 그동안 눈부시게 발전하여 인천은 말할 것도 없고 서울을 능가하는 중이다. 2,000년 전후의 중국은 한 눈에 봐도 우리보다 한참 뒤처졌는데, 20여 년 사이에 우리를 앞지른 것이다.

약 10년 전 우리나라의 모 광역시장이 광둥성 광저우에 갔다가 광저우의 눈부신 발전에 충격 받았다고 했는데, 그 이후 광저우는 훨씬 더 발전했음을 깨달아야 한다. 단순 인구만 비교해도 광저우는 1,200만 명으로 990만 명의 서울을 뛰어넘었다. 20여 년 전까지도 서울을 발전 모델로 삼았던 광저우는 이제 서울을 경쟁도시로 여기지 않는다. 광저우를 비롯한 중국의 지방 대도시는 뉴욕과 런던을 따라잡자는 구호를 외치고 있다.

세계 최고의 야경으로 칭송받던 홍콩 야경은 이미 중국의 상하이 같은 대도시에 밀려난 상황이다. 그런데도 많은 한국

한나라 시대 작은 성채의 군사기지였던 란저우는 현재 간쑤성의 정치, 경제, 문화의 중심도시로 인구 200만 명의 대도시로 발전했다.

인은 중국의 발전과 변화를 알지 못하고 과거의 잣대로 중국을 바라본다. 헐값으로 떠나는 4박 5일의 중국 단체 관광이 이 같은 왜곡을 만들었다고 생각한다.

란저우(난주)는 간쑤성의 성도로 중국정부의 적극적인 지원 하에 빠르게 발전하여 인구 200만의 현대도시로 성장했다. 한나라 시대에 서쪽 방위의 제 1선으로 작은 성채의 군사기지로 출발하여, 1990년대까지 우중충한 지방 소도시에 불과했던 란저우는 서부지역의 산업과 관광의 중심 도시로 우뚝 서고 있다.

란저우는 서부 대개발과 일대일로 정책의 중심도시의 하나로 중국정부의 집중적인 투자와 혜택을 받고 있다. 일대일로는 중국정부가 야심차게 추진하는 21세기 신 실크로드 정책으로 중국 중심으로 중앙아시아, 동남아시아, 유럽을 하나의 경제벨트로 잇는 정책이다. 이에 따라 옛 실크로드 지역인 하서회랑의 간쑤성과 타림분지(타클라마칸 사막과 동일 의미)의 신장성이 큰 수혜를 받으며 일취월장 발전하고 있다.

  20여년 전 처음 란저우를 방문한 후 2019년 다시 방문해 보니 상전벽해가 따로 없다. 초현대식 고층 건물이 우후죽순 들어서고 고층 아파트가 숲을 이루며 도시는 교외로 크게 뻗어나가 있었다. 지하철이 1, 2호선까지 완공되어 더욱 놀랐다. 하서회랑으로 들어가는 바위투성이의 좁다란 오아시스에 지하철이 생길 줄은 꿈에도 생각하지 못했다.

  도시는 말끔하게 재정비되고 확장된 도로는 온종일 차량으로 붐빈다. 패션과 화장품과는 거리가 멀었던 여인들은 세련되고 아름답게 화장하며 미를 뽐낸다. 이 같은 현대도시가 흉노를 공격하기 위한 작은 오아시스였다는 사실이 믿기지 않는다.

  란저우에서 딱 하나 변하지 않은 것은 시내 중심을 관통하는 황토 빛의 황허다. 황허는 좁고 기다란 란저우 시내를 중잉으로 관통한다. 2019년 방문했을 때는 폭우가 내린 직후여서 수량이 엄청나게 불어나 무섭게 흐르고 있었다. 란저우는 황허가 흐르는 한쪽 방면으로 도시가 형성되었는데, 다른 쪽은 좁고 비탈진 바위지대이기 때문이다. 그러나 건설공법이 발달하면서 현재는 황허 양안으로 고층빌딩이 들어서고 있다.

  란저우는 도시의 현대화와 함께 녹색도시를 꿈꾸고 있다. 그래서 황허 양안을 따라 길게 공원을 조성하고 도심 곳곳에 푸른 공원을 만들어 시민들의 휴식처가 되게 했다.

  란저우는 하서회랑이 시작되는 기점인 동시에 칭하이성(청해성)과 닝샤후이족자치구로 들어가는 분기점으로 교통의 요충지다. 그래서 실크로드 시대부터 실질적인 서역과의 경계선

곽거병의 전설이 서려 있는 오천산 공원. 오천산에서 케이블카로 란산에 오르면 란저우 시내가 한 눈에 들어온다.

역할을 했다. 때문에 란저우를 경계로 동쪽의 전통 중국과 서쪽의 옛 서역지역은 지리와 민족적으로 또 문화와 생활관습 등에서 확연하게 차이가 난다. 베이징, 상하이 같은 동부에서 열차를 타고 신장성으로 가다 보면 이곳부터 중국이 아닌 새로운 세계로 들어간다는 느낌을 받는다.

양쯔강은 난징이나 우한 같은 대도시를 여러 개 끼고 흐르지만, 황허는 이상하게도 그런 대도시가 없다. 전통시대의 수도였던 장안과 뤄양 주변으로 흐르는 웨이수이와 뤄수이도 황하의 지류지 본류가 아니다. 그런 의미에서 황허가 발원해서 최초로 만나는 대도시 란저우는 아주 예외적인 도시다. 이 같은 연유로 시내중심의 황허 강변에 유명한 황허모친(황허가 중국의 어머니라는 뜻)상이 있다.

오천산 공원에는 아직도 다섯 개의 샘물이 보존돼 내려온다. 왼쪽은 그 가운데 하나. 오른쪽은 오천산 광장에 있는 곽거병 동상.

란저우가 한나라 시기 흉노 공격의 전진기지였음을 보여주는 곳이 오천산 공원이다. 곽거병이 하서회랑 일대의 흉노정벌을 위해 출정했을 때 오천산 공원에서 숙영했다. 그러나 마실 물이 없어 병사들이 하나 둘 쓰러졌다. 이에 곽거병이 바위산을 뛰어다니며 채찍으로 다섯 군데를 내리치자 물이 솟아나왔다. 그 다섯 개(다섯 '오')의 샘물(샘 '천')이 '오천'이다. 오천산 공원에는 현재까지 그 다섯 개의 샘물이 보존되고 있다. 공원 중앙에는 날렵한 곽거병의 기마상이 서 있다.

오천산의 정상 란산으로 올라가는 케이블카는 수직에 가깝게 상승하여 아래를 보면 아찔하다. 산 정상에 오르면 시원하게 란저우 시가지가 한 눈에 들어온다. 그러니 란저우에 왔으면 반드시 란산에 올라갈 것을 권한다.

백탑산 공원을 가기 위해서는 원 도심에서 황허 철교를 건너야 한다. 도도하게 흐르는 누런 황허를 바라보며 도보로 철교를 건너는 것도 묘미다. 백탑산은 이곳에 원나라 시대의 라마식 흰 탑이 있어 생긴 지명이다. 백탑은 17m 8각 7층의 전탑이다. 19세기 이전에는 백탑산 일대가 란저우였다. 도시

쾌속정을 타고 빙링쓰 가는 내내 황허석림의 절경이 펼쳐진다.

라고 부르기도 어려운 작은 산성에 불과했던 것이다. 19세기 지도를 보면 백탑산 주변만 작은 마을이 형성되어 있을 뿐, 현재의 도시 중심지인 황허 건너편은 사람이 거의 살지 않는 초목지대였다.

한나라는 흉노 정벌을 위해 백탑산에 2백 미터 높이의 성채를 쌓고 금성이라고 불렀다. 현재 란저우의 별칭을 금성이라고 하는 것은 여기에 연유한다.

빙링쓰(병령사)는 실크로드 시대에 가장 흥성한 사찰의 하나다. 그러나 1974년 류쟈사(유가협) 댐이 건설되면서 빙링쓰 가는 옛 실크로드 길이 수몰되었다. 때문에 빙링쓰를 가기 위해서는 란저우에서 75km 떨어진 류쟈사 댐 선착장에 도착해서 쾌속정을 타고 50분을 더 가야한다.

류쟈사 댐은 인구가 팽창하고 빠르게 발전하는 란저우 일대의 식수와 공업용수 그리고 전력 공급을 위해 건설한 댐이다.

빙링쓰는 4~5세기 5호16국부터 조성되어 1,000여 년간 황허유역에서 가장 흥성했던 실크로드 시대의 불교사찰이다.

수역면적이 우리나라 소양강 댐의 2배로 바다 같이 드넓다. 망망한 호수를 쾌속정으로 질주하는 것도 장쾌하지만, 황허석림을 비롯한 독특한 비경에 한시도 눈을 뗄 수 없다.

황토 봉우리가 비바람에 깎이고 깎여 온갖 형태로 하늘을 향해 늘어선 것이 황허석림이다. 대자연이 빚어낸 오묘하고 기괴한 모습에 탄성이 절로 나온다. 실크로드를 오고가던 사람들도 이곳 황허석림의 수려한 풍경에 피로를 잊은 채 감상하기 바빴을 것이다. 댐이 건설되어 빙링쓰 가는 길이 물에 잠겨 아쉽지만, 웅장하고 오묘한 매력의 황허석림이 황토 빛 호수와 조화를 이루어 더욱 환상적이 되었다.

빙링쓰는 거대하고 아름다운 류쟈샤 댐과 황허석림을 보기 위해서도 반드시 찾아야 할 실크로드 명소다. 황허석림 경관이 절정을 이룰 즈음 배는 빙링쓰 선착장에 도착한다. 선착

빙링쓰는 당나라 시대에 만들어진 높이 27m의 대불좌상을 비롯하여 216개의 석굴에 800여구의 조각상이 있다.

장에서 빙링쓰 입구로 걸어가는 내내 기묘한 황허석림의 준봉이 계속 이어진다. 빙링쓰 안에 들어서면 관람객을 환영해주듯 또 다른 형태의 거대한 석림이 도열하듯 계곡 좌우로 늘어서 있다. 이처럼 빙링쓰는 실크로드의 역사의미가 깊은 사찰인 동시에 환상적인 자연경관까지 갖추고 있어 실크로드 답사 1번지라고 해도 지나치지 않는다.

빙링쓰는 5호 16국시대인 4~5세기부터 조성되었다. 조성된 이후 1,000여 년 간 황허유역에서 가장 흥성했다. 216개의 석굴에 800여구의 조각상이 있는 빙링쓰는 시대에 따라 여러 명칭으로 불리다가 명나라 시대에 현재의 명칭이 되었다. 빙링쓰의 '빙(병 ; 炳)'은 '10만의 미륵불'을 뜻하고, '링(령 ; 靈)'은 '부처가 있는 곳'을 뜻해 불상이 매우 많다는 의미다. 빙링쓰를 대표하는 높이 27m의 대불좌상은 당나라 시대 불상이다. 대불좌상은 오랜 세월의 풍상으로 크게 마모되어 최근 말끔하게 보수를 끝마쳤다. 대불좌상은 가까이에서보다 다리 건너편에서 바라봐야 제대로 감상할 수 있다.

169굴은 추가 요금이 필요한 특굴이다. 빙링쓰 입장료가 50위안(약 9,000원)인데 특굴 관람료가 300위안(약 54,000원)이다. 배보다 배꼽이 더 큰 셈이다. 이같이 특굴이 비싸다보니 특굴을 관람하는 사람이 거의 없다. 그러나 이렇게 먼 빙링쓰까지 와서 관람료가 비싸다고 관람하지 않는다면 그것만큼 어리석은 것도 없다. 비싸면 비싼 이유가 있기 때문이다.

특굴 입구는 자물쇠로 잠겨있다. 특굴 표를 제시하면 안내인이 보호 문을 열어주고 친절히 안내해 준다. 아슬아슬한 가파른 나무사다리와 잔도를 7번 갈아타고 올라간다. 특굴은 원래 커다란 자연석굴에 빈틈없이 감실과 불상 그리고 벽화로 채워졌다. 그러나 1,000여년의 세월이 흐르면서 현재는 그 일부만 남아있다. 건흥 원년(420년)이라는 조성기가 있어 사찰의 조성연대를 알 수 있는 중요한 석굴이다.

특굴에서 가장 이른 서진(265~316)시대의 불상은 얼굴 모습과 옷 주름 양식이 서역풍이고, 좌우 협시보살은 늘씬한 몸매에 머리를 어깨 아래까지 땋아 늘어뜨린 간다라 양식이다. 서진시대는 불교발전의 초기 시대로 서역풍이 강한 시기다.

둔황석굴을 비롯한 실크로드의 석굴답사하며 느끼는 것은 불교예술에 대한 조예가 어느 정도 있어야 한다는 것이다. 그래야 석굴에 대한 이해의 폭이 깊어지고 답사가 더욱 흥미로워진다. 따라서 실크로드를 여행하려면 반드시 불교미술에 대한 초보적인 이해정도는 갖추고 떠나는 것이 좋다.

간쑤성 박물관은 새롭게 신축하여 규모도 크고 전시실도 잘 꾸며져 있다. 간쑤성이 하서회랑 지대이기 때문에 실크로드와

수차박람원. 중국은 2,000년 이전부터 물레방아를 이용한 농업생산력 증대를 꾀했다. 황허의 물을 끌어올려 메마른 황토지대에 대는 란저우가 수차 이용의 중심지였다.

관련한 유물이 많고 전시도 체계적으로 잘 되어 있다. 이곳의 백미는 하서회랑 우웨이에서 발견된 '마답비연' 천마상이다. 마답비연은 2천 년 전 한나라 시대 장군의 묘에서 발견된 것으로, 대원의 천마를 상징하는 말로 유명하다. 필자가 방문한 날은 단체로 온 학생들로 발 디딜 틈이 없었다. 어린 학생들이 인솔교사를 따라 유물을 보며 메모하는 모습이 자못 진지하다.

물레방아 박물관인 수차박람원은 황허의 물을 끌어올리는 수차가 있는 공원이다. 중국은 2,000년 이전부터 수차를 이용한 농업생산력 증대를 꾀하였다. 서부는 메마른 황토지대이고 대부분 반사막지대여서 물을 끌어와야 농작물을 생산할 수 있다. 그래서 황허 일대에서 수차가 발달했고, 란저우가 그 중심지였다. 이곳 수차는 황허의 물을 대규모로 퍼 올려야 하기

중국 10대 국수의 하나로 선정된 란저우 우육면

때문에 크기가 어마어마하다. 그러한 수차들을 모아 놓은 수차박람원은 한국인에게 색다른 서역의 볼거리를 제공해준다. 입장료도 없으니 들러보면 좋을 것이다.

란저우는 닝샤후이족지치구의 성도 인촨 다음으로 후이족이 많다. 란저우를 비롯한 간쑤성에 약 100만 명의 후이족이 살고 있다. 그래서 란저우는 이슬람 사원 청진사가 많다. 그 중 동관의 청진사가 대표적인데, 이슬람사원의 전통적양식이 아니고 우리나라의 경복궁 같은 동양적 건축 양식이다. 란저우는 이슬람 식당이 매우 많으며 그곳에서는 돼지고기를 팔지 않음에 유의해야 한다. 그렇지만 서역음식을 제대로 맛보려면 이슬람 식당을 찾는 게 좋다.

란저우는 음식종류가 풍부하기로 유명한 중국에서 10대 국수로 뽑힌 '란저우 우육면'의 고장이다. 이곳은 서역과 접하는 곳이어서 일찍부터 밀이 전래되고 면요리가 발달했다. 그것을 바탕으로 '란저우 라멘'이라고 하는 이슬람식 란저우 우육면이 탄생하였다.

란저우 라멘은 면발의 굵기에 따라, 고명을 어떻게 넣느냐에 따라, 전통비법과 식당에 따라 종류와 맛이 수백 가지에 이른다. 이렇다보니 필자 같은 전문가도 어떻게 주문해야할지, 또 식당 종업원이 말하는 것이 무슨 의미인지 정확히 알 수 없어 곤란을 겪기도 한다. 아무튼 주문한 면이 나오면 각자 취향에 맞춰 양념장을 넣어 먹으면 된다.

현재는 중국전역에서 란저우 라멘을 먹을 수 있지만, 그래도 본고장 란저우에서 우육면 한 그릇을 먹기 위해 중국 각지에서 사람들이 찾아온다. 필자도 란저우 라멘을 좋아하여 1주 내내 먹기도 했다. 란저우는 물가가 무척 싸서 라멘 한 그릇이 1,300원 안팎이며, 비싼 것도 3,000원을 넘지 않는다.

5. 닝샤(영하)지구의 실크로드

실크로드와 관련 깊은 중국의 소수민족이 후이족이다. 후이족은 중국 전역에 분포한 소수민족으로 남성은 둥근 흰 모자를 쓰고 여성은 히잡(주로 흰색)을 머리에 두른다.

후이족은 1,060만 명으로 중국의 55개 소수민족 가운데 2번째로 많다. 이들의 선조가 서역에서 왔기 때문에 중국 서부지역에 많이 거주한다. 서부의 닝샤후이족자치구(영하회족자치구)에 220여만 명, 간쑤성에 100여만 명, 신장성에 80여만 명이 살고 있다. 이들은 목축업과 농업, 상업 그리고 요식업에

후이족 남성은 둥근 흰색 모자를 쓰고 있어 어디서든 쉽게 눈에 띤다.

주로 종사한다. 이들은 자체 언어가 없어 이슬람 경전인 꾸란(코란)을 독경하는 경우를 제외하고 한어, 즉 중국어를 사용한다.

후이족을 위구르족과 혼동하거나 같은 종족으로 이해하는 경우가 있다. 후이족은 위구르 족과 함께 이슬람교를 믿지만 종족은 전혀 다르다. 위구르족은 터키나 아랍인에 가깝고, 후이족은 한족과 비슷하다. 후이족은 서부지역에서 청나라 시대인 18~19세기에 격렬한 투쟁으로 수만 명이 희생되었고 많은 사람들이 중국 내지로 강제 이주 당했다.

후이족(회족)의 '후이(회)'는 한자로 '돌아올(갈)' '회(回)'로 실크로드를 따라 서역에서 왔다가 고향으로 돌아가지 못하고 중국에 정착했지만, 언젠가는 서역 고향 땅으로 돌아갈(올)

민족이라는 의미다. 또 '회'를 몸과 마음을 이슬람의 성지 메카로 향해 '돌린다(돌릴 '회')'는 의미로 해석하기도 하고, 송나라(960~1279) 시기의 '회회(回回)족' 즉 '회골(回鶻)'의 앞 글자 '회'자로 해석하기도 한다.

후이족이 믿는 이슬람교는 회교, 청진교, 천방교, 대식교 등으로 불리며 이슬람교를 믿는 사람을 '무슬림'이라고 한다. 이슬람교의 중국 전래는 당나라 고종 때인 651년 대식국에서 사자를 파견하면서 시작되었다. 일부에서는 이보다 조금 앞선 당나라 태종 때로 보기도 한다.

이슬람인은 교역을 위한 상인으로 또는 사신과 전교사(선교사)로 실크로드를 통해 중국에 왔다. 8세기부터는 바다를 통해 중국 동남해안의 광둥성과 푸젠성 등으로도 많이 들어왔다. 특히 푸젠성의 취안저우(천주)가 해상 실크로드의 중심지가 되면서 이곳으로 이슬람인이 대거 유입됐다. 그래서 취안저우에 집단 거주지를 형성할 정도였다.

취안저우에 정착하는 이슬람인의 숫자가 크게 늘어나면서 이슬람교 성인 이맘이 관장하는 이슬람 사원도 여럿 건립되었다. 이들은 후에 여러 지역으로 흩어져 그곳의 후이족으로 편입되거나 한족 성씨를 받아 아예 한족화 하였다. 현재 푸젠성에서 집성촌을 이루고 있는 정(丁)씨와 포(蒲)씨는 한족화한 이슬람인들이다. 취안저우에는 이슬람문화진열관을 비롯하여 이슬람 영묘 등 많은 이슬람 관련 유적이 있는 것은 이 같은 역사에 기인한다.

후이족은 송나라 시대(960~1270)에 하서회랑과 닝샤(영하) 일대에서 활발하게 무역활동을 전개하면서 그 수가 크게 증가

닝샤후이족자치구(닝샤성)는 중국에서 가장 면적이 작은 지방행정 성급 단위다.

하였다. 송나라를 이은 원나라 시대(1260~1367)는 더 많은 사람들이 들어왔다. 민족과 종교를 차별하지 않는 원나라의 개방정책이 이들을 적극적으로 불러들인 것이다.

원나라는 자신들의 사회체제에 색목인이라는 이슬람인을 편입시켜 중용하였고, 이슬람군단의 '회회군'까지 편제했다. 송나라(남송)를 멸망시킨 몽골의 황제 쿠빌라이(세조 : 1260~1294)는 닝샤일대에 군림했던 서하왕국을 멸망시키고 그곳에 이슬람교를 믿는 15만의 군대를 주둔시켰다.

원나라는 송나라와 서하를 멸망시키고 중앙아시아와 중동(아랍) 및 러시아를 정복하여 세계제국을 건설했다. 이는 중국, 중앙아시아, 몽골, 아랍, 유럽에 이르기까지 국경이 없는 하나의 나라가 되었음을 뜻한다. 이에 따라 동서교류는 더욱 활발하게 전개되어 수많은 이슬람의 상인, 학자, 장교(이슬람교 관리자), 관리 등이 동방으로 유입되었다.

8세기 이후 육상 및 해상 실크로드를 통해 들어온 서역과 아랍의 이슬람인은 이미 중국에 들어와 있던 중앙아시아와 페르시아의 서역인과 융합하고, 여기에 일부 한족의 중국인과 결합하여 오늘의 후이족을 형성하였다.

인촨에서 필자가 후이족에게 그들의 유래에 대해 물어보니 대부분 당·송대에 중국에 들어온 서역인이라고 답을 한다. 비단을 찾아 육지와 바다의 실크로드를 통해 왔다는 것이다.

실크로드를 따라 중국에 들어온 이슬람인은 자연과학 분야에서 많은 역할을 하였다. 아라비아 숫자와 달력(수시력), 의학, 약학, 화학분야에 많은 기여를 했다. 우리가 사용하는 '알코올'이라는 용어도 이슬람에서 연유한다. 이러한 이슬람의 학문과 과학은 우리나라까지 영향을 끼쳐 조선 세종시기에 칠정산내외편의 역법(달력)이 편찬되었다.

중국은 소수민족 배려 차원에서 23개의 성(우리나라의 '도'에 해당)과 동급의 5개 소수민족 자치구를 두고 있다. 그 중 하나가 닝샤후이족자치구다. 소수민족 자치구는 일정한 자치권을 갖고 종교와 풍속 등 그들 고유문화와 전통을 유지 발전시키고 있다. 때문에 닝샤지구는 어느 곳보다 후이족의 전통과 문화가 강하고 잘 보존된 지역이다. 문론 후이족 자치구라고 해서 후이족만 사는 것은 아니다. 자치구보다 규모가 작은 현 단위에도 소수민족이 집단으로 거주하면 소수민족 자치현을 설치한다. 예를 들어 지린성(길림성)의 연변 조선족 자치현 같은 것이다.

닝샤지역은 실크로드의 주역인 후이족의 고장일 뿐만 아니라 지리적으로도 실크로드의 중요 지역이었다. 특히 원나라 시기에 서역으로 통하는 루트는 베이징에서 내몽골을 거쳐 닝샤지구를 경유하여 신장성으로 이어졌다.

그러나 1950년대 시안에서 신장성을 연결하는 란신철도가 놓일 때 시안→란저우→하서회랑으로 이어졌고, 국도와 고속도로도 같은 노선으로 건설되었다. 모두 닝샤지구를 비켜간 것이다. 란신철도와 국도가 개통되자 실크로드 탐방은 이들 교통로를 따라 이뤄졌다. 특히 본격적으로 실크로드 관광 붐이 일어난 1990년대 말부터 2010년까지의 실크로드 여행은 철도를 이용하는 것이 압도적 대세였다. 이렇게 되면서 닝샤지구는 실크로드 탐방에서 완전히 제외되었다.

더욱이 최근 완공된 시안에서 신장성의 성도 우루무치로 연결되는 고속철도마저 닝샤지구를 비켜갔다. 란저우에서 닝샤지구로 철도와 도로가 놓였으니, 빡빡한 실크로드 답사 일정에 그곳으로 들어갔다가 다시 나와 신장성에 갈 여유는 없다.

결국 하서회랑의 간쑤성과 신장성이 실크로드의 중심지가 되었고, 닝샤지구는 실크로드에서 잊혀지고 말았다. 그러한 결과 닝샤지구가 실크로드와 관련 있다는 사실을 아는 사람도 거의 없는 실정이 됐다. 다만, 최근에 이곳을 찾는 사람들이 늘어나고 있는 것은 그나마 고무적이다.

닝샤지구는 중원의 농경문화와 북방의 초원문화가 만나는 문화의 접경지대다. 그래서 이곳 하투지역, 즉 오르도스(ORDOS) 지역은 일찍부터 여러 민족이 빈번하게 접촉하며 독특하고 다양한 문화를 만들어냈다.

3,000~4,000년 전 이곳의 유목민족은 강족과 훈육이었다. 춘추전국시대(기원전 8세기~기원전 3세기) 이후는 흉노의 주요 활동무대가 되었다. 춘추전국시대를 통일한 진시황제는 강성한 흉노를 막기 위해 만리장성을 쌓는 동시에 대장군 몽염에게 30만 대군으로 이곳에서 흉노를 방어하게 했다.

진시황제 사후 중국이 내란의 혼란에 빠지자 흉노가 다시 이곳을 차지하고 중원공격의 거점지역으로 삼았다. 그러나 한나라 무제가 이곳의 흉노를 격파하고 하서회랑을 장악했다. 한나라(전한)가 신나라에게 멸망하자 흉노가 이곳을 다시 차지했으나, 후한이 다시 이 일대를 수복하였다. 이렇게 서로 뺏고 빼앗기는 일이 진나라 말기부터 송대까지 무려 1,000여 년간 지속되었다. 이 같은 장기간의 전란으로 피폐해진 이곳 주민 상당수가 전란을 피해 다른 곳으로 이주해갔고, 그 공간을 후이족이 들어와 정착했고 원나라 때 대거 유입됐다.

후이족에게 우호적이었던 원나라가 멸망한 후 닝샤지구를 비롯한 서부지역에 거주하던 수백만 명의 후이족은 중앙정부에 대항하고 때로는 독립 국가를 세우려고 시도했다. 최초의 봉기는 명나라(1368~1644) 때였으나, 본격적인 항거는 청대(1636~1912)였다.

18세기 봉기는 회교지도자 마명심의 지휘아래 일어났다. 봉기의 발단은 이슬람 교단끼리의 주도권 싸움이었으나 후에 청나라와의 싸움으로 비화되었다. 청나라는 2만 명의 군대를 투입하여 8,000명이 넘는 후이족을 살해하고 진압했다. 후이족은 1784년 다시 대규모의 봉기를 감행했다. 그러나 또 다시 2만 여명이 죽임을 당하는 참극으로 막을 내렸다. 그리고 많은

닝샤후이족자치구의 성도 인촨은 변방 오지의 오랜 침체를 벗고 눈부시게 발전하는 중이다.

사람들이 노비로 전락했다. 청 정부는 이들의 세력약화를 위해 일부 후이족을 중국 남부지방으로 강제 분산시켰다.

후이족이 1860년대에 다시 무장봉기를 일으키자 청나라는 강력하게 대처했다. 많은 후이속이 부차별적으로 살해되고 많은 사람들은 중국 각지로 이주됐다. 현재 중국 각지에서 후이족을 볼 수 있는 것은 이 같은 역사적 산물이다. 결국 닝샤지구와 간쑤성, 산시성에서 후이족의 수는 크게 줄어들었다. 하나의 예로 18세기 800여 개의 청진사와 100만 명 가까이 거주했던 산시성은 현재 시안 주변으로 2~3만 명에 불과하다.

이후 후이족의 대규모 무장봉기는 사라졌지만, 저항정신 자체가 없어진 것은 아니다. 20세기 후반 1983년 란저우에서 수 천 명의 후이족이 집단시위를 벌여 중국당국을 긴장시킨 것이 좋은 예다. 란저우의 도시개발로 이슬람 종교 지도자 마명심의 묘지가 파헤쳐 질 위험에 처하자 후이족이 집단

시위에 나선 것이다. 중국정부가 이들의 요구를 들어주며 사태를 마무리했지만, 중국 서부는 여전히 후이족의 민족정신이 짙게 배어 있는 곳이다.

실크로드를 답사하면서 후이족에 대한 편견이나 무심결에 그들의 상처를 건드려서는 안 된다. 중국정부는 소수민족의 분리 독립 문제에 가장 민감하게 대응한다. 후이족을 포함한 55개 소수민족과 중국 정부는 동전의 앞 뒤 면과 같아서 제 3자적 위치의 우리는 매우 신중해야 한다. 그렇지 않을 경우 돌이킬 수 없는 화를 당한다.

인촨 북쪽과 서쪽은 산악과 초원지대지만, 인촨일대는 광활한 평원지대다. 인촨 서북쪽은 거대한 음산산맥이 병풍처럼 가로막고, 그 아래쪽으로 하란산이 길게 뻗어있다. 음산산맥과 하란산 너머는 광활한 유목지대다. 하란산이 끝나는 아래 쪽 서북통로가 하서회랑이다. 그리고 인촨 동북방은 거대한 황허가 풍부한 물의 공급과 함께 천연의 경계를 만들어 준다. 이 때문에 역대 중원 국가는 인촨 일대를 장악하기 위해 노력했다.

인촨은 닝샤성의 성도로 정치·경제·문화의 중심 도시다. 많은 문화유산과 이슬람문화의 매력을 느낄 수 있는 역사도시다. 그래서 인촨은 1992년 중국정부가 보존할 '중국역사문화도시'로 선정하였다. 오랫동안 침체되었던 인촨은 서부 대개발과 일대일로 정책으로 급속하게 발전하면서 2000년 80만이었던 인구가 20년 지난 현재 199만 명으로 두 배 증가했다. 한족, 만주족, 몽골족 등 25개 민족이 거주하며 후이족이 전체의 30%를 차지한다.

인촨은 도시 전체를 개조하는 거대한 프로젝트가 진행 중이

9개의 왕릉과 253개의 배총이 넓은 지역에 분포한 서하왕릉은 독특한 구조로 '동방의 금자탑'이라고 부른다. 세계문화유산.

다. 초현대식 건물과 최신 아파트 단지가 건축되고 마차가 다니던 길은 8차선, 10차선 차도로 바뀌었다. 농업에도 기계화가 도입되어 농업생산량이 크게 증가했다.

중국은 최근 부유층과 중산층의 급격한 증가로 와인소비량이 폭발적으로 증가하고 있다. 14억 중국인이 대량 소비하면서 세계 포도주 가격이 요동치고 있다. 그러나 중국의 와인소비는 이제 시작에 불과하다. 앞으로 지금보다 몇 배로 소비량이 증가할 것이다. 그래서 발 빠른 중국인은 포도주 수입에 그치지 않고 세계적인 포도산지인 미국 나파벨리의 와이너리 인수에 열을 올리고 있다.

포도주 소비 증가는 닝샤지구를 새로운 포도 재배단지로 만들고 있다. 이곳의 독특한 토양과 기후가 양질의 포도생산에 적합하다는 사실이 밝혀졌기 때문이다. 그래서 곳곳이 포도밭

단지로 개발되고 와이너리가 속속 들어서고 있다. 이미 대형 와이너리가 수십 개 들어섰지만, 수백 개로 증가하는 것은 시간문제다. 이를 반영하듯 이곳에 포도주 전문대학까지 생겼다. 머지않아 이 지역이 와이너리 중심지로 자리 잡으며 중국판 나파벨리가 될 것으로 보인다.

인촨은 서하(10~13세기)왕국의 수도였다. 서하는 탕구트족이 건설한 왕국으로 고유문자가 있는 등 문화수준이 높은 왕조였다. 서하는 닝샤지구를 기반으로 실크로드의 관문인 하서회랑으로 진출하여 둔황, 주취안, 우웨이까지 지배하며 세력을 떨쳤다. 그러나 13세기 몽골 칭기즈칸의 공격을 받고 멸망하면서 문자와 함께 종족도 사라졌다. 칭기즈칸이 서하를 공격하다 심한 부상을 입자 그에 대한 보복으로 서하를 몰살시켰기 때문이다.

서하를 대표하는 유적지는 세계문화유산으로 지정된 서하 왕릉이다. 9개의 왕릉과 253개의 배총이 넓은 지역에 분포하고 있다. 왕릉의 능대가 한자의 '금(金)'자와 같은 독특한 구조여서 서하 왕릉을 '동방의 금자탑'이라고 부른다. 묘실구조는 당나라와 송나라의 황릉과 비슷하다. 서하왕릉은 아름다운 주변경관과 독특한 풍경을 이루어 탐방객의 발길을 붙잡는다.

20여 년 전 방문했을 때는 적막감 속에 홀로 서하왕릉을 둘러봤는데, 최근에 다시 가보니 인파에 떠밀리고 웃고 떠드는 소리에 고즈넉한 분위기가 사라졌다. 중국정부가 닝샤의 문화관광 산업을 진흥시키기 위해 서하왕릉을 적극적으로 홍보하면서 많은 사람이 찾는 명소가 되었기 때문이다.

인촨은 실크로드 상에 위치하여 불교유적이 많다. 대표적인

진북보 고성은 장이머우(장예모) 감독의 <붉은 수수밭>을 비롯하여 <신용문객잔>, <방세옥시리즈> 등 80여 편의 영화가 촬영된 서부영화촬영의 메카다.

것이 서하시기에 건립된 배사구 쌍탑이다. 쌍탑은 벽돌로 건축한 전탑으로 동서로 각기 100m 떨어져 있다. 동탑은 8각형의 13층탑으로 높이 39m이고, 서탑은 높이 41m의 14층이다. 쌍탑은 서하시기의 회화와 조각예술의 진수를 보여준다. 해보탑은 5~6세기 5호 16국 시기의 탑으로 정방형의 9층 45m로 사면이 청색의 벽돌로 구성되어 시각적 독특함을 나타낸다.

  진북보 고성은 명청 시대에 하란산 이북의 유목민족 침입에 대비해 설치한 군사 요새다. 고성은 세월이 흐르면서 대부분 허물어진 채 사막의 한 가운데 방치되었다. 그런데 1987년 장이머우(장예모) 감독이 이곳에서 <붉은 수수밭>을 찍으면서 유명해지기 시작했다. 이후 <신용문객잔>, <방세옥시리즈>, <동사서독> 등 80여 편의 영화가 이곳에서 촬영되어 중국영화의 메카로 자리 잡았다. 그래서 이곳은 진북보서부영성(진북보서부

영화촬영지) 또는 화하서부시성(중국서부영화촬영소)으로 더 잘 알려져 있다.

　삭막한 사막과 건조지대지인 닝샤지구에 의외로 호수가 많다. 규모가 가장 큰 사호는 사방이 사막으로 둘러싸인 호수로 특이한 수초로 독특함을 더한다. 사호는 바다를 볼 수 없는 이곳 사람들에게 특별한 사랑을 받는다. 사호는 인촨에서 56km 거리에 위치해 있어 교통편도 좋아 인촨 시민이 즐겨 찾는 휴양지다. 이곳에서 행글라이더를 타고 사막과 호수 위를 날아 보는 것도 사막 실크로드 여행의 색다른 즐거움이다.

　2000년 전후까지도 인촨을 포함한 닝샤지구는 간쑤성, 신장성과 함께 가장 낙후되고 빈곤한 지역의 전형이었다. 그러나 20년이 지난 현재는 어느 곳보다 빠르게 발전하는 곳이다. 다시 찾았을 때 인촨이 어떤 모습으로 변모해 있을지 궁금하다.

6. 하서회랑의 실크로드

　하서회랑은 남북으로 험준한 산맥으로 막힌 좁다랗고 긴 통로를 말한다. 중국에서 황허('황하'의 중국어 발음)는 허(하)라고 불렀다. 그래서 '하서'는 '허(황허=황하)의 서쪽지방'을 뜻하고, '회랑'은 길고 좁다란 긴 통로가 마치 회랑즉 복도 같다는 의미다. 따라서 하서회랑은 '황허의 서쪽으로 난 기다란 회랑' 같은 땅이라는 뜻이다. 지역적으로 '란저우 서쪽에서 둔황'까지로 대체로 간쑤성 지역에 해당한다.

중국 간쑤성. 지도 간쑤성은 하서회랑 지역과 대부분 일치한다.(지도: 두산백과)

하서회랑을 '황허의 서쪽으로 달려 나가는 회랑'같은 지역이라는 뜻으로 '하서주랑'이라고도 불린다.

하서회랑은 남쪽으로 치롄산맥과 북쪽의 룽쉬산과 허리산 사이의 좁고 기다란 협곡지대다. 길이 1,000km(계산하기에 따라 800km)의 하서회랑 서쪽 끝은 황량한 고비사막과 접한다. 즉 하서회랑을 빠져 나가면 막막한 고비사막으로 들어가게 된다.

하서회랑을 남쪽에서 내내 따라오는 만년설의 치롄산맥은 길이 800km, 해발 3,500~6,000m, 총 면적 2,000km^{2}로 3,300여 개의 얼음호수와 강줄기를 품고 있다. 바로 이곳 만년설에서 흘러내리는 물줄기가 건조하고 거친 하서회랑 곳곳에 오아시스를 형성한다. 하서회랑의 대표적인 오아시스 도시는 동쪽에서 서쪽으로 우웨이, 장예, 주취안, 둔황이다.(지도 참조) 이들 오아시스를 연결하는 노선이 하서회랑 실크로드의 핵심 통로다. 장건과 현장법사를 포함하여 서역을 오고갔던 거의 모든 사람이 이곳을 통과했다.

실크로드 시대에 중국에서 서역으로 나갈 수 있는 통로는 하서회랑이 유일했다. 이곳 말고는 만년설로 뒤덮인 거친 산맥과 사막이 가로막고 있어 사람이 다닐 만한 길이 못되었다. 때문에 이곳을 장악하기 위해 민족 간 각축전이 치열했다. 중국이 하서회랑 전역을 장악한 때는 전한 무제 때였다. 한나라는 이곳을 서역진출의 핵심지역으로 삼기 위해 하서 4군을 설치했다. 그리고 흉노의 침략에 대비해 만리장성을 이곳까지 연결해 쌓았다.

한나라는 흉노 같은 유목민족을 무찌르기 위해서는 서역의 명마가 필요함을 절감하고 이의 항구적 해결책으로 하서회랑에 말 사육장을 설치했다. 이곳이 장예 인근의 산단 군마장이다. 산단 군마장은 세계에서 가장 오래된 황가 군마장(황실이 운영하는 군마장)으로 세계에서 규모가 가장 크다. 한나라 이후에도 역대 왕조의 군마장으로 활용되었는데 6세기 말 수나라 때는 10만 필의 말이 사육되었다.

1949년 중국이 건국한 후 산단 군마장은 중국군대 소속으로 넘어갔다. 군대를 훈련하고 말고기를 공급하기 위해서다. 2001년부터는 군대 소속의 기업에서 운영하게 되면서 실크로드 관광객에게 개방되었다. 융단 같은 치롄산맥의 대초원에서 서역의 말을 타고 달려보는 것은 실크로드 여행에서 뺄 수 없는 즐거움이다.

2,000년 전 한나라 시대의 장군묘에서 발견된 마답비연

　우웨이는 한대 하서 4군 중 가장 일찍 개척된 군사기지다. 이곳에서 1969년 2,000년 전의 한나라 장군의 묘에서 천마상이 발견되어 사람들을 흥분시켰다. 날아가는 제비를 밟고 날렵하게 하늘을 가르며 달리는 '마답비연상'은 실크로드를 대표하는 상징적 유물이다. 오른쪽 뒷발로 무게중심을 잡고 왼쪽으로 약간 머리를 틀고 꼬리를 치켜 올리며 소리 지르는 듯한 자세로 달리는 천마상은 조형예술의 극치를 보여준다. 천마가 제비를 밟고 있는 것은 제비보다 빠르다는 의미다.
　마답비연상이 주목받는 것은 장건이 말한 '한혈마' 즉 천마로 추정되기 때문이다. 때문에 마답비연상은 중국을 대표하는

마답비연이 발견된 뇌대한묘. 오른쪽 입구 건물은 한대의 건축양식이다.

국보로 외국 정상이 중국을 방문할 때 중국정부가 그 복제품을 선물하곤 한다.

천마상이 있던 장군묘는 벽돌로 건축한 전축분묘로 입구에서 현실까지 19m이며, 현실은 전실, 중실, 후실의 구조다. 마답비연상 외에도 웅장한 청동 의장대가 발견되었다. 38필의 말, 14량의 전차, 창을 들고 호위하는 17명의 무사, 28명의 시종노비로 구성된 의장대는 지금까지 발견된 것 중 가장 완벽한 한대의 거마의장대다.

장군묘가 발견된 곳의 정식 명칭은 '뇌대한묘'다. 뇌대는 벼락과 번개에게 제사지내는 곳이다. '한묘'는 한나라 장군의 묘라는 뜻으로, 뇌대가 있는 건물 지하에서 이 한묘가 발견되었기 때문에 뇌대와 한나라 장군의 무덤을 묶어 '뇌대한묘'라고 하는 것이다. 뇌대한묘는 '뇌대공원' 안에 있다. 우웨이 뇌대는 5호16국 시대의 전량(301~375) 때 건축했던 것을 명대에 재

건축한 것이다. 공원입구 건물은 한나라 건축양식이고, 공원에 들어서면 무덤에서 출토된 유물을 중심으로 한대와 실크로드 관련 건축물이 조성되어 있다. 가장 눈에 띄는 것은 거마의장대와 높은 받침대 위에 있는 마답비연상이다.(앞장 사진)

우웨이는 마답비연의 발굴로 일거에 전국적 명성을 얻으며 실크로드 답사의 주요 코스로 등극했다. 우웨이는 매년 천마축제를 성대하게 개최하며 실크로드 관광 문화산업을 고조시키고 있다.

우웨이에는 구마라지바(구마라습)가 주석했던 구마라사(구마라사원)가 있다. 구마라사는 5세기 5호16국의 하나였던 후량(386~403) 때 창건됐다. 구마라지바는 구자국의 왕자로 어려서 간다라로 유학해 불교를 공부한 서역 제일의 명승이다. 그의 명성은 서역을 넘어 중국에까지 알려져 전진(351~394)의 왕 부견이 장군 여광으로 하여금 쿠처에 가서 구마라지바를 장안으로 데려오게 했다. 여광이 구자국을 정복하고 구마라지바를 호송해 량저우(이때는 우웨이를 량저우로 이름을 바꿈)에 도착했을 때 전진은 이미 멸망한 뒤였다.

여광은 량저우에서 스스로 후량을 건국했다. 그래서 구마라지바도 량저우에 머물게 되었다. 그는 이곳에서 17년 간 머물며 한자를 읽히고 인도 산스크리트어로 된 불경을 한문으로 번역하는 작업에 착수했다. 구마라지바가 역경사업 하며 머물던 사찰이 구마라사다. 사원은 폐사된 지 오래고 현재 13층 탑만 남아있다. 우웨이시는 구마라사를 뇌대한묘와 묶어 실크로드 관광의 핵심으로 삼기 위해 복원을 추진 중이다.

여광이 죽은 후 내분에 빠진 후량은 후진(384~417)의 요흥

고비사막과 낙타

에게 멸망당했다. 요흥은 불교를 적극적으로 진흥시킨 이민족 군주로 톈수이의 마이지산 석굴을 여러 개 개착하였다. 그는 구마라지바를 후진의 수도인 장안으로 영접하여 국사로 삼고 깎듯이 존중했다. 구마라지바는 중국 불자에게 가장 필요한 것이 불경을 이해하는 것이라 판단하고, 산스크리트어로 된 불경을 한자로 번역하는 일에 열중했다. 요흥은 적극적으로 구마라지바의 불경번역을 후원했다.

구마라지바가 불경을 번역했던 곳이 시안의 초당사다. 그래서 이곳을 중국 최초의 국립불경번역원이라고 한다. 그곳에서 300권의 불경을 한자로 번역하여 초기의 중국불교 발전에 크게 공헌했다. 당나라 시대에 융성했던 초당사는 당 태종이 쓴 구마라지바 비석과 그의 사리를 봉안한 탑이 보존돼 내려온다. 구마라지바는 이곳에서 불경번역에 전념하다 413년 69세로 생을 마감하였다.

하서회랑 서쪽 끝은 광활한 고비사막과 연결된다. 고비사막

실크로드에서 가장 중요한 교통수단이었던 낙타. 메마른 관목도 먹을 수 있는 식성에 체력과 끈기와 침착성까지 갖춰 사막에 가장 적응한 동물이다.

풀 한 포기 없는 거친 사막으로 이곳에 들어서면 어디를 보아도 인적은 찾을 수 없고 사막 너머에도 사람이 살 것 같지 않은 망망대해 같은 곳이다. 서역으로 가는 사람들의 죽음의 1차 관문이 이 고비사막이었다.

실크로드에서 중요한 교통수단은 낙타였다. 낙타는 사막의 환경에 최적화된 동물이다. 낙타가 없었다면 실크로드 오아시스 길도 열리지 못했을 것이다. 낙타는 커다란 덩치에 비해 온순할 뿐만 아니라, 볼록 튀어나온 혹에 지방을 저장하여 영양을 보급해준다. 때문에 최소의 먹이만으로 며칠을 거뜬히 견뎌낼 수 있다.

나타의 몸길이는 대략 1.8~2m이고 키는 3m 전후, 몸무게는 250~680kg의 대형동물이다. 뜨거운 햇빛 아래서 2백kg의 짐을 지고 하루 30~40km 걸을 수 있으며, 그렇게 1주간을 행군할 수 있다. 한 번에 물을 100리터까지 마실 수 있어 2주~3주는 기본이고 최대 34일간 물 한 방울 마시지 않고 견뎌낼 수 있다. 낙타는 말라있는 관목도 먹을 수 있는 식성이고 체력과 끈기와 침착성까지 갖춰 사막에서 가장 뛰어난 교통수단이다.

낙타는 눈 둘레에 털이 많아 날리는 모래가 눈에 들어가는 것을 막을 수 있고, 방사구조의 콧구멍은 모래바람이 거셀 때 닫을 수 있다. 그러나 최고 장점은 발바닥이라고 할 수 있다. 딱딱하고 두꺼운 발바닥은 불같이 뜨거운 염천의 모래를 온종일 밟아도 문제가 없다. 두 개의 발가락은 오리 발가락처럼 연결되어 발을 들어 올릴 때는 발가락 사이를 오므리고 땅을 밟을 때는 자동적으로 발바닥이 넓적하게 펴진다. 그래서 모래 속에 빠질 염려가 없다.

낙타의 걷는 속도는 시속 6km정도다. 대상은 한낮의 더위를 피해 오후에 숙영지를 출발하여 5~6시간 행진하여 30km 이동한다. 숙영지에 도착하면 행진한 순서대로 낙타를 앉히고 짐을 풀어 안장과 함께 일렬로 정돈하여 혼란을 방지한다. 쉬는 동안 낙타가 풀을 뜯도록 하고 정오쯤에 늦은 아침 겸 점심을 먹고 출발하여 날이 저물 때까지 행진한다.

실크로드 상인은 카라반을 꾸려 이동하는 것이 일반적이다. 실크로드 여정은 대부분 장기간이어서 카라반을 구성할 때 길잡이와 요리사를 포함했다. 출신 국가와 목적지에 따라 카라반 구성방식이 다르지만 보통 낙타 20마리가 1연이다. 1

사막과 강 그리고 초목이 어우러진 환상적인 사파두

연에 낙타 몰이꾼 한 사람이 붙는다. 2연이 1파고, 5파가 1정방이다. 1정방이면 큰 카라반으로 기본 낙타가 2백 마리지만, 여기에 보통 예비 낙타를 포함하여 3백 마리 전후가 된다. 220마리에 상품을 싣고 나머지는 식량, 물, 일용품, 천막 등 여행 필수품을 싣는다. 지역에 따라 말, 당나귀, 야크도 동원된다. 재미있는 것은 수탉 1마리와 암탉 20마리를 갖고 이동한다는 사실이다. 신선한 계란을 얻기 위함이다. 그래서 대상 조각상과 그림에 종종 낙타 등에 닭이 있는 것이다.

　여름철의 오아시스 도시는 무척 더워 한 낮에는 낮잠을 잔다. 때문에 한낮의 도로는 한산하다. 해가 진 밤은 낮과 달리 선선하여 밤늦게까지 식사하고 담소를 나눈다. 그래서 낮에 조용하던 오아시스는 밤이 되면 야시장이 열리고 늦은 밤까지 불야성을 이룬다. 때문에 오아시스는 밤의 천국이다. 그렇게 밤늦게까지 활동하니 다음 날 또 낮잠을 즐길 수밖에 없다.

오아시스의 삶은 실크로드 시대나 지금이나 고달플 수밖에 없다. 봄은 홍수, 여름은 불을 뿜는 무더위, 겨울은 혹한과 가뭄, 봄 겨울의 강렬한 모래바람은 경작지와 애써 가꾼 농작물을 뒤덮고 날려버린다. 이들은 이 같은 삶을 수천 년 살아오며 실크로드를 이어주고 인류 문명을 발전시켰다. 아직도 일부 오아시스의 농민들이 2,000년 전의 삶의 방식으로 궁핍하게 사는 모습을 보면 측은하면서도 존경스럽기까지 하다.

장예는 우웨이에서 서쪽으로 242km거리에 있다. 자동차로 2시간 반 거리다. 장예는 하서회랑에서 가장 큰 오아시스 도시다. 좁다란 하서회랑을 달리다 장예에 이르면 가늠되지 않을 정도의 넓은 평원이 나타난다. 우리나라 김제평야보다 더 넓다.

수확철인 8월은 평원 전체가 누렇게 익은 밀밭으로 황금벌판을 이룬다. 사막의 오아시스에 어떻게 저리도 아름다운 풍요의 대지가 펼쳐질 수 있는지 눈이 휘둥그레진다. 옛 문헌에 '장예는 기름진 땅'이라고 했는데, 결코 빈말이 아니다. 장예는 풍요로운 땅인데다 하서회랑의 중간 지점에 위치하여 동서 문화와 교역이 활발하게 이뤄졌다.

장예의 다른 명칭은 간저우(감주)이고, 주취안은 쑤저우(숙주)다. 간저우의 '간(감)'자와 쑤저우의 '쑤(숙)'자를 따서 간쑤성(감숙성)이 탄생하였다. 장예의 한자는 장액(張掖)으로 펼 '장(張)', 겨드랑이 '액(掖)'이다. 나라의 팔과 겨드랑이(액)를 벌려(장) 흉노의 팔을 꺾고 서역으로 가는 길을 열(펴)겠다는 뜻이다.

장예 근교의 칠채산은 7가지 무지개 색깔의 환상적인 단하지형으로 여행객을 탄복시킨다. 1억3천~6천5백만 년의 백악기에 형성된 단하지형은 동서 길이 45km, 남북 10km에 걸쳐 있다. 비가 내린 후 맑게 갠 날씨일 때가 가장 아름답다.

소그드 등 서역의 여러 지역에서 온갖 위험한 고비를 넘겨가며 수개월 또는 수년에 걸쳐 하서회랑까지 도달하는 것도 보통 어려운 일이 아니다. 그런데 이곳에서 다시 장안까지 가려면 아직도 한참 남은 노정이다.

그래서 많은 상인이 하서회랑의 장예에서 교역하는 것으로 만족하고 서역으로 되돌아갔다. 반대로 서역으로 나가는 중국의 상인 가운데도 장예에서 서역인과 교역하고 더 이상의 서역행을 포기하고 중국으로 되돌아가는 자들이 많았다.

수나라(581~618)는 이런 점을 고려하여 하서회랑 일대를 장악한 후 서역의 카라반이 장예에서 장안에서처럼 물품교역을 할 수 있게 조처했다. 이에 따라 하서회랑을 중심으로 동서교류가 아연 활기를 띠었다. 장예는 27개국 상인이 모여드는 하서회랑 최대 도시로 발전하며 제 2의 장안을 구가했다. 13세기 장예를 방문한 마르코 폴로는『동방견문록』에 '장예는 크고 훌륭한 고을이다'고 서술하여 13세기 원나라 시기에도 장예가 번성했음을 알 수 있다.

현재 인구 52만 명으로 발전한 장예는 하루가 다르게 현대 도시로 변모하고 있다. 대형 고층빌딩이 들어서고 5성급 호텔이 속속 건설되고 있다. 필자가 20여 년 전 처음 방문했을 때 인구 8만의 누추한 장예의 모습은 찾기 힘들다.

장예의 전통시장에 나가보니 실크로드 시대처럼 활기차다. 장예와 인근 오아시스에서 생산된 피망과 고추, 토마토, 수박, 석류, 양탄자 등 실크로드 시대에 서역에서 들어온 물품이 가득하다.

13세기 원나라 시대에 이곳 장예에서 1년 간 머무른 이탈리아의 마르코 폴로는 파미르와 타클라마칸 사막을 넘어 이곳에 도착했다. 그는『동방견문록』에서 '장예는 불교 외에 이슬람교, 크리스트교가 있다. 그 중에 불교 사찰이 많고, 어느 사찰이든 우상이 있다. 마르코 폴로는 기독교 시각에서 불상을 우상이라고 했다. 아주 큰 우상도 있고, 뛰어난 세금술로 금으로 도금한 것도 있다. 거대한 불상 하나는 옆으로 누워 있다. 누워있는 대불 주위에 큰 불상을 받드는 여러 불상이 있다'라고 하였다.

마르코 폴로가 말한 누워있는 거대한 불상이란 석가모니 열반상을 말한다. 1098년에 만들어진 길이 35미터의 열반불은 하서회랑 일대에서 가장 큰 불상이다. 당시 사람들은 이 거대한 열반불에 압도당했다고 한다.

장예 대불사의 열반불(와불). 마르코 폴로가 말한 누워있는 거대한 불상은 1098년에 만들어진 길이 35미터로 하서회랑에서 가장 큰 불상이다.

 마르코 폴로는 1300년 쯤 중국에 왔으니 불상이 만들어지고 200년 후에 해당한다. 마르코 폴로가 보았던 열반불은 필자가 갔을 때도 그대로 있었다. 마르코 폴로가 말한 대로 불상 옆에 18나한상이 있고 동서 양 벽에는 서유기 등 불경고사와 관련 있는 벽화가 그려져 있다. 열반불이 있는 고색창연한 사찰을 대불사라고 하며, 사찰 뒤편으로 청나라 시대의 회관이 있어 살펴볼만 하다.
 대불사 광장 건너편에 목탑사 9층탑이 있다. 만수사 목탑이라고 하는 탑이다. 만수사는 일찍이 폐사되고 탑만 남아있다. 6세기 북주(557~581)시대에 건축된 만수사탑은 석가모니의 진신사리를 봉안한 목탑으로 32.8미터 높이의 8면 9층이다. 탑 꼭대기에 오르면 장예 시가지가 한 눈에 들어오고, 저 멀

고색창연한 대불사와 만수사 9층 목탑

리 하얀 만년설을 이고 있는 치롄산도 시야에 들어온다. 40도의 무더운 날씨에 탑에 오르니 가을처럼 시원하여 상쾌하기 이를 데 없다. 7세기 수나라 황제 양제가 장예에 와서 이곳을 방문했고, 당나라 현장법사도 들른 유서 깊은 곳이다.

동쪽의 바다 산하이관(산해관)에서 시작하여 장장 5,000km를 달려온 만리장성은 서쪽 끝에 큼직한 성을 쌓고 끝을 맺는다. 그곳이 자위관이다. 이 때문에 자위관은 옥문관과 함께 중국인들이 꼭 한 번 가보고 싶어 하는 곳이다.

자위관이 위치한 곳은 원래 작은 오아시스였다. 그래서 자위관은 오아시스 도시 이름이자 관성 명칭이다. 그러나 현재는 자위관 시내가 커지면서 도시를 지칭할 때는 자위관시라 하고, 관성을 지칭할 때는 그냥 자위관이라고 한다.

자위관시는 사막 속에 건설된 인공도시에 가까워 한 여름에는 용광로를 방불케 한다. 투르판 다음으로 무더운 지역이다. 그래서 여름철 한낮에는 그늘이 아니면 서 있기가 힘이 든다. 불덩이 같은 무더위 한낮에 인근 오아시스에서 농사지은 수박

만리장성 서쪽 끝 관성 자위관

을 가지고 와서 파는 농민이 있다. 찌는 듯한 무더운 날씨에 땀을 쏟으며 파는 커다란 수박 한 통이 우리나라 돈으로 2,000원을 넘지 않는다. 덥고 건조한 지역에서 재배한 자위관의 수박 맛은 꿀맛이다

섭씨 40도를 오르내리는 사막의 도시에서 바라보는 하늘은 눈부시게 파랗다. 물감을 뿌려도 저렇게 아름답게 뿌리지 못할 것이다. 땡볕으로 이글거리는 지상과 대조적으로 푸른 하늘로 솟은 치롄산의 하얀 만년설은 눈물이 나올 정도로 아름답다. 자위관 시내도 한낮의 타는 듯한 열기를 뒤로 하고 밤이 되면 여느 오아시스와 마찬가지로 불야성을 이루며 밤새 왁자지껄하다.

자위관시에서 5km 떨어진 자위관은 『천하제일관』『웅관(웅

자위관은 웅장하고 견고하여 천하제일관이라는 명성을 얻고 있다. 성루 한쪽은 유목민족의 기습공격에 대비하기 위해 말을 탄 병사가 말에서 내리지 않고 그대로 성루로 오를 수 있도록 경사지게 건축하였다.

장한 관문』의 명성을 갖고 있는 만리장성의 서쪽 끝 관성이다. 14세기 명나라 시대에 건축된 자위관은 유목민족을 방어하기 위한 3중 구조의 관성이다. 총 면적 약 1만평, 전체 성벽 길이 6km로 당당하고 웅장하다. 세계문화유산으로 지정되었고 관람하는데 1~2시간 소요된다.

자위관의 내성 성벽 높이는 9m이고, 관성 높이가 10.7m, 성루 높이 28m다. 황량한 사막 한 복판에 우뚝 솟은 성채는 장대하고 위엄이 넘친다. 성루에 오르면 사방이 온통 사막이고, 사막 끝자락에 하얀 만년설을 이고 있는 치롄산맥이 보인다. 모래바람만 가끔 불뿐 적막하기 이를 데 없는 성루에서 병사들은 먼지를 일으키며 공격해 오는 유목민족을 방어하고, 서역을 오고가는 사신과 상인을 보호하고 안내했을 것이다.

자위관은 말을 탄 병사가 말에서 내리지 않고 그대로 성루로 오를 수 있도록 경사지게 건축하였다. 망망한 사막에서 만리장성의 서쪽 끝을 지키는 최전선의 성루로 유목민족 기마병의 기습공격에 대비하기 위한 독특한 발상이다.

자위관 병사들은 성 밖에 나갔다가 성으로 돌아올 때는 성벽에 돌을 던졌다. 성벽에 부딪힌 돌 소리가 메아리쳐 되돌아오면 성이 비었음을 알고 안심하고 들어갔다. 이곳에서 장안까지 장장 3,000km가 넘는다. 병사들은 망루를 지키며 가족을 그리워하고 향수에 젖으며, 살아 돌아갈 수 있을까를 걱정했을 것이다.

자위관 성채를 답사하고 서쪽 성문으로 내려가니 성 밖에서 유목민족이 탐방객을 상대로 말을 타라고 호객한다. 그 옛날 실크로드 시대에 그의 선조들이 서역의 명마를 타고 질풍노도와 같이 자위관 성벽을 공격하여 중국을 공포에 몰아넣었던 사실을 상기하니 세월이 무심하다.

주취안(주천)은 자위관에서 30분 거리다. 주취안은 실크로드 시대 하서회랑에서 중요한 오아시스였지만, 20세기 들어 자위관에 밀려 변두리 오아시스 신세로 전락했다. 그러다가 최근 일대일로 정책에 따라 발전의 계기를 맞이하였다. 수로를 건설해 물 문제를 해결하며 오아시스의 한계를 극복했다. 도시와 도로를 정비하고 초·중·고의 낙후한 모든 교육시설을 현대식으로 개조했다. 대형 종합병원과 특화된 전문병원이 들어서고 현대식 아파트 단지가 조성되는 등 오아시스의 삶의 질을 크게 개선하고 있다. 실크로드 관광에 맞춰 한·당대의 전통문화를 재현한 역사문화단지도 조성하였다.

주취안의 구도심 사거리에는 5호16국시대의 고풍스런 고루

곽거병이 황제의 어주를 부었다는 샘 주취안. 샘에서는 지금도 물이 솟고 있다. 주취안이 있는 곳은 공원으로 조성되어 주취안 시민들의 휴식처가 되고 있다.

가 자리를 지키고 있다. 전량(31~376)시대에 건축된 고루 4면에는 북통사막(북쪽은 고비사막으로 통하고), 서달이오(서쪽으로 이오에 도달하며), 남망기련(남쪽은 치롄산맥에 접하고), 동영화악(동쪽으로는 중원과 닿는다)의 현판이 큼직하게 걸려 있다. 주취안이 사통팔방으로 통하는 지리적 요충지임을 알리는 내용이다. 실크로드를 오고갔던 사람들은 이 성루를 기점으로 자신들의 갈 방향을 정했다.

주취안은 한나라 시대에 중요한 흉노토벌의 군사기지였다. 곽거병은 이곳을 주둔지로 삼아 흉노 대군 수만 명을 무찔렀다. 한 무제는 승전보를 받고 기뻐하여 임금이 내리는 술 어주를 하사했다. 곽거병은 "승리의 공은 전 장병이 함께 한 것인데 어찌 나만 마실 수 있단 말인가?"하고 술을 작은 샘에 쏟아버렸다. 그러자 신기하게도 그 샘물에서 술이 계속 솟아나와 모든 병사가 어주를 마셨다고 한다.

그때부터 그 샘을 술 '주', 샘 '천'자의 주천, 즉 '술 샘'이라

왼쪽은 주취안 공원에 있는 주취안의 지명 유래를 가져온 곽거병 동상. 오른쪽은 주취안의 특산품으로 불빛을 받으면 더욱 영롱한 빛을 띠는 야광배. 실크로드 시대에 야광배에 포도주를 따라 마시는 것이 최고 인기였다.

고 불렀다. 주천을 중국어로 발음하면 주취안이다. 이 작은 샘물 주취안이 이곳의 오아시스 전체를 지칭하는 지명이 되어 현재까지 이어지고 있다.

곽거병의 고사가 서려있는 주취안에서는 현재도 물이 솟아 나오고 있으며, 이 작은 샘물 일대는 공원이 되어 시민들의 휴식처가 되고 있다. 샘물 주취안 옆에는 주취안의 유래와 관계있는 곽거병의 석상이 있다.

최근 주취안은 우주 발사기지로 유명세를 타고 있다. 중국은 2003년 10월 중국 최초의 유인 우주선 선저우 5호를 이곳에서 발사했다. 이 우주선 발사를 계기로 중국은 우주 강국 대열에 진입하며 마침내 달에 우주선을 착륙시키는데 성공하였다. 2021년에는 이곳 우주 발사대에서 선저우 13호를 발사하여 우주정거장 건설을 위한 우주선 도킹에 성공했고, 화성 탐사선이 화성에 착륙하는데 성공하였다.

이로써 중국은 미국, 러시아와 함께 세계 3대 우주 선진국으로 발돋움했다. 주취안 우주 발사대는 가끔 부는 거센 바람만 빼면 최적의 조건을 갖춘 장소라고 한다. 이곳의 바람이 얼마나 강한지 발사대 경비원이 강풍에 날려가 4일 만에 발견된 적이 있다.

하서회랑은 점과 선으로 연결된 곳이다. 그래서 이 지역은 역대로 어느 한 국가의 통치가 완벽하게 미치지 않은 오아시스와 민족이 많았다. 낙타 방울소리 울리며 장안으로 향했던 수많은 서역의 상인 가운데는 잠시 독립했다가 홀연히 사라진 서역출신들도 있었을 것이다.

하서회랑은 민족흥망의 역사무대였다. 역사와 민족에 따라 흥망이 반복되면서 동서교류는 이어졌고, 실크로드는 뻗어나갔다.

7. 사막의 미술관, 둔황석굴

21세기에 낙타를 타고 실크로드를 탐사한다는 것은 무모할 뿐만 아니라 시간낭비다. 낙타는 실크로드 시대에 필요한 교통수단일뿐, 시간과 속도를 다투는 현대사회에서는 어울리지 않는다. 실크로드의 발이 되어 발전시킨 것은 낙타였지만, 20세기 후반에 실크로드 탐방 붐을 견인한 것은 기차였다.

기후와 지리적 험난함을 극복하고 란저우에서 신장성 우루무치를 잇는 란신철도와 우루무치에서 타클라마칸사막의 서쪽 끝 카슈가르까지 연결한 난장철도가 놓이면서 실크로드는 빠르게 부활했다. 1990년대 말부터 2010년까지 란신철도와 난장철도는 표를 며칠 전에 예약하지 않으면 구할 수 없을 정도였다. 2010년대 후반부터는 고속열차와 항공기가 추가되어 더욱 빨라지고 더욱 편리해졌다.

실크로드 탐방객은 하서회랑의 간쑤성과 타클라마칸 사막과 톈산산맥이 동서로 뻗어있는 신장성으로 몰려들었다. 여행객이 폭증하자 2층 기차까지 등장했다. 실크로드 열차는 4인실 독립 침대칸인 란워, 오픈된 6인용 침대칸의 잉워, 좌석 칸의 란쭤를 막론하고 빈자리 하나 없이 꽉 찼다. 여름철에는 입석표도 매진되어 열차의 복도까지 사람들로 가득했다. 고속버스도 있고, 승용차도 있고, 비행기도 있지만 최고의 교통수단은 기차였다.

2000년대 초반까지는 도로와 철도가 직선화가 되지 않아 시간이 많이 걸렸다. 기차 종류에 따라 차이가 있지만, 상하이, 항저우 같은 동부에서 우루무치까지 4~6박 걸리고 비교적 가까운 시안에서도 1~3박 걸렸다. 그 때는 동부에서 카슈가르까지 직접 가는 기차도 없었지만, 있다고 해도 1주일 이상 걸렸다. 이 같은 장거리 여행에서 침대에서 잠자고 식사하고 정차한 기차역에서는 바람도 쐴 수 있어서 기차만큼 편리한 교통수단은 없었다.

현재는 항공 운항편이 크게 늘어난 비행기와 사통팔달로 뻗은 고속도로를 달리는 고속버스, 최근 개통한 우리나라 KTX보다 속도가 빠른 고속열차를 이용하는 사람들이 크게 늘어나면서 일반 기차 이용객은 대폭 감소했다. 2019년 서역에서 일반 기차를 타보니 표 구하기가 아주 쉽고 열차 안의 승객 또한 드문드문했다. 반면에 비행기와 고속열차는 원하는 시간대의 표 구하기가 매우 어려웠다.

둔황석굴은 남북으로 2km에 걸쳐 735개의 석굴이 조영되었고, 그 중 벽화가 있는 석굴이 492개다. 현존하는 세계 최대 규모의 석굴이다.

 그래도 실크로드 여행은 일반 기차를 타야 운치가 있다. 실크로드 구석구석의 풍경과 그곳의 일상적 삶을 감상할 수 있기 때문이다. 필자도 시간관계상 비행기와 고속열차를 많이 이용하지만, 시간이 될 때는 일반 기차를 이용한다.
 둔황에도 마침내 철도가 놓였다. 비록 동일 철로를 이용하는 것이지만 고속열차도 운행되어 접근성이 매우 편리해졌다. 전에는 둔황으로 연결되는 철로가 없어 란신노선의 유원역에서 내려, 그곳에서 버스를 타고 2시간 동안 사막을 가로질러 둔황으로 가야 했다.
 둔황은 둔황석굴과 동의어로 통한다. 둔황석굴은 둔황 막고굴 또는 둔황 천불동으로 통칭된다. 석굴 하나하나 마다 그 시대, 그 민족의 문화를 담고 있으며 찬란한 실크로드 불교예술을 보여준다. 그래서 돈황석굴을 사막의 위대한 박물관이라고 한다. 찬란하고 세련되며 다양한 불교문화의 정수를 보여주는 둔황석굴은 천 오백년의 신비를 뛰어 넘어 감동으로 다가온다.

높이 50m 절벽 위에 벌집처럼 조성된 둔황석굴 앞에는 석굴이 반사된 모습을 담은 대천하가 흐르고, 강 건너 편에 산웨이산이 우뚝 솟아있다. 둔황석굴은 남북으로 2km에 걸쳐 벽화가 있는 석굴 492개를 포함하여 모두 735개의 석굴로, 불상을 비롯한 소조상 2,000여개, 벽화 면적 총 1만3천6백 평의 현존하는 세계 최대 규모 석굴이다. 현재 석굴발굴이 계속되고 있으니 그 수는 더 증가할 것이다.

여름철은 숨도 쉬기 곤란한 폭염의 날씨를, 봄 겨울에는 모래폭풍을 동반한 혹독한 추위를 감내하고 수백 년에 걸쳐 사막 한 가운데 바위 절벽에 석굴을 조성한 사람들에게 경의와 존경을 표하지 않을 수 없다. 석굴을 조성한 사람들은 전문 예술가일까, 아니면 단순 신앙인일까? 아니면 신앙인이면서 예술가일까?

한 가지 분명한 사실은 그들이 누구든지 자신의 영혼을 이 석굴에 바쳤다는 것이다. 그렇지 않다면 이 같은 위대한 예술을 낳을 수 없기 때문이다. 둔황석굴은 종교인 동시에 예술이며, 지극한 종교가 지극한 예술을 낳은 것이다.

둔황은 실크로드의 교통 요충지였다. 중국에서 서역으로 나가기 위해서는 반드시 하서회랑의 서쪽 끝에 위치한 둔황을 경유해야 했다. 둔황에서 서역으로 나가는 길은 둔황→하미→투르판→우루무치→이닝으로 나아가는 톈산북로와 둔황→하미→투르판→쿠처→카슈가르로 나아가는 톈산남로, 둔황→누란→

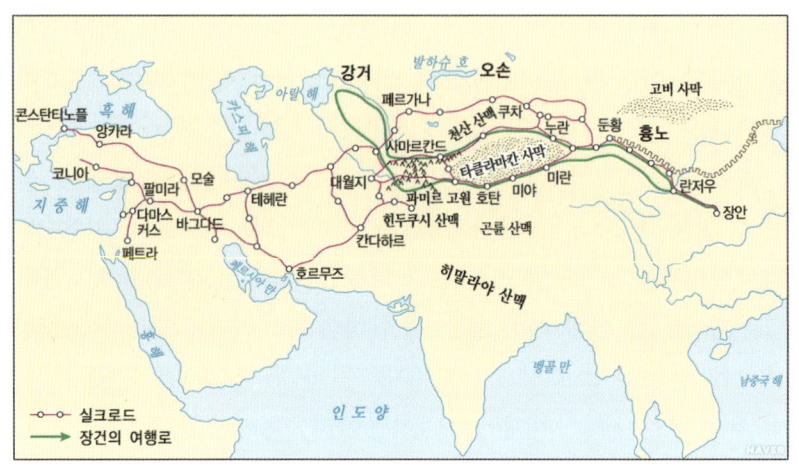

하서회랑의 서쪽에 끝에 위치한 둔황은 장안과 서역을 오고가는 길목으로 실크로드에서 가장 중요한 교통 요충지다. 때문에 둔황을 장악해야 실크로드를 지배할 수 있다.

쿠얼러→쿠처→카슈가르로 이어지는 타클라마칸 북쪽(톈산산맥 남쪽) 루트, 타클라마칸 남쪽(쿤룬산맥 북쪽)의 둔황→누란→뤄챵→호탄→사처→카슈가르로 이어지는 서역남로가 있었다. 서역에서 중국으로 들어올 때에도 나갈 때의 역순으로 반드시 둔황에서 만난다.

때문에 둔황을 장악해야 실크로드를 장악할 수 있었다. 이 때문에 둔황을 장악하기 위해 여러 민족이 치열하게 싸웠다. 처음에는 월지가 지배했고, 곧 이어 흉노가 월지를 쫓아내고 지배하였다. 한나라는 기원전 2세기 장건이 서역 대월지에 다녀온 뒤에 비로소 둔황의 중요성을 인식하게 되었다.

한나라는 무제(기원전 141~기원전 87) 때 처음으로 둔황을 장악했다. 기원전 111년 한 무제는 하서회랑에서 흉노를 몰아내고 우웨이, 장예, 주취안, 둔황에 하서 4군을 설치했다. 하

둔황은 장안에서 이스탄불(콘스탄티노플)·로마로 이어지는 실크로드에서 가장 중요한 교통 요충지다.

서 4군에서 서쪽 끝자락에 위치한 둔황이 서역으로 나가는 마지막 관문역할을 담당했다. 실크로드 전성시대인 당나라 때도 이 같은 역할은 변함없었다. 이와 같이 둔황은 군사적 역할을 수행하는 동시에 동서교통의 요충지로 동서 문물이 집결하고 교류하는 장소였다. 그리고 서역에 대한 정책을 결정하는 눈과 귀의 역할을 하였다.

둔황이 발전하고 쟁탈의 대상이 된 또 하나의 요인은 소금이다. 끝도 없는 사막여행에서 물과 소금은 생명과 직결되는 필수품이다. 그러한 소금이 둔황 부근에서 생산된다. 현재도 이곳에서 소금 캐는 사람들의 모습을 간간이 볼 수 있다.

둔황은 이 같은 지리적 특수성으로 실크로드의 번영과 운명을 함께 할 수밖에 없는 도시다. 그래서 실크로드 전성기에 둔황은 흥성했고, 실크로드가 쇠퇴하자 둔황은 쇠퇴했던 것이다.

둔황에서 불교가 융성할 수 있었던 데는 불교가 들어오는 길목이라는 요인이 결정적이었다. 여기에 중원에서 멀리 떨어

서역풍이 강한 275굴 교각미륵보살상

진 서북 변경 끝에 위치하여 중원의 전란으로부터 벗어날 수 있었다. 더욱이 둔황석굴은 시끌벅적한 둔황시내에서 25km 떨어진 조용한 명사산 기슭에 위치해 있어 수도 정진하기에도 안성맞춤이었다.

서기 366년 중국 5호16국 시대에 전진(351~394)의 승려 낙준이 나무지팡이를 짚고 산에서 내려오다 명사산 언덕에 홀연히 금빛이 일어나는 것을 보고 천불이 있다고 여기고 이곳에 석굴을 열면서 둔황석굴은 시작된다. 이후 14세기 원나라 시대까지 1천 년간 수많은 석굴이 조영되어 천불동이라고 불리게 되었다.

막고굴에서 가장 이른 석굴은 5세기 북량(397~439)시기에 조성된 275굴이다. 두 다리를 교차시켜 앉아있는 교각미륵보살상은 초기 불교의 특징을 잘 나타내 준다. 불상의 상반신은 전형적인 서역풍이고, 팔에 걸친 초록색 의복은 그리스풍이다. 5세기는 중국 북방 이민족이 중국의 북방에서 각축을 벌이는 5호16국시대로, 불교가 본격적으로 발전하는 시기다. 이러한 불교발전 초기는 서역풍이 강하게 영향을 미치는 시기였다.

285굴은 6세기 서위시대(535~556) 석굴이다. 유명한 '5백강도성불도'의 벽화가 있는 석굴이다. 옛날 인도에서 5백 명의 강도가 떼 지어 다니며 약탈을 자행하자 국왕이 체포하여 눈알을 빼낸 후 험한 산으로 추방했다. 강도들은 고통에 못 이겨 울부짖으며 부처에게 호소하였고 부처는 신통력으로 그들의 눈을 다시 볼 수 있게 해주었다. 이에 이들은 참회하고 모두 불교에 귀의하여 성불했다. 5백강도성불도는 바로 이러한 내용을 벽화로 그려낸 것이다.

천장에는 불교 내용 외에 중국의 신화와 전설의 벽화도 있다. 머리가 9개의 용 그림은 중국에서 가장 오래된 역사지리서 산해경에 등장하는 신화 내용이다. 중국 신화에 자주 등장하는 복희와 여와의 그림도 여럿 있다. 이는 둔황에서 서역과 중국문화가 융합하는 현상이다.

428굴은 6세기 북주시대(557~588) 석굴이다. 면적이 45평으로 매우 큰 석굴로 천장 양식이 우리나라 전통건축에서 흔히 볼 수 있는 맞배 지붕 형태다. 넓은 공간에 중앙기둥 역할 하는 주홍색의 중심탑주 네 면에 감실을 열고 불상을 안치했다. 천장과 사면 벽면에는 화려한 벽화와 작은 보살상으로 가득하다. 이곳에는 석가모니의 전생 이야기를 담은 본생담이 사실적이면서 민화 같은 친근함으로 그려져 있다. 그리고 20세기 야수파를 연상케 하는 파격적인 화풍의 벽화도 있다. 현

석굴 안이 쾌적하고 중심탑주를 중심으로 사방으로 화려한 벽화와 불상이 가득하여 환상적인 불교세계 같은 느낌을 주는 428굴

대 회화에서 과감한 예술성으로 주목받는 대담한 야수파적 화풍을 1,300년 전의 석굴에서 볼 수 있는 것이 놀랍다.

428굴은 넓은 공간으로 인해 들어서는 순간 쾌적함을 주고 석굴 전체가 화려하고 다양한 벽화와 불상으로 가득하여 환상적인 불교세계 같은 느낌을 준다.

263굴은 특이하게도 핑크빛 보살상이 있는 석굴이다. 엄숙하고 경건한 종교적 이미지보다는 요염한 분위기로 관람자를 유혹하는 듯하다. 격식과 틀에 박히지 않는 당시의 자유로운 종교관을 엿볼 수 있다.

323굴은 한나라 무제의 명을 받고 장건이 서역 대월지로 떠나는 장면의 '장건출서역도'가 있어 유명하다. 이 벽화는 중국

둔황석굴 표지 도록을 장식하는 당나라 초기(초당)에 조영된 9층 누각의 96굴 북대불

의 우표 도안으로 사용되고 있다.

  수나라(581~618)는 약 370년간의 위진남북조 분열시대를 마감한 통일 왕조다. 수는 북조의 북방문화와 남조의 한족 남방문화를 융합하는 통일적 중국문화를 지향하였다. 그러한 정책의 하나로 불교가 크게 융성했다. 이때의 중국문화가 고구려, 백제, 신라에게 많은 영향을 미쳤다. 때문에 수대에 조성된 불상은 우리나라의 불상양식과 비슷한 면이 많다. 수나라는 단명했음에도 둔황석굴에 100여 개의 석굴을 개착했다. 수나라 불상의 특징은 삼존불인데, 이 삼존불 양식이 우리나의 전형적인 불상양식으로 발전했다.

수를 이은 왕조가 당(618~907)이다. 당대에도 불교는 크게 발전하고, 이때 중국적 불교로 확립된다. 당나라 때 조영된 둔황석굴은 232개로 전체 막고굴의 절반에 가깝다. 둔황석굴을 소개하는 도록 표지로 쓰이는 붉은 색의 9층 누각의 북대불 96굴이 당 초기의 초당 불상이다. 불교진흥에 앞장 선 측천무후의 대불제작 정책과 연관되는 대불이다. 미륵 대불은 막고굴 절벽 높이와 비슷한 45미터로 바닥에서 위를 바라보면 불상의 존엄성이 느껴진다.

328굴은 당나라 초기 석굴이다. 벽면과 천장은 화려한 벽화로 채워졌고, 감실 중앙의 본존불을 중심으로 좌우로 석가모니의 양대 제자인 아난과 가섭과 2명의 보살이 좌대에 앉아있다. 그 앞쪽으로 연꽃무늬의 대좌 위에서 한쪽 무릎을 꿇은 4명의 공양보살상이 좌우에 각 2명씩 있다. 갸름한 얼굴에 늘씬한 몸매가 지나치게(?) 매력적이다.

1924년 이곳을 방문한 미국 하버드대학의 랭던 워너 교수가 이 보살상에 매료되어 1구를 미국으로 반출해갔다. 그래서 석굴에는 3개의 보살상만 있다. 미국으로 반출된 보살상 1구는 하버드대학 박물관에 홀로 외롭게 전시되고 있다.

45굴은 당나라 문화의 절정기인 성당시대 석굴로 둔황석굴을 대표하는 석굴이다. 45굴에 안치된 칠존상은 생동감과 역동성이 넘치는 예술적 절정미를 보여주는 불교미술의 걸작이다. 부처의 양쪽에 시립한 가섭과 아난상은 사실적이면서 인간미가 넘치고, 두 천왕은 실감나게 무서운 인상이다.

그렇지만 45굴의 백미는 보살상이다. 사실적이고 육감적인 여성미를 뽐내는 보살상은 목과 허리에서 굴곡을 주는 S자의

둔황석굴 불교예술을 대표하는 성당시대(당나라 문화의 절정기)의 45굴

삼굴의 매력 넘치는 여성 인체미를 연출한다. 우아하고 아름다운 얼굴에 하얀 피부가 여성미를 한껏 끌어올리고, 고개를 약간 기울인 채 지긋이 눈감고 있는 표정은 관능적인 아름다움을 표출한다. 일부 전문가들은 이 보살상을 중국 불상조각의 클라이맥스라고 평가한다.

45굴은 특굴로 지정되어 평상시는 개방되지 않는다. 비싼 특별요금을 지불한다 해도 모두에게 개방하지 않는다. 그만큼 예술적 가치가 뛰어나고 보존의 필요성이 높기 때문이다.

그렇지만 저 먼 둔황석굴까지 가서 45굴을 보지 못하면 헛걸음 한 것이나 마찬가지다. 그래서 둔황박물관을 반드시 찾아가야 한다. 둔황박물관에 45굴과 똑같은 모형관이 있기 때문이다. 모형관이라고 무시하면 오산이다. 99% 거의 똑같다. 필자는 모형관을 볼 때마다 복잡한 45굴을 어쩌면 저리도 똑

완전한 인체미와 관능적인 아름다움을 발산하는 45굴 보살상은 중국 불상조각의 완전미로 평가받는다.

같이 만들 수 있는지 탄복하곤 한다. 둔황석굴의 백미인 45굴을 보지 못하는 관광객의 허탈감을 달래주기 위해 특별히 둔황박물관에 모형관을 설치한 것이다.

사실 둔황석굴에서 45굴을 본다 한들 사진 촬영이 엄격하게 금지 되어 불상을 봐도 기억하기 어렵다. 그러니 일반인은 둔황 박물관의 45굴 모형관에서 원 없이 감상하고 원 없이 사진 찍는 것이 나을 수 있다. 둔황박물관은 입장료가 없다.

둔황 막고굴의 꽃은 벽화다. 벽화는 불교내용을 비롯하여 중국의 신화와 전설 그리고 당시의 시대상 등을 다양한 필치로 담아냈다. 모든 벽화를 일렬로 이어 붙이면 54km가 된다.

벽화의 백미는 비천이다. 비천은 인도에서 들어와 중국에서 꽃이 피고 중국 것이 되었다.

세계 최대의 화랑이요, 사막의 미술관이다.

벽화 중에서도 백미는 비천이다. 비천은 불교의 천국에서 허공을 날며 악기를 연주하거나 춤추며 꽃을 뿌리며 부처님을 찬미하는 일종의 천인이다. 가느다란 천 자락을 휘날리며 묘기 부리듯 하늘을 나는 비천은 지친 인간의 마음을 단번에 녹아내려준다.

초기의 비천은 어색하고 촌스럽지만 후기에 올수록 세련되고 우아하다. 기다란 옷을 하늘에 나부끼며 행운의 구름을 타고 날렵하게 비상하는 선녀의 모습이다. 날씬한 몸매에 상반신은 나신이고 하반신은 비단처럼 부드러운 속옷 차림이어서 신체의 곡선미를 그대로 드러낸다. 표정은 요염하며 손동작은 섬세하고 유연하다. 비천은 인도에서 들어와 중국에서 꽃이 피고 중국 것이 되었다.

우리나라 경주 박물관에 있는 봉덕사종의 비천도 뛰어난 예술성을 자랑한다. 에밀레종으로 유명한 봉덕사종은 구리 12만 근으로 만든 통일신라시대 종이다. 경덕왕이 아버지 성덕왕을 기리기 위해 제작했으나, 지나치게 큰 종이어서 수십 년간 실패를 거듭한 끝에 그의 아들 혜공왕(성덕왕의 손자) 때인 771년 완공되었다. 이 거대한 종에서 나는 소리는 맑고 웅장하며 끊어질 듯하면서 계속 이어지는 긴 여운의 맥놀이 현상이 타의 추종을 불허한다.

종에 새긴 화려한 문양과 조각수법도 통일신라 불교예술의 정수를 보여준다. 그 중에서도 몸체 앞뒷면에 한 쌍씩 총 2쌍의 비천상이 압권이다. 벽화가 아닌 주물 표면에 저와 같이 세련되고 유려하게 조각한 예술혼에 탄복하지 않을 수 없다.

둔황벽화에 나타나는 나무 아래에 있는 미인의 수하미인도는 전형적인 서역풍이다. 서양에서 미인은 풍요의 여신을 뜻한다. 등장하는 나무는 지방마다 달라 페르시아는 포도나무, 인도는 망고 나무, 투르판에서는 타마리스크 나무다. 벽화에 등장하는 나무는 그 지방을 대표하는 나무들이다. 수하미인도는 실크로드를 통해 중국에 영향을 끼쳐 당대 장안의 황족 무덤벽화에 많이 나타난다.

벽화는 신화와 전설, 농경, 일상생활, 장건의 서역개척 등 다양한 내용이어서 당시의 역사문화를 이해하는데 좋다. 45굴의 '상인우도도'는 실크로드 상인이 도둑을 만나는 내용이다. 산 속에서 강도를 만나 물건을 포기하고 목숨만은 부지하려는 상인의 모습에서 당시 사회의 일면을 파악할 수 있다. 실크로드는 지리적 난관은 물론이고 도적 같은 위험이 항상 도사리

둔황 막고굴의 꽃은 다양한 벽화다. 모든 벽화를 일렬로 이어 붙이면 54km가 된다. 세계 최대의 화랑이요, 사막의 미술관이다.

는 고난의 길이었음을 알 수 있다.

세계제국 당 왕조가 붕괴된 후 둔황은 여러 민족의 쟁탈전에 휘말린다. 8세기 서 위구르왕국(톈산 위구르왕국)의 지배를 받다가 티베트의 토번왕국이 장악한다. 9세기 중엽에는 이 지역 호족이던 장의조가 토번을 몰아내고 다스렸다. 이것을 장씨 귀의군 시대라고 한다. 장의조가 군대를 거느리고 당당히 행군하는 모습인 '장의조 출행도'가 둔황벽화에 남아있다. 장의조의 뒤를 이어 조의금이 조씨 귀의군 시대를 열었고, 이 시기에 호탄 왕국이 영향을 미쳤다. 그 호탄 왕의 모습이 98호 석굴벽화에 등장한다. 호탄 왕은 옥의 산지 제왕답게 온몸에 화려한 옥을 달고 있다.

장경동으로 유명한 17굴은 16굴 안에 있다. 16굴은 장씨

장경동으로 유명한 17굴. 이곳에서 발견된 고문서 3~4만점은 '둔황학'이라는 세계적인 학문을 탄생시켰다. 고문서로 가득했던 17굴은 현재 홍변의 상이 있다.

귀의군 시대에 개착한 것으로 사각형의 전실과 연도, 그리고 사각형의 본실로 구성되어 있다. 17굴은 16굴의 측실로 일종의 승방이다. 승방이란 승려들이 수도생활 하는 곳이다.

17굴은 11세기 무렵 누군가에 의해 봉인된 후 그 존재를 아무도 몰랐다. 그렇게 800여년이 흐른 1900년에 도사 왕원록이 우연히 발견하면서 세상을 놀라게 했다. 석굴 안에는 4세기에서 11세기까지의 불경, 불화, 법기 및 기타 종교문서, 호적 및 계약문서, 민속, 역사 그리고 온갖 문학류가 가득 쌓여있었다. 한자와 티베트어, 위구르어, 서하어 등 여러 문자의 문서도 다량 발견되었다. 당나라 등 중국 관련 자료가 대부분이지만 오손, 서하, 토번 등 실크로드 상의 여러 나라와 관련된 문서들도 많다. 3~4만점에 달하는 이들 자료는 '둔황학'이

장경동을 처음 발견한 왕도사와 장경동의 고문서 자료를 분석하고 있는 펠리오

라는 세계적인 학문을 탄생시킬 정도로 방대한 자료다.

  자칭 도사 왕원록은 이 자료의 가치를 알지 못했다. 그래서 어떻게 할지 몰라 전전긍긍했다. 그 때(1907년) 영국의 스타인이 둔황석굴을 찾아와서 무일푼인 왕원록의 가난한 처지를 이용하여 거의 공짜에 해당하는 소액을 지불하고 1만점을 유출해 갔다.

  뒤이어 프랑스의 펠리오가 스타인보다 훨씬 많은 돈, 그래봐야 이 또한 공짜나 마찬가지 금액으로 왕원록을 꾀어 5,000점을 프랑스로 반출하였다. 펠리오는 중국어와 한문에 능통하여 스타인 자료보다 훨씬 값지고 귀중한 것들을 선별해 갔다. 그 속에 신라승려 혜초의 '왕오천축국전'도 들어 있다. 그 뒤로도 독일, 러시아, 일본의 탐험대가 와서 약탈하듯 반출해 갔다. 뒤늦게 문서의 귀중함을 알게 된 후 남은 문서를 베이징으로 옮겼지만, 도중에 또 많은 문서가 사라졌다.

　1900년 왕원록이 장경동의 문서를 발견하고 신고했을 때 청나라는 풍전등화 같은 위기국면이었다. 그 1년 전인 1899년에 서양제국주의의 중국에 대한 경제적 침탈과 기독교 확산에 반발하여 의화단 운동이 발생하였다. 청나라는 이 운동을 이용하여 서양열강의 축출을 시도했으나, 1900년 영국 프랑스 독일 러시아 등의 서양제국주의 연합군에 의해 의화단과 청나라 관군이 대패하고 말았다. 서양 연합군이 여세를 몰아 수도 베이징으로 공격해 들어가자 황제와 실권자인 서태후는 베이징을 떠나 시안으로 피난 갔다.

　이 같은 위급한 상황에서 황폐화된 사막의 석굴에서 발견된 옛 문서에 관심을 가질 조정인사는 아무도 없었다. 때문에 발견한 왕원록이 알아서 처리하라는 지시 아닌 지시가 전부였다. 왕원록은 문서처리에 주춤하기도 했으나, 관청에서 별다른 반응이 없고 우매한데다 워낙 곤궁한 처지여서 은냥 몇 푼에 대량의 문서를 처분하고 때로는 태우기도 했다. 옛 문서를 태우면 아픈 사람이 낫는다는 미신 때문이다. 이렇게 수많은 둔황 문서가 훼손되고 분실되며 세계 각국으로 흩어졌다.

　장경동이 언제, 누구에 의해, 어떻게, 왜 폐쇄되었는지는 여전히 의문이다. 11세기 이전 문서만 있고 그 후의 문서는 없는 것으로 볼 때 11세기에 폐쇄된 것은 틀림없다. 유력하게 거론되는 것이 11세기 서하가 둔황을 공격한 1036년에 누군가가 장경동을 폐쇄했다는 설이다. 다른 하나는 서하가 외부 세력이지만 불교를 신봉하는 왕조였으니 서하 침략시기가 아니고, 이슬람세력이 둔황에 쳐들어온 1054년 설이다.

장경동 17굴에는 홍변의 조각상이 있다. 홍변은 9세기 장의 조 귀의군 시대에 승려의 최고 지위인 하서도승통을 역임한 이곳의 명망 있는 승려다. 그가 장의조 귀의군 정권에 도움을 주었기 때문에 장의조가 홍변을 위해 16굴 안에 작은 17굴을 굴착해 주었다. 그리고 홍변이 죽은 후 그의 공적과 공덕을 기리기 위해 이곳에 그의 조각상을 안치해 놓았다.

둔황 막고굴의 가장 큰 적은 모래다. 매일같이 불어오는 사막의 모래바람은 사정없이 석굴을 뒤덮는다. 계절풍이 부는 4월과 5월은 불어오는 모래의 양이 상상을 초월한다. 이로 인해 20세기 초 둔황석굴이 발견될 때 석굴의 대부분이 모래 더미에 묻혀있었다. 현재는 모래유입을 방지하기 위해 석굴마다 문을 만들어 놓고, 그래도 쌓이는 모래퇴치를 위해 매년 대대적인 모래청소를 실시하고 있다.

또 하나의 적은 인위적 훼손이다. 그동안 많은 사람들에 의해 석굴이 파괴되고 훼손되었다. 이러한 훼손은 이곳만의 문제가 아니고 실크로드의 모든 석굴이 겪는 문제이기도 하다. 단순한 파괴도 있고, 종교적 차이에서 오는 파괴도 있다. 어떤 이유든지 용서받지 못할 야만적 행위다. 또 20세기 초기 서양 탐험가들에 의한 약탈 파괴도 있었다. 아직도 그들이 벽면에 벽화를 칼로 베어낸 흔적이 선명히 남아있다. 제국주의의 역사침탈이고 문화파괴 행위다. 영국, 프랑스, 러시아 등의 박물관에 소장되어 있는 실크로드 벽화는 이 같은 약탈 문화재다.

둔황석굴 관람은 이전과 매우 다른 절차를 거친다. 1990년대 둔황을 방문했을 때는 둔황 시내 페이텐호텔에서 출발하는 차를 타고 막고굴에 갔다. 차는 2시간마다 운행했고, 둔황석굴에 도착하면 매표소에서 표를 구입해 관람했다.

그러나 현재는 둔황 시내의 전용 매표소에서 표를 구입해야 한다. 성수기는 최소 2~3일 전에 구매해야 원하는 날짜와 시간대의 표를 구입할 수 있다. 그리고 관람 시간 2~3시간 전까지 둔황 교외에 있는 막고굴 디지털센터(막고굴수전중심)로 가야 한다. 둔황 시내에서 25km 떨어진 곳으로 시내버스(3위안, 약 540원)를 이용하면 된다. 도착 후 줄을 서서 입장하는데, 사람이 많을 경우 1시간 이상 줄을 서야 한다. 입장하면 영상실에서 각자 20분 분량의 막고굴의 역사 관련 영상을 관람하고, 다시 3D 영상관에서 입체화면으로 막고굴 영상을 시청한다. 본격적인 둔황 막고굴 관람에 앞서 기본적 이해를 위한 프로그램이다.

영상관람 차례를 기다리거나 시간적 여유가 있으면 디지털센터에서 식사와 쇼핑을 할 수 있다. 영상시청이 끝나면 막고굴 가는 셔틀 버스를 타고 사막 한 가운데로 난 도로를 10분쯤 가면 막고굴 주차장에 도착한다.

주차장에서 도보로 대천하를 건너 커다란 백양나무가 줄지어 서 있는 막고굴 광장으로 가서 줄을 서야 한다. 입장은 20명 단위씩 한다. 학생들이 방학하는 여름 휴가철에는 관광객이 많아 1시간 이상 줄을 서야 한다. 뜨거운 땡볕을 가릴 수 있는 차양막의 길이가 짧아 대부분의 관람객은 폭염의 뙤약볕에서 기다려야 한다. 40도가 넘는 폭염에 강렬한 햇볕을 받으며 기다리는 것은 여간 고역이 아니다. 그러나 위대한 막고굴을 관람한다는 설레 임에 누구 하나 불평 한마디 하지 않는다. 효율적인 관람을 위해 적정인원으로 입장할 수밖에 없음을 알기 때문이다.

만약에 외국어(영어, 일본어, 독일어, 한국어)로 해설해 주는 표를 구매했다면, 마냥 차례를 기다리지 말고 관리인을 찾아 표를 보여주면 된다. 그러면 별도 안내를 받아 빠르게 입장시켜준다. 외국어 해설사가 있는 표는 일반인 표보다 매우 비싼 258위안(약 47,000원)이다. 일반 표는 100위안(약 18,000원)이다. 중국만큼 철저하게 가격대로 대우해주는 나라도 없다. 그래서 중국은 돈으로 안 되는 게 없는 나라라고 한다. 한국에서 여행사 패키지로 갈 경우에는 별도의 장소에서 한국어 해설사를 만나 바로 입장할 수 있다.

막고굴에서 개인적 참관은 불가능하고 반드시 전문 안내인의 인솔에 따라 관람해야 한다. 팀 별로 지정된 8개의 석굴을 2시간에 걸쳐 관람한다. 안내인에 따라 관람하는 석굴이 다르기 때문에 어떤 석굴을 보게 될지 미리 알 수가 없다. 석굴을 보호하고 많은 인파가 한 군데에 겹치지 않고 혼란 없이 관람할 수 있도록 고려한 방편이다.

막고굴 관람을 마친 후 출구로 나와 주차장으로 직행하지 말아야 한다. 중요한 곳이 하나 더 있기 때문이다. 낮은 건물의 '둔황석굴문물보호연구진열중심'이라는 전시실이다. 둔황관련 역사 유물과 특굴로 지정된 275굴 등 막고굴의 대표적인 석굴 모형관이 전시되고 있는 곳이다. 둔황과 둔황석굴을 이해하는데 유익한 전시관이다. 전시실에서 나와 조금 내려오면 왼쪽에 독특한 모양의 사리탑이 서 있다. 그것이 장경동을 발견한 왕원록의 사리탑이다.

7세기 당대의 둔황 인구는 16,000명이었다. 그 후 1,300년 지난 1970년대의 인구가 35,000명이다. 당대 이후 1,000년이 지나도록 인구 변화가 거의 없었다는 의미다. 그러한 결과 화려했던 둔황은 실크로드 시대에 둔황보다 작았던 주취안 관할의 행정단위에 속해 있다. 둔황으로선 치욕도 이만 저만 치욕이 아니다. 수백 년간 화려하고 홍성했던 둔황이 서역에서 궁색한 오아시스로 전락한 것이다. 둔황이 사방 수백km의 사막으로 둘러싸인 오아시스로 도시발전에 한계가 있는 것도 한몫했다.

그렇지만 가장 결정적인 이유는 란신철도와 고속도로가 교통의 효율성을 고려하여 둔황이 아닌 자위관 쪽으로 건설됐기 때문이다.

그런 둔황이 깨어나기 시작한 것은 중국정부의 서부 대개발로 실크로드 관광 붐이 일고 여기에 신 실크로드 정책인 일대일로가 추진되면서다. 여기에 철도가 놓이고 고속철이 운행되면서 잃어버린 영광을 되찾기 위한 노력이 분주하다. 그러한 결과 1970년대까지 변동 없던 인구가 현재 18만 명(9개의 작은 오아시스 관할지역 포함)으로 성장했다.

둔황은 가을철이 여행의 최적기인데, 그 때는 학기 중이어서 필자는 매번 어쩔 수 없이 방학기간인 여름철에만 둔황을 찾았다. 푹푹 찌는 무더위도 견디기 힘들지만, 더 힘든 것은 사막에서 불어오는 바람이다. 뜨거운 지열을 품고 불어오는 바람은 숨을 멎게 한다. 그러나 귀국하면 그런 둔황이 한없이 그립고 때로는 무더위마저 그리워진다.

필자가 1990년대 설레는 마음으로 처음 둔황을 찾아 갈 때는 란산철로의 유원역에서 내려 버스를 타고 밤 11시 가까이에

둔황시를 관통해 흐르는 당하. 당하의 양쪽으로 전통양식의 건물이 들어서 있다.

둔황에 도착했다. 도로마다 인파가 넘치고 양꼬치를 비롯한 온갖 서역음식의 냄새가 후각을 자극했다. 진귀한 물건들을 사고 파는 흥정소리와 큰 소리로 떠들며 대화하는 사람들 때문에 도시는 떠나갈 듯 떠들썩했다. 필자는 숙소를 잡자마자 짐을 던져 놓고 부리나케 인파 속으로 들어갔다. 둔황은 그렇게 새벽 2~3까지 불야성을 이뤘고, 가라오케는 밤새도록 요란했다.

 최근 둔황은 물 문제를 근본적으로 해결하기 위해 당하 댐을 건설하고 그 물을 둔황 시내로 끌어왔다. 시내를 관통하는 수로는 폭이 상당히 넓고 수량 또한 풍부하여 물이 콸콸 흐른다. 최대한 물을 저장하기 위해 여러 개의 보를 만들고 큰 보가 있는 곳에는 수상놀이 공원이 꾸며져 있다. 사막 속의 오아시스 둔황에서 물놀이가 가능해진 것이다. 도심 속을 흐르는 물은 식수와 가로수 그리고 농작물에 생명수를 공급해 준

둔황 시내 구도심 중심지에 있는 반탄비파상

다. 이 당하의 물이 삭막하고 열악한 오아시스 둔황의 삶의 질을 크게 개선시키고 있다.

　오아시스 도심을 흐르는 수로는 둔황에만 건설된 것이 아니다. 하서화랑의 우웨이, 장예, 주취안 등 모든 오아시스에 건설되었다. 신 실크로드 정책의 핵심 중 하나가 낙후한 오아시스 지역민의 삶의 질의 제고인데, 그러기 위해선 물의 확보가 절대적이었기 때문이다. 오아시스마다 시내를 관통하는 수로변에 실크로드 시대 때의 독특한 양식의 건물을 건축하여 실크로드 문화거리를 조성하는 동시에 주거문제를 해결하고 있다. 다만 의욕이 지나쳐 일부 오아시스에서는 충분히 활용되지 못하고 방치된 곳도 있다. 그러나 둔황은 현대식 건물과 전통양식의 건물을 조화롭게 건설하여 둔황의 전통을 살리는 데 성공하였다.

실크로드 전성시대의 둔황을 느낄 수 있는 둔황 야시장

　둔황의 원 도심은 백화점 등이 밀집된 양관중로다. 그곳의 로터리 중앙에 둔황을 상징하는 서역 여인의 반탄비파상이 있다. 유명한 야시장도 그곳에 있다. 현대식으로 깔끔하게 정비된 야시장은 둔황의 특징을 잘 살려 놓았다.

　한 여름의 둔황은 숨이 막힐 정도로 무덥다. 특히 40도의 날씨에 뜨겁게 달구어진 도로에서 내뿜는 열기가 대단하다. 그래서 살수차가 수시로 다니며 물을 뿌려댄다. 더위도 식히고 하얗게 떨어지는 회화나무 꽃가루와 모래까지 청소하기 위해서다. 둔황 시가지가 깔끔한 것은 이 때문이다.

　둔황을 인상 깊게 하는 것이 회화나무 가로수다. 거리마다 총총하게 심어진 회화나무는 서역의 둔황을 더욱 서역스럽게 해준다. 우리나라에서는 회화나무가 잡귀를 물리치는 나무라고 해서 궁궐과 출입구에 많이 심었다. 우리나라의 회화나무는 크게 자라고 가지가 늘어지는데, 둔황의 회화나무는 나뭇가지가 둥그렇게 뻗어 올라가는 아담한 형태여서 매우 아름답다.

문제는 그 많은 회화나무 가로수에서 하얀 꽃이 하염없이 떨어진다는 점이다. 잠시만 있어도 하얗게 쌓인 꽃과 꽃가루가 약한 바람만 불어도 여기저기로 휘날려 거리를 어지럽히고 길 걷는 사람들을 곤혹스럽게 한다. 이 때문에 청소부가 수시로 청소하고 다시 살수차가 물로 쓸어내는 것이다. 더욱이 주변과 잘 어울리는 쓰레기통이 곳곳에 설치되어 도로에서 쓰레기 하나 찾을 수 없다.

예전에 둔황을 대표하는 호텔은 페이톈호텔이었다. 막고굴을 비롯하여 옥문관과 양관 등의 관광은 모두 페이톈호텔이 출발지이고 도착지였다. 페이톈호텔이 둔황관광의 센터역할을 한 것이다. 필자가 처음 둔황을 방문했을 때 페이톈호텔이 아닌 다른 호텔에서 묵었다. 페이톈호텔이 비싸기도 했지만 서양인들로 만원이었기 때문이다.

그러나 최근 다시 찾은 페이톈호텔은 예전의 위상이 아니었다. 시대에 맞게 재건축 하지 않으면서 그저 그런 호텔로 전락해 있었다. 더욱이 둔황관광의 출발지는 물론이고 관광의 센터역할마저 빼앗기고 말았다. 페이톈호텔을 보며 왠지 모를 쓸쓸함이 느껴졌다. 1,000년 동안 화려함을 구가했던 둔황의 쇠락과 같다는 생각이 들었다. 둔황이 화려하게 부활하고 있는 것처럼 페이톈호텔의 비상도 기대해 본다.

둔황에서 서북쪽으로 80km 떨어진 곳에 유명한 옥문관이 있다. 황량한 사막 한 가운데 자리한 옥문관을 나서면 진짜

서역으로 나가고 들어오는 관문 옥문관

서역 땅이다. 서역 땅도 그냥 땅이 아니라 고비사막과 살아서 돌아올 수 없다는 타클라마칸 사막이다. 행정구역으로도 옥문관을 나서면 간쑤성이 끝나고 위구르의 땅 신장위구르자치구가 된다.

기원전 2세기 한나라 무제가 옥문관을 세운 이후 중국의 서쪽 최전방 보루는 옥문관이었다. 옥문관 서쪽에 새로운 관문을 설치해도 관념적으론 옥문관이 서쪽 끝 관문이었다. 그렇기 때문에 당나라의 어느 시인이 옥문관에서 "장안에서 만리를 달려 이곳에 당도하니, 이 땅의 끝에 왔다는 생각에 가슴이 무너진다"라고 했다. 실크로드 시대에 수도 장안에서 둔황까지 수개월이 소요되었다. 옥문관의 봉화대에서 적의 내습을 알리는 봉화가 오르면, 봉화대로 계속 이어져 2천km 떨어진 장안에 반나절 만에 전달되었다.

둔황시내에서 명사산 가는 길. 그곳에서 바라보는 명사산은 너무 아름답다.

옥문관이 있던 자리는 육중한 성채만 홀로 남아있다. 옥문관은 남쪽과 서쪽에 문이 있었다. 남쪽 문은 누란으로 나아가고, 서문은 하미를 거쳐 우루무치로 나아가는 문이다. 현장법사, 혜초도 공포와 두려움을 안고 이곳을 통과했다.

별다른 유물 유적도 남아있지 않은 옥문관이지만 엄청난 수의 관광객이 몰려든다. 중국인은 초등학교 때부터 옥문관에 대해 귀가 따가울 정도로 이야기 듣는다. 역사 수업시간 뿐만 아니라 옥문관에 관련한 역대의 유명한 시가 국어교과서에 실려 있기 때문이다. 폐허가 되어버린 옥문관이지만, 세계문화유산에 등재되었다. 그만큼 옥문관의 역사성이 중요하다는 의미다. 옥문관과 쌍벽을 이루는 양관은 옥문관 남쪽에 있다. 양관의 역사와 기능은 옥문관과 비슷하다.

둔황에서 서쪽으로 백양나무 가로수 길을 따라가면 9층의

아름다운 명사산. 명사산을 보기 위해서도 둔황에 꼭 가볼 일이다.

백마탑이 있다. 쿠처의 고승 구마라지바가 장안으로 가던 중 타고 온 말이 이곳에서 병사하자 애도하여 세운 탑이다. 높이 12m의 아름다운 흰 탑이어서 어디서나 눈에 들어온다.

둔황석굴만큼 유명한 곳이 명사산과 월아천이다. 딱딱한 역사와 복잡한 불교벽화에 흥미 없는 사람이라도 명사산과 월아천에 오면 환호성을 지른다. 너무나 환상적이기 때문이다. 고운 모래가 바람에 날리면 마치 구슬피 우는 소리 같다고 해서 명사산이라고 한다. 둔황 시내에서 5km 떨어진 명사산으로 가는 길 양편에는 대추나무와 포플러 나무가 하늘 높이 뻗어있어 이국적인 정취를 더해준다. 명사산은 실크로드 서역 분위기를 한껏 고조시키는 낙타 트레킹 행렬이 줄을 잇는 곳이다.

명사산 안쪽으로 조금 들어가면 신비의 오아시스 월아천이

사방이 사구로 둘러싸인 월아천. 세상에서 가장 아름다운 오아시스

나온다. 오아시스 모양이 초승달 같다고 해서 월아천이라고 한다. 3,000년 이상의 역사를 가진 이 작은 오아시스는 아무리 가물어도 바닥을 드러낸 적이 없다. 사방이 온통 사막으로 둘러싸이고 모래바람이 사정없이 불어 모래 능선이 조금씩 이동하는데 어떻게 3,000년 넘도록 오아시스를 유지했는지 신비롭기 그지없다. 신발을 벗고 아름다운 사구 능선의 명사산 정상에 올라 그곳에서 바라보는 월아천은 더욱 환상적이다.

둔황은 역사적으로 유명한 면화산지다. 서역에서 목화가 전래되자 둔황의 주요 작물이 되었다. 그래서 20세기까지 둔황의 가을은 목화 실어 나르는 마차로 북적였다. 그런데 최근 몇 년 사이에 목화밭을 찾아보기가 어렵다. 포도가 목화를 대신하고 있기 때문이다.

앞에서도 언급했지만 최근 중국의 포도주 열풍으로 포도재배가 인기를 끌고 있다. 그래서 둔황의 목화밭도 모두 포도밭이 되었다. 그곳 농민에게 물어보니, 포도농사가 목화농사보다 2~3배 수입을 더 가져다준다고 말한다. 이로 인해 21세기 둔황의 가을은 목화 실은 마차 대신 건포도 생산을 위한 포도말리는 광경이 장관을 이룬다.

둔황 일내는 거무튀튀한 산과 사구가 산맥을 이루듯 길게 뻗어 있다. 거무튀튀한 평지 사막도 많다. 석유와 석탄 매장 때문에 그렇다고 하니, 21세기 둔황은 비단 대신 석유로 제2의 호황을 맞을 듯하다.

8. 서역남로의 실크로드

둔황을 지나 타클라마칸 사막 남쪽과 북쪽으로 이어지는 서역남북로는 무시무시한 모래폭풍이 부는 지역이다. 그러한 모래폭풍과 물줄기가 이동하면서 사라진 오아시스가 여러개 있다. 그 중 하나가 누란 왕국이다. 누란 왕국은 둔황에 비견될 정도로 실크로드의 교통 요충지로 화려한 번영을 누렸지만 어느 날 갑자기 역사에서 사라진 신비의 왕국이다.

누란 유적지는 거칠고 황량한 사막 가운데 있다. 일대의 사막은 모래면서 자갈이다. 누란 가까이의 사막은 돌과 자갈이 칼같이 솟아있어 '칼날 산'이라고 부르는 위험한 지역이다.

장안에서 둔황도 까마득히 먼 땅인데, 누란은 둔황에서 400km 더 서쪽에 위치했으니 참으로 아득한 곳이다. 그래서 이곳에 파견된 한나라 병사들은 막막하고 절망적일 수밖에 없었다. 이곳에서 발견된 병사의 목간 편지는 재회를 기약할 수

지도에서 볼 수 있듯이 누란은 둔황(돈황)만큼 중요한 실크로드의 교통 요충지다. 타림분지는 곧 타클라마칸 사막으로 남쪽은 쿤룬산맥, 북쪽은 톈산산맥이 뻗어 있다.

없는 가족에 대한 그리움과 근심 걱정의 심사가 가득하다. 실크로드는 이 같은 병사들의 희생과 헌신으로 유지되었다.

  모래 속에 파묻혀 있던 왕국 누란을 처음으로 깨운 사람은 19세기말 스웨덴의 스벤 헤딘이다. 그는 사막 속으로 사라져 위치조차 알 수 없던 누란의 유적지를 찾아내고 그곳에서 불탑, 한나라 화폐, 목간 등을 발견하였다. 이로써 누란은 1,500년 만에 왕국의 신비를 하나 둘 벗기 시작했다.

  1980년대부터 본격적으로 발굴되면서 더 많은 사실이 밝혀지고 있다. 발굴된 3,800년 전의 미라는 아시아계가 아닌 인도 유럽인종이다. 여성 미라에는 흰 왜가리 깃털이 꽂혀있는 것이 있다. 결혼할 때 남자가 사랑의 표시로 여자에게 흰 왜가리 깃털을 주는 것은 서역풍습이다. 한나라 비단과 서역의 모직물 그리고 페르시아 제품의 유리구슬과 인도 쿠샨왕조의 구리동전도 발견됐다. 이러한 사실은 누란이 실크로드의 요충지로서 활발하게 동서 문물을 교류했음을 입증한다.

서역남로는 누란에서 타클라마칸 남쪽, 즉 쿤룬산맥의 북쪽 기슭으로 가는 길을 말한다. 서역남로는 둔황→누란→미란→뤄챵→치에모→민펑→호탄→사처→카슈가르로 이어진다. 서역남로는 실크로드 시대에 타클라마칸 사막 북쪽의 서역북로보다 더 활성화되었던 길이다.

그러나 1980년대 철도가 타클라마칸 북쪽의 서역북로로 부설되면서 실크로드 답사의 주도권을 서역북로에 빼앗겼다. 실크로드 관광객은 우루무치에서 쿠처→카슈가르로 이어지는 서역북로로 몰려갔고, 철도가 없는 서역남로는 제외되었다. 이로써 서역남로는 일반인의 주목을 받지 못했고, 발전 또한 서역북로에 비해 크게 뒤처졌다. 그러나 바꾸어 말하면 서역남로가 실크로드의 문화전통을 더 많이 간직한 곳이라는 뜻이 된다. 실제 아직도 외부와 격리된 곳이 많은 이곳에서 인간의 순수하고 순박한 모습을 더 많이 만나볼 수 있다.

누란에서 가장 가까운 실크로드 오아시스 도시는 모래 속으로 사라진 미란이다. 미란은 누란과 뤄챵 중간 쯤 위치한다. 둔황에서 출발한 서역남로는 누란→미란→뤄챵으로 연결되는 루트였다. 미란은 기원전 1세기 이후 서역남로를 통한 동서교류를 통해 번영을 누리다 기원후 4세기 이후 쇠퇴하여 영원히 모래 속에 묻히고 말았다.

세월의 망각 속에 위치조차 알 수 없던 미란은 1907년 영국의 스타인에 의해 그 모습을 드러냈다. 스타인은 무너진 성채와 탑에서 어깨 양쪽에 날개 달린 독특한 천사상의 벽화를 발견했다. 붉은 옷을 걸치고 왼쪽을 향해 바라보는 모습의 인물상은 움푹 들어간 커다란 눈, 매부리 코, 짙은 눈썹, 붉은

미란 유적지와 스타인이 발굴한 날개달린 천사상

입술의 젊은 서양인 모습이다. 이 외에도 콧수염 있는 석가모니상이 출토되었다. 이 모두는 미란도 누란과 마찬가지로 동·서 문화교류가 상당한 수준으로 이뤄졌음을 의미한다.

현재 서역남로를 탐방하려면 우루무치나 투르판에서 쿠얼러를 거쳐 뤄챵으로 가거나 쿠얼러에서 룬타이를 거쳐 민펑으로 가는 사막 고속버스를 타면 된다. 최근에는 카슈가르에서 호탄까지 철도가 개통되었으니 더욱 편리해졌다.

필자가 1990년대 처음 서역남로에 갈 때는 우루무치에서 쿠얼러를 거쳐 뤄챵으로 갔다. 쿠얼러에서 하루에 한 번 출발하는 버스를, 그것도 며칠 결항한 끝에 겨우 탔다. 도로의 반은 도로라고 할 수도 없는 비포장의 사막 길이었고, 그조차 모래바람이 불면 없어지기 일쑤였다.

침대버스는 원래 1, 2층 모두 양쪽 창가와 중앙에 한 줄씩 3줄의 침대로 되어있지만, 그 버스는 불법 개조하여 한 줄 더 추가하여 자리가 비좁아 불편하기 짝이 없었다. 더욱이 노후 차량이어서 40도가 넘는 날씨에 에어컨조차 없었다. 버스는 사막 길을 나아가다 바퀴가 모래 속에 빠져 헛바퀴 돌기를 여러 번 했다. 간이 휴게소에서 1번 쉬고 타클라마칸 사막을 밤

서역남로의 이색적 풍경. 말과 당나귀가 끄는 마차는 여전히 교통수단으로 이용되고 있으며, 자연에서 살아가는 낙타도 종종 눈에 띈다. 실크로드 전통은 서역북로보다 남로에 더 많이 남아있다.

새 달려 다음 날 아침 뤄챵에 도착했다. 자리에서 일어나니 온 몸에서 모래가 쏟아지고 입안에서는 모래가 서걱서걱했다. 여행하며 그 때만큼 고생한 경우도 없었다.

그러나 실크로드 시대 사신과 대상들의 고생은 필자와는 비교도 되지 않았을 것이다. 그들은 낙타 등에 얹혀 이글거리는 태양과 모래바람에 노출된 채 걷고 또 걸어갔다. 그들은 텐트도 없이 양탄자 하나로 몸을 말아 겨우 새우잠을 자고 몇 달 몇 년을 걸려 실크로드를 오고갔다.

20여 년 전에 찾아갔을 때 뤄챵(차르클릭)은 작고 외진 지역의 소박한 오아시스여서 옛 모습을 많이 간직하고 있었다. 그렇지만 3,800년의 역사를 갖고 있는 오아시스다. 초등학교를 가보니 열악한 시설이지만 학생들은 순진하고 배움에 대한 열정이 충만했다. 학생 중에 한국을 아는 학생은 아무도 없었다. 1,200년 동안 외부와 단절된 데다, 기차를 본적이 없고 신장성 밖으로 나가본 적 없는 타클라마칸 남쪽의 작은 오아시스 어린이들이 어찌 한국을 알겠는가? 이곳 위구르 식당에서 음식을 먹은 외국인은 필자가 유일했을 것이다. 1990년대 이전에 외국인이 이곳을 방문할 일도 없지만, 와도 차량을 대절해서 유적지만 답사하고 떠났을 것이기 때문이다.

치에모(체르첸)는 뤄챵에서 300km 서쪽에 위치한다. 치에모는 8세기 실크로드가 붕괴된 이래 20세기까지 외부세계와 차단되어 뤄챵과 마찬가지로 2천년 동안 별다른 변화가 없었다. 1985년 치에모의 옛 유적지에서 도기와 모직물을 비롯하여 석기, 골기, 가죽 및 금속제품, 방직품 등 수천 점의 유물이 발굴되었다. 모두 기원전 1,000년~기원후 500년의 유물이었다. 실크로드가 개척되기 이전부터 역사를 일군 오아시스였음을 알 수 있다.

민펑은 치에모 서쪽 300km 지점에 있다. 위구르인이 니야라고 부르는 오아시스 도시다. 실크로드 시대에 민펑은 타클라마칸 남쪽에서 호탄 다음으로 큰 고을이었다. 2001년에 필자가 쿠얼러에서 최신 침대버스를 10시간 타고 타클라마칸 사막 고속도로를 이용해 민펑에 도착했을 때는 어둠이 걷히기 직전인 새벽 5시 30분이었다. 버스에서 내리니 뜻밖에도 닭 우는 소리가 들렸다. 한국에서 듣기 어려운 '꼬끼요!'하는 닭울음소리를 머나 먼 사막의 오아시스에서 들으니 그렇게 정겨울 수가 없었다.

필자는 대학시절 서재 벽면에 커다란 중국 전도를 붙여 놨다. 동양사 강독 시간에 2,000년 전후의 한나라 시대의 역사를 다룬 『사기』와 『한서』에 나오는 서역 36개국의 위치를 지도에 표기하며 그들을 상상해 보곤 했다. 필자가 대학을 다닌

타클라마칸 사막 남쪽에 길게 뻗어있는 거대한 쿤룬산맥의 만년설 녹은 물이 호탄과 민펑(민풍) 등 서역남로의 오아시스를 형성한다.

1970~1980년대는 사막, 오아시스, 만년설, 초원 등의 단어는 지구 밖 외계와 같은 곳이었다.

당시는 서역이라는 단어만 나와도 꿈길을 걷는 기분이었다. 장건이 대월지를 갔다 와서 무제에게 보고하는 서역에 대한 내용은 신비 그 자체였다. 그래서 서역, 그 중에서도 타클라마칸 사막 남북 쪽에 점점이 흩어져 있는 오아시스 도시를 가보는 것이 꿈같은 소원이었다. 특히 쿤룬산맥을 병풍으로 삼은 타클라마칸 사막 남쪽의 민펑과 호탄을 유독 가보고 싶었다. 딱히 무슨 이유가 있어서가 아니라 그저 막연히 민펑과 호탄이 호기심을 자극했다.

민펑과 호탄은 쿤룬산맥의 빙하가 녹아 흘러내린 물줄기가 이룬 오아시스 도시다. 쿤룬산은 중국과 우리나라의 고대 서적에 전설과 신화에 많이 등장하는 산이다. 중국에서는 신화

속의 서왕모가 사는 곳으로 그려졌다. 이런 쿤룬산을 민펑과 호탄에서 직접 볼 수 있다는 점도 매력을 끄는데 한몫했다. 그래서 지도 속의 민펑과 호탄을 보고 또 보며 언젠가 반드시 가겠다고 다짐했다. 이룰 수 없는 헛된 꿈이라는 생각이 들 때마다 2,000년 전 장건이도 갔는데 나라고 못 가겠느냐고 스스로를 위로했다.

그러나 당시는 극한 냉전시대여서 공산당이 지배하는 중국을, 그것도 위구르 족의 자치구 신장성의 민펑과 호탄을 간다는 것은 달나라에 가서 토끼가 계수나무 아래에서 떡방아 찧는 것을 보겠다는 것과 같았다. 그래서 친구들은 헛된 꿈 그만 꾸라고 면박을 주곤 했다.

그런데 1992년 어느 날 기적이 일어났다. 중국과의 국교수립 발표가 난 것이다. 반공을 국시로 하던 당시에 누구도 예상 못한 충격적 뉴스였다. 당시 중국의 지도자 덩샤오핑의 결단으로 한·중수교가 열리게 된 것이다. 필자는 이후 덩샤오핑을 무척 좋아하는 사람이 되었다. 아무튼 이렇게 해서 영원히 갈 수 없을 것 같던 금기의 공산국가 중공(당시는 중국을 '중공'이라고 했음) 땅이 기적처럼 열렸다.

그러나 바로 가지 못했다. 중국정부가 신장성을 외국인에게 개방하지 않았기 때문이다. 신장성은 당시 중국과 적대 관계였던 구 소련과 국경을 맞대고 있고, 독립을 열망하는 위구르인의 자치구였기 때문이다. 더욱이 여기에 핵실험 장소도 있었기 때문이다. 그러다 1990년대 말 외국인에게 개방이 되자 바로 신장성 탐방에 나섰다.

1990년대만 해도 신장성 여행에 대한 정보가 거의 없고, 대

민펑의 이국적 풍경, 해바라기 바다가 따로 없다.

부분의 중국인들조차 서역남로에 가본 사람이 거의 없는 상황에서, 더욱이 현지의 중국인과 위구르인들의 만류에도 수 십 년의 꿈을 실현하기 위해 도전에 나섰다. 두렵기도 했지만, 그 때의 부푼 꿈은 이루 다 형용할 수 없다.

그렇게 해서 온갖 불편을 감수하고 서역남로에 도착해 보니 불편이 아주 없지는 않았지만, 큰 문제는 없었다. 당시 서역남로 행은 내 생에 영원히 잊을 수 없는 추억으로 남아있다.

서역남로의 오아시스 도시들은 톈산산맥 너머 우루무치와 교류가 없었음은 물론이고 같은 타클라마칸 사막의 북쪽 오아시스 도시들과도 교류가 거의 없었다. 심지어 같은 서역남로의 오아시스 간에도 교류가 활발하지 않았다. 가장 큰 요인은 도로와 교통의 불편이었다. 이 같은 교류차단으로 2,000년 전 장건 시대의 실크로드 전통과 문화를 많이 간직하고 있다. 사람들은 순진무구했고, 가는 곳마다 별세계 같은 이국적이고 환상적이어서 평생 잊지 못할 추억으로 남아있다. 지금 그 때의 서역남로 여행을 생각하면 호랑이 담배피던 시절 같다는 생각에 미소가 지어지곤 한다.

민펑에서 가장 인상 깊었던 것은 해바라기였다. 망망대해같이 넓은 평원이 온통 해바라기 천지였다. 정말 장관이었다. 이국적인 풍경이란 이런 것을 두고 하는 말이었다.

2021년 현재 민펑을 비롯한 서역남로는 상전벽해 같은 변화와 발전을 이루어 20여년 전의 모습과 사뭇 다르다. 누누이 말하지만 중국과 서역에서 10년 세월은 다른 나라의 30~50년에 해당하는 비약적인 변화와 발전이다.

민펑은 실크로드 시대에 한나라에서 정절국이라고 불렀던 니야가 있던 곳이다. 니야는 기원전 2세기에서 기원후 5세기까지 발전했던 오아시스 왕국이다. 그러나 니야는 폐허가 된 채 사막 속에 묻혀있다. 니야로 흐르던 물줄기가 마르면서 사람이 살 수 없는 땅이 되어버렸기 때문이다. 쿤룬산맥에서 발원한 물줄기가 물길을 바꿨기 때문이다.

니야 유적지에서 높이 6m의 불탑을 중심으로 주거지와 관청이 발견되고 도기, 목기, 동기(동제 그릇), 화폐, 방직물 등의 유물이 발굴되었다.

특히 카로슈티어로 기록된 목간이 발굴되어 학계의 비상한 관심을 끌었다. 카로슈티 문자는 고대 인도 서북부에서 기원전 4세기부터 기원후 5세기까지 사용된 문자로 초기 불교관련 문헌에 사용된 언어다. 기원전 3세기 불교진흥에 크게 공헌한 인도 아소카왕 비문도 카로슈티 문자로 쓰여 있다. 카로슈티 문자는 파키스탄 북부와 중앙아시아를 거쳐 타림분지, 즉 타클라마칸 사막의 오아시스 왕국으로 전파되었다. 일부 학자는 카로슈티 문자의 목간에 근거해 니야를 포함한 서역남로의 오아시스 왕국이 인도의 지배를 받았다는 주장을 펴기도 한다.

'만사여의(萬事如意)'라는 한자가 쓰여 있는 비단에 감싼 여성 미라도 발견되었다. '만사여의'는 '모든 일이 뜻대로 되길 기원합니다.'라는 뜻으로 한자 문화권에서 많이 사용하는 기원문이다. 필자도 새해 인사할 때, 특히 중국 지인들에게 이 문구를 자주 쓴다. '만사여의'를 통해 실크로드 시대 사람들의 소원도 21세기 현대인과 별반 차이가 없음을 알 수 있다.

니야 유적지에서 중국의 한자와 인도의 카로슈티어가 동시에 발견되는 것은 니야가 동서 문화교류를 활발하게 추진했음을 증명하며, 다른 서역남로 오아시스 도시들도 비슷했을 것으로 추정된다.

서역남로의 교통 환경을 크게 바꾼 것은 1995년 룬타이에서 민펑까지 타클라마칸 사막을 가로지르는 522km의 사막고속도로의 개통이다. 제1 사막공로라고 불리는 이 도로 건설로 민펑이나 호탄에서 쿠얼러나 룬타이로 갈 때 서역남로로 우회해서 2, 3일 걸리던 것이 10~15시간으로 단축되었다. 이후 제2 사막공로와 철도가 개통되면서 변화는 더욱 빠르게 진행되고 있다.

고비사막과 타클라마칸 사막은 모래바람이 끝임 없이 분다. 모래바람 중에서도 오아시스 도시를 단숨에 삼켜버릴 듯한 거대한 모래폭풍을 '카부란'이라고 한다. 공포의 '검은 폭풍'이라는 뜻이다. 시속 100km가 넘는 모래바람이 하늘을 까맣게 뒤덮으면 달리는 기차와 버스마저 멈추게 한다. 도시 전체를 암

서역남로는 모래바람이 끝없이 분다. 그 중에서도 오아시스 도시를 삼켜버릴 듯한 거대한 모래폭풍을 '카부란'이라고 한다. 오아시스 도시를 암흑으로 빠트리는 공포의 '검은 폭풍'이라는 뜻으로 시속 100km가 넘는다.

흑세계로 만들고 모든 것을 휩쓸어갈 듯한 무시무시한 모래폭풍이다. 필자가 호탄에서 직접 겪어보니 오아시스 도시를 모래 속에 묻어버리는 것은 어려운 일이 아니라고 생각되었다.

서역남로의 사람들은 척박한 땅에서 불평 한마디 없이 순박하게 웃는 얼굴로 살아간다. 이런 그들의 모습을 보며 끝없는 물질적 욕망을 추구하며 살아가는 우리 자신을 돌아보게 된다. 현대문명의 온갖 혜택을 누리며 살아가면서도 만족보다 불만으로 가득한 것이 현대인이다. 실크로드의 삶을 보며 지나친 물욕에 탐닉하다 더 소중한 것을 잃지나 않는지 돌아보게 된다.

9. 옥의 고장 호탄

호탄은 타클라마칸 남쪽의 서역남로에서 가장 큰 오아시스 도시로 '호탄 옥'으로 유명한 곳이다. 실크로드 시대에 최고의 옥은 '호탄 옥'이다. 현재도 호탄 옥의 명성은 그대로 유지되고 있다.

옥문관은 중국 서역으로 나가고 들어오는 하서회랑의 서쪽 끝 관문이다. 그래서 옥문관 밖은 중국과 전혀 다른 세상의 외계로 인식했다. 반대로 서역에서 옥문관에 들어오면 그것은 정상적 인간세계 즉 중국세계로 발을 디뎠음을 의미했다. 이같이 옥문관은 단순한 방어 목적의 관문이 아니라 두 개의 세계를 가르는 관문이었다.

그런데 '옥문관'이란 호탄의 옥이 중국으로 들어오는 관문이라는 뜻이다. 호탄의 옥이 얼마나 아름답고 고귀한 물건이었기에 옥문관이라는 이름을 붙였을까!

고대 중국인은 옥을 '달빛이 정화해서 만들어진 결정체'라고 인식했다. 옥은 고귀함의 상징일 뿐만 아니라 불가사의한 힘이 서려있는 신비한 물건이라고 여겼다. 더욱이 영적인 힘을 갖고 있어 인간과 신이 교통하는 중개 역할을 한다고 믿었다. 때문에 황제와 황후가 죽으면 입안에 옥을 넣었는데, 그것은 옥의 영적인 힘으로 신과 좋은 관계가 이뤄지기를 바라는 마음이다.

옥에 대한 영적 믿음이 지나쳐 죽은 사람의 수의를 옥으로 만들면-이것을 '옥의'라고 한다. 죽어서도 몸이 썩지 않고 보존되었다가 언젠가 영혼이 몸속으로 돌아와 다시 살아 날 수 있다고 믿었다. 황당하기까지 한 이 같은 옥의가 실제 존재했

청나라 건륭황제의 옥새. 황제의 도장은 옥으로 만들었기 때문에 옥새라고 한다. 고대에는 옥새가 황제를 상징하기 때문에 옥새를 손에 넣는 자가 천하의 지배재가 되었다. 황제의 옥새는 말할 필요도 없이 '호탄 옥'으로 만든다.

을까 의아해했지만, 1968년 2,000년 전의 한나라 시대 무덤에서 2,500개의 옥을 금실로 꿰어 만든 옥의에 감싸인 시신이 발굴되었다. 이후 현재까지 모두 10여구의 한나라 시대 옥의 시신이 발견되었다.

　호탄 옥은 시간이 흐를수록 더 깊고 영롱한 색채를 띤다. 그래서 호탄 옥은 고매하고 순결하며 영원성을 상징한다. 심지어 신비의 약효마저 지니고 있다고 믿었다. 옥을 몸에 지니거나 가루로 복용하면 혈액순환, 심폐기능, 정신안정, 오장 기

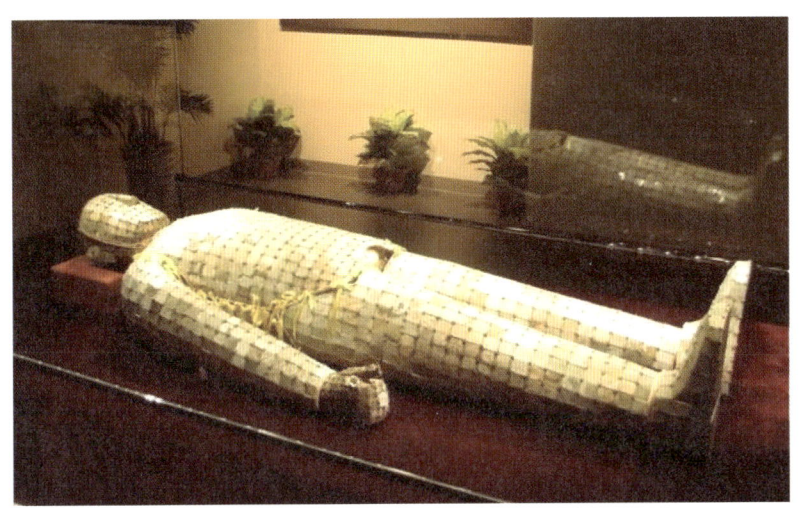

20세기에 발굴된 2,000년 전 한나라 시대의 (금루)옥의. 수천 개의 옥을 이어 붙여 시신을 감싸고 있다.

능을 강화해 준다고 믿었다. 그러한 믿음은 현재까지 이어져 중국인은 복과 건강을 위해 옥으로 만든 장신구, 목걸이, 팔찌, 발찌, 반지 등을 한 두 개 이상 소유하고 지닌다. 필자도 재미삼아 호탄 옥으로 만든 어깨와 등을 두드리는 안마공구를 구입해 가끔 사용하고 있다.

호탄 옥은 품질과 크기, 탁마에 따라 가격이 천차만별이다. 아주 싼 것은 1~2만원 하지만 비싼 것은 수십억 원을 호가한다. 현대 중국인들도 귀한 분이나 연인 등에게 여러 형태의 옥을 선물하는데, 필자도 중국의 고위층 인사로부터 여러 개의 호탄 옥을 선물로 받았다.

호탄 옥은 쿤룬산맥에서 나온다. 타클라마칸 사막의 남쪽으로 길게 뻗어있는 해발 7,000m의 쿤룬산에 있는 옥의 원석이 빙하가 녹아 흘러내릴 때 함께 쓸려 호탄 앞의 위롱스카

쿤룬산의 빙하가 녹아 흘러내릴 때 쿤룬산의 옥의 원석도 함께 호탄 앞의 위롱카스 강으로 쓸려 내려온다. 물이 빠지면 강바닥에서 옥의 원석을 캐낸다. 건기의 위롱카스 강과 그곳에서 캔 호탄옥 원석.

스 강으로 흘러든다. 이 위롱카스 강의 자갈더미에서 캐는 것이 호탄 옥이다. 현재도 위롱카스 강에서 매년 200~300kg의 옥이 생산된다. 옥은 백옥, 황옥, 벽옥, 청옥 등 여러 종류가 있는데 그 중에서도 백옥을 으뜸으로 친다.

호탄은 땅이 넓고 비옥하여 일찍부터 서역남로 최대의 오아시스 왕국이 건국되었다. 호탄 왕국은 옥의 교역을 통해 발전을 이뤘다.

호탄은 옛 우전국이 있던 곳으로 실크로드 시대의 많은 유적지가 있다. 시내중심에 당나라 시대 성벽이 있고, 근교에 우전국의 왕성으로 추정되는 말리카왓 고성이 있다. 고성터에서 여러 건물지가 발굴되었고 토기, 불상의 머리, 45kg이나 되는 한나라 시대의 화폐 오수전이 발견되었다.

단단우리커(단단울리크) 유적지는 호탄으로부터 120km 떨어진 사막 안쪽에 있다. 모래 속 유적지에서 한자와 인도 고대 문자인 브라흐미 문자로 기록된 문서, 목판화, 도자기, 화

단단우리커 출토 유물

폐 등이 발견되었다. 절터에서 간다라 양식의 부처와 보살상의 벽화도 발굴되었다.

호탄의 현재 인구는 35만 명으로 80%가 위구르족이다. 서역남로의 최대 도시답게 현대식 빌딩이 들어서며 빠르게 현대화 되고 있다. 1,000년 동안 침체에 빠져있던 호탄이 발전하게 된 것은 앞에서 언급한 1995년 사막공로의 개통이다. 서역북로의 룬타이에서 서역남로 민펑으로 연결된 사막공로의 개통이 민펑에서 가까운 호탄의 발전을 견인한 것이다. 사막공로가 건설됨으로써 신장성의 성도 우루무치에서 호탄에 도달하는 거리를 500km 단축시켰다.

2007년에는 타클라마칸 북쪽의 쿠처 인근의 아라얼에서 남쪽의 호탄을 잇는 제2 사막공로가 개통되었다. 2011년에는 카슈가르에서 호탄까지 철도가 부설되어 발전의 속도를 배가시켰다. 현재 공사 중인 호탄에서 뤄챵까지의 철도공사가 2022년 완공되면 서역남로의 전체 철도망이 완성된다.

호탄을 비롯한 서역남로 오아시스 도시는 30년 전에 철도가 개통된 쿠처와 카슈가르 등의 서역북로 오아시스보다 발전이

호탄을 비롯한 타클라마칸 남쪽의 서역남로는 고속도로와 철도가 개통되면서 빠르게 발전하는 중이다.

크게 뒤떨어져 경제적으로 매우 낙후됐지만, 철도와 고속도로의 인프라가 구축됨으로써 산업과 관광산업을 통한 경제발전이 빠른 속도로 진행되고 있다.

호탄은 서역남로에서 유일하게 사범대학이 있다. 2~3년제의 전문대 성격의 사범대학은 초·중등 교사를 배양하는 사범계 학과를 비롯한 23개 전공에 6,000여명의 학생이 재학하고 있다. 이곳에서 배출되는 교사가 서역남로의 교육을 담당한다.

사범대학에서 만난 학생들은 위구르, 하사크, 우즈베크, 타지크, 몽골 등 다양한 민족으로 모두가 발랄하고 진취적이었다. 그들과 대학생활과 그들의 이상에 대해 대화를 나누었다. 유목민족 후예라서 그런지 학생들은 외국인인 필자에게 매우 호의적이었다. 한국에 대해 묻자 워낙 먼 나라여서 인지 그냥 아는 정도라고 답하며 한국인을 처음 만난다고 한다. 학생들에게 함께 사진 찍자고 제안하니 주위 학생들까지 우르르 합세한다. 사진 찍으며 웃음과 함성으로 교정이 한바탕 소란스러웠다.

학생들과의 대화를 통해 책이나 관찰로 파악할 수 없는 많은 사실을 알게 되었다. 필자가 매번 현지인 속으로 들어가 실크로드를 탐방하는 것은 이 같은 이유 때문이다. 이들과 직접 접촉하여 얻는 지식과 상식은 살아있는 실질적인 내용들이다. 현지의 사람들을 만나지 않고 형해의 유적지만 보고 떠나는 것은 허상의 답사일 수밖에 없다.

호탄은 서역에서 비단으로 유명한 곳이다. 그들은 호탄 비단에 대해 대단한 자부심을 갖고 있다. 중국은 비단 독점을 위해 양잠기술의 국외반출을 엄격하게 금지했다. 각 관청과 변경의 관문에서는 뽕나무 종자와 누에가 국외로 빠져나가는 것을 철저히 감시했다.

그렇지만 서역 각국은 어떻게 해서든지 비단을 직접 생산하고 싶어 했다. 비단을 생산할 수 있다면 단번에 경제적 비약을 이룰 수 있기 때문이다. 호탄도 그러한 꿈을 갖고 극진한 예를 갖춰 중국에 조공하고 공주를 맞이하고 싶다는 청혼을 했다. 중국 황제는 호탄을 부속국으로 삼아 서역남로를 장악하기 위해 청혼을 받아들였다.

그러나 뜻하지 않게 모래바람 날리는 머나 먼 서역으로 시집가야 하는 공주에게는 청천벽력 같은 날벼락이었을 것이다. 가족과 고향을 떠나 언어와 풍습이 전혀 다른 사막의 오아시스로 시집가는 것은 절망이고 공포였다. 호탄이 어떤 나라인지, 그런 호탄에서 어떻게 살아야 할지 걱정도 걱정이지만, 많

호탄 야시장에서는 다양한 공연을 통해 서역 실크로드의 분위기를 물씬 풍긴다. 패션 감각이 있는 호탄의 소녀들.

은 딸 중에서 하필 자신을 보내는지 원망도 했을 것이다. 이럴 즈음 호탄 왕이 공주에게 은근한 전갈을 보내왔다. 호탄은 누에와 뽕나무가 없으니 그것을 가져다 줄 것을 부탁한 것이다. 공주는 마침내 국법을 어기고 누에고치와 뽕나무 씨를 머리에 쓴 왕관 속에 숨겨 국경을 빠져나갔다. 이렇게 해서 비단제조 기술이 처음으로 서역에 전달되었다.

1907년 호탄 인근의 단단우리커 고대 유적지에서 '잠종서점도'라는 목판화가 발견되었다. 호탄으로 시집가는 공주의 왕관 속에 누에가 있음을 한 시녀가 손으로 가리키는 유명한 그림이다. '잠종서점도'는 실크로드에서 가장 중요한 유물의 하나로 현재 대영박물관에 소장되어 있다.

호탄은 비단생산을 계기로 부유하고 강력한 왕국으로 부상했다. 호탄은 타클라마칸 사막 일대를 지배하며 둔황까지 그 세력을 뻗쳤다. 그 때의 호탄 왕 모습이 둔황석굴 벽화에 남아있다. 호탄 왕은 수십 개의 옥으로 치장한 비단 옷을 입고, 연초록색의 옥으로 장식된 옥향로를 들고 있다. 옥의 나라 호탄 왕다운 모습이다.

호탄의 바자르(시장)는 실크로드 시대부터 유명했다. 국제바자르를 찾아가니, 건물 입구 양쪽에 초승달을 꼭대기에 단 첨탑형태의 이슬람식 건축이다. 초승달은 마호메트의 깨달음을 상징하는 것으로 이슬람 건축양식의 핵심이다. 시장은 꽤 크고 실크로드 시대와 마찬가지로 중앙아시아 서역 각국의 물품이 가득했다. 현재도 비단은 인기 품목이었다. 시장을 둘러보는데 어느 상점에서 세련된 위구르 여인이 의자에 앉아 아이폰으로 검색에 열중하고 있다. 스마트폰으로 세계가 하나로 연결되고 있음이 실감났다.

호탄의 전통시장은 노천시장이다. 시장이 열리는 날은 인근 지역의 사람들까지 몰려들어 북새통이다. 사막을 건너온 사람, 쿤룬산의 초원을 넘어온 사람들도 있다. 시장 일대는 자동차와 화물차, 말과 나귀가 끄는 달구지 등으로 혼잡하기 이를 데 없다. 예전의 우리네 시골 장터를 보는 듯하다. 혼잡함 속에서도 사람 사는 냄새가 가득하여 무척 즐겁다.

국제시장과 전통시장에서 많이 볼 수 있는 카펫, 즉 융단은 전통 방식으로 생산하는 것으로 품질이 뛰어나 투르판 시장에서도 인기다. 여인의 손으로 한 땀 한 땀 짜는 카펫은 무늬가 화려하고 아름다우며 부드럽기 짝이 없다. 큰 카펫 한 장을 짜는데, 3사람이 2달 걸린다고 한다.

호탄은 불교가 일찍 전래되었지만, 현재는 완전한 이슬람지역이다. 불교 국가였던 호탄이 이슬람 국가로 된 것은 11세기 무렵이다. 호탄은 1948년까지 이슬람 지도자가 통제하였다. 그래서 현재 이슬람 전통이 무척 강하다.

호탄에서 서쪽으로 158km 가면 피산에 도달한다. 피산 왕

삭막한 사막을 달리다 푸른 포플러가 줄지어 나타나면 곧 오아시스에 도착한다는 뜻이다. 사막에서 만나는 포플러는 그렇게 싱그러울 수가 없다.

국은 작은 오아시스지만 2,000년 전 한나라 시대부터 존재했던 유구한 나라다. 작은 나라여서 사처나 호탄에게 병합되거나 예속되곤 했다.

황량한 사막을 오랫동안 지루하게 달리다 도로 양쪽으로 푸른 포플러가 줄지어 나타나면 그렇게 기쁠 수가 없다. 곧 오아시스에 도착한다는 뜻이다. 하늘 높이 쭉쭉 뻗은 푸른 나무는 보기만 해도 시원하다.

최근에 오아시스마다 나무 심고 가꾸기에 바쁘다. 오아시스의 사막화를 막아주고 더위를 식혀주며 방풍효과까지 해주기 때문이다. 그래서 2중, 3중으로 가로수 숲을 조성하고 있다. 아름드리 포플러와 백양나무 숲은 사막의 무시무시한 모래바람을 막아주고 탁한 먼지까지 정화해준다. 오아시스 목재용으로도 그만이다.

위구르족의 사랑을 받는 잉지사의 전통 수제 칼. 위구르 남자들은 칼을 허리에 휴대하는 풍습이 있다.

사처(야르칸트)는 호탄에서 서쪽으로 250km 지점에 위치해 있다. 기원전 1세기 한나라 때 사처왕은 오손에서 시집 온 공주가 낳은 아들 만년을 사랑했다. 한나라는 타림분지의 서역 제국을 통제하기 위한 방편으로 각국의 왕자를 인질로 장안에 데려왔다. 사처에서는 만년을 인질로 보냈다. 사처왕이 죽자 사처 사람들은 한나라와의 관계를 유지하면서 서역의 강대국 오손의 마음까지 얻고자 만년을 사처왕으로 삼았다. 그러나 만년은 왕이 된 후 폭정을 일삼았고, 이에 만년의 숙부 호도징이 만년을 죽이고 왕위에 올라 주변 나라와 연합해 한나라를 배반하였다. 한나라는 군대를 보내 사처왕을 죽이고 사처를 예속시켰다.

사처 왕국은 전한이 신나라에게 망하고, 신이 15년 만에 다시 멸망하는 혼란을 틈타 호탄 왕국을 비롯하여 누란과 서역 북로의 구자까지 복속시켰다. 그러나 기원후 1세기(87년) 후한의 반초에 의해 다시 정복되어 다시 후한에게 예속되었다.

잉지사는 사처로부터 127km 거리에 있다. 이곳은 칼의 제조로 유명한 곳이다. 위구르인이 허리에 차고 있는 칼의 대부분이 잉지사 제품이다. 이곳은 수백 년을 이어온 전통적인 수작업으로 칼을 생산한다. 잉지사 칼은 강도가 강하고 예리하며 아름다워 위구르인의 사랑을 받는다. 위구르인이 칼을 허리에 휴대하는 풍습은 양을 잡고 양고기를 썰어 먹는 유목적 전통이다.

잉지사에서 서쪽으로 72km를 가면 타클라마칸 사막의 서쪽 끝 소륵, 즉 카슈가르에 도착한다.

10. 타클라마칸 사막의 서쪽 끝 카슈가르

카슈가르는 서역남북로에서 가장 매력 있는 이슬람의 향기가 살아있는 도시다. 때문에 신장성에 가서 카슈가르에 들르지 않았다면 신장성을 못 본 것이나 마찬가지다. 카슈가르는 위구르 민족의 정신적 고향이라는 자부심이 강한 곳이다.

카슈가르는 타클라마칸 사막의 서쪽 끝, 즉 파미르 고원과 맞닿은 지역으로 한나라와 당나라의 수도 장안에서 3,700km, 현재의 중국 수도 베이징에서 6,000km 떨어진 머나먼 땅이다. 당나라 시절 카라반이 장안을 출발하여 사막과 눈 덮인

중국 신장위구르자치구는 중국의 가장 서쪽 땅이다. 소륵 즉 카슈가르는 신장위구르 자치구에서 가장 서쪽 끝에 위치해 있다.(지도: 네이버)

산맥을 넘는 고행 끝에 1년 만에 카슈가르에 도달했다. 그래서 당시는 서역의 끝, 땅의 끝이라고 불렀다.

카슈가르의 실크로드 시대 명칭은 소륵이다. 소륵은 북으로 톈산산맥, 서쪽은 파미르고원, 남쪽은 쿤룬산맥이 둘러싸고, 동쪽으로는 황량한 타클라마칸 사막이 펼쳐져 있다. 그래서 소륵은 타클라마칸 사막을 가운데 두고 남쪽의 서역남로와 북쪽의 서역북로로 갈라진 실크로드 길이 합류하는 곳이다.

소륵에서 중앙아시아 서역으로 가려면 파미르고원을 넘어야 한다. 파미르는 눈과 빙하로 뒤덮인 해발 4,000m~6,000m의 세계의 지붕으로 한 발만 잘못 내디뎌도 천 길 낭떠러지 계곡으로 떨어져 죽는 공포의 땅이다. 공기가 희박해 인간은 물론 고산 동물 야크마저 죽기도 하는 곳으로 인간의 한계를 시험하는 극한의 땅이다.

　때문에 고승, 장군, 상인, 탐험가 등 모두는 파미르를 넘기 전에 소륵에서 충분히 쉬며 몸을 보충했다. 반대로 서역에서 온갖 간난을 이겨내고 파미르를 넘어온 사람들은 소륵에서 쉬면서 지친 몸을 회복했다. 현장법사와 왕오천축국전을 쓴 신라의 혜초도 파미르를 넘어 소륵에서 휴식을 취하며 다음 여정을 준비했다. 이와 같이 소륵은 중앙아시아로 통하는 길목으로 실크로드의 동서 교류의 요충지였다.

　21세기 현재 카슈가르는 옛 서역 왕국이었던 중앙아시아의 키르기스스탄, 우즈베키스탄, 카자흐스탄, 타지크와 파미르 고원 남쪽을 경유하는 파키스탄, 모두 인도와 활발히 교역하고 있다. 교역물품과 방식만 바뀌었을 뿐 실크로드 시대와 똑 같은 교류와 교역이 이뤄지고 있는 것이다.

　소륵은 이미 2,000년 전의 한나라 시대부터 시장이 발달하여 상점이 즐비했다. 소륵은 실크로드가 번성했던 기원전 2세기부터 기원후 8세기에 가장 번영했다. 실크로드가 붕괴한 8세기 이후 장안과의 교류는 단절되었지만 서역 국가들과의 교류는 계속 이어졌다. 때문에 19세기에 영국, 러시아가 이렇게 깊은 오지의 카슈가르에 영사관을 설치하고 중앙아시아 진출의 거점으로 삼았던 것이다.

　카슈가르의 현재 인구는 70만 명으로 타클라마칸 사막 남북로에서 가장 큰 도시다. 31개 소수민족이 살고 있으며 그 중 위구르족이 전체의 90%다. 카슈가르는 불교가 일찍 전래되었지만, 10세기말에서 11세기 초 카라한 왕조 시기 타림분지에서 가장 일찍 이슬람화 되었다. 현재 카슈가르는 신장성의 이

타림분지는 물론이고 신장성에서 가장 큰 카슈가르의 아이티갈 이슬람 사원

슬람의 핵심도시로 이곳의 이슬람 사원인 청진사 수가 신장성 전체의 42%에 달한다. 신장성의 이슬람 핵심 지역이라고 할 수 있다.

카슈가르는 이슬람의 최대 행사인 라마단 단식제를 마치는 9월말은 도시 전체가 축제로 떠들썩하다. 그 때는 신장성 최대 이슬람 사원인 아이티갈 모스크 안과 밖으로 10만 명의 사람들로 인산인해를 이룬다. 매년 이 기간에 카슈가르는 물론이고 먼 지역에서 사람들이 몰려든다. 악대는 지붕 위에서 하루 종일 연주하고, 남성들은 광장에서 춤을 춘다.

소륵은 한나라 시기에 인구 1만 9천명으로 큰 왕국은 아니었다. 그러나 실크로드가 본격적으로 열리면서 부유한 강국이 되어 톈산산맥 서쪽 너머의 대월지, 대원, 강거까지 세력권에 넣었다. 후한시대는 반초가 소륵에서 타림분지의 오아시스 왕

라마단 기간에는 인근 오아시스 사람들까지 몰려들어 10만 명의 무슬림이 아이티갈 사원의 안과 밖에서 예배하는 장관을 연출한다.

국을 다스려, 소륵이 타림분지의 정치 군사의 중심도시가 되었다. 카슈가르에 반초 유적지와 그의 동상이 있는 것은 이 같은 이유 때문이다.

소륵은 당나라 시대에 서역 4진의 하나로 당나라 군대가 주둔했다. 7세기 소륵에 들른 현장법사는 '사람들의 기질이 난폭하고 예절이 부족하지만 불심이 깊어 복덕이익을 위해 정진한다. 사찰이 많고 승려가 1천명이 넘는다. 기후가 온화하여 과일이 풍부하고 카펫의 질이 뛰어나다'라고 하였다. 카슈가르 외곽에 있는 삼선동은 기원전 2~3세기에 조성된 석굴로 중국에서 가장 오래되고 가장 서쪽에 위치한 불교석굴이다.

소륵 즉 카슈가르의 전략적 가치는 청나라(1636~1912) 말기에도 발현되었다. 19세기부터 20세기 초에 중앙아시아를 둘러싸고 주도권 다툼을 벌이던 영국과 러시아는 카슈가르에 영사관을 설치하였다. 중앙아시아에 대한 정치 군사적 활동을 벌이는 한편, 중앙아시아와 타클라마칸 사막 일대의 옛 실크로드 지역을 탐사하기 위함이었다. 1,200년 동안 역사의 뒤안길에서 잠자던 실크로드를 깨우는데 선도적 역할을 한 영국의 오렐 스타인과 러시아 탐사대가 이곳 카슈가르의 영사관 지원을 받으며 활동했다.

카슈가르는 옛 실크로드의 중심지였기 때문에 많은 유적이 있다. 가장 유명한 곳이 향비묘다. 향비라는 여인이 묻혔다고 해서 향비묘라고 한다. 향비묘는 시내 중심에서 북동쪽으로 5km거리에 있다. 카슈가르에 다음과 같은 호자 가문의 아름다운 여인에 대한 전설이 내려온다.

18세기 청나라 건륭 황제가 꿈속에서 한 아름다운 여인을 만났다. 너무나 생생한 꿈이어서 황제는 그 여인이 실재한다고 믿고, 그 여인을 찾기 위해 사방으로 사람을 보냈다. 마침내 카슈가르에서 그 여인을 찾아 베이징의 궁궐 자금성으로 데려왔다. 그런데 여인의 몸에서 향기가 감돌아 '향기나는 비빈'이라는 뜻의 향비라고 불렀다. 향비의 몸에서 향기가 나는 것은 서역의 대추와 관련 있다는 주장이 있다. 서역의 대추는 당도가 높고 향이 짙어, 이런 대추를 자주 먹으면 향이 몸에 밴다는 것이다.

건륭제는 그녀를 끔찍이 총애하여 특별히 그녀를 위해 이슬람식 건물을 지어주었으나 향비는 황제와의 잠자리를 끝까지 거절하고 언제나 창가에 기대어 서쪽을 바라보며 고향을 그리워하였다. 이를 못마땅하게 여긴 황태후가 어느 날 황제가 없

카슈가르 위구르족의 영원한 마음의 안식처 향비묘

는 틈을 이용하여 향비를 죽였다고 한다.

다른 전설에 의하면 1757년 그녀의 나이 22세 혹은 26세 때에 청나라 건륭제의 비가 되었으나 망향병으로 1763년 29세의 젊은 나이로 세상을 떠났다. 일설에는 궁궐에서 25년 혹은 28년 지내다 죽었다고 한다. 황제의 비로 선택되었지만 황제의 구애를 뿌리치고 스스로 죽음을 택했다는 것이다. 카슈가르 사람들은 황제의 수청을 거부하다 황태후의 명령으로 환관에게 목 졸려 죽었다고 주장한다.

또 다른 주장은 향비가 고향에 정혼한 사람이 있었기 때문에 황제가 수청 들기를 요구할 때마다 칼을 빼들고 그 요구를 거절했다고 한다. 위구르의 춘향이라고 할까? 아무튼 향비가 죽자 카슈가르 사람들 124명이 특수 상여를 메고 베이징에서 카슈가르까지 3년 반 걸려 향비의 시체를 운구해 와서 향비묘에 안장했다는 것이다.

향비는 이곳 카슈가르 위구르인들의 정신적 상징으로 추앙받는다. 그들의 민족적·정치적 열망과 연계되어 향비를 더욱 띄우고 있다는 생각이다. 그렇지 않고서야 아무리 미인이라고 해도 중국 황제의 후궁으로 살다가 죽은 인물을 이렇게까지 흠모하고 위인화 할 수 있을까?

그런데 일부 한족 중국인 학자들은 향비의 존재 자체에 의문을 제기한다. 그녀는 용비가 와전된 것으로 용비는 건륭제가 묻힌 베이징 동쪽 준화시에 있는 청대 황제들의 무덤 동릉에 묻혔다고 주장한다. 즉 카슈가르에 있는 향비묘는 가짜의 허묘라는 것이다.

이렇듯 향비에 대한 주장이 다양하여 어느 하나를 단정 짓기 어렵다. 다만 이 여인이 카슈가르의 지배가문인 호자가의 여인으로 카슈가르의 미인으로 소문이 자자했던 것만은 사실인 듯하다. 그러나 진짜 중요한 것은 이곳 카슈가르 위구르인은 향비와 향비묘를 움직일 수 없는 진실이라고 믿고 있다는 사실이다. 그들에게 향비는 살아있는 역사이며, 향비묘는 가장 성스러운 장소이다. 그래서 사후 향비묘가 있는 일대에 묻히는 것을 영광으로 여긴다.

향비가 묻혀있는 향비묘는 향비의 단독 묘가 아니다. 향비묘에는 향비와 함께 5대에 걸친 호자가 일족 72명이 묻혀있다. 17세기에 마호메트의 직계자손이라고 자칭하는 호자 일족이 카슈가르 일대를 지배하였는데, 이들이 이슬람 양식의 가

카슈가르의 전통마을 라오청. 실크로드 시대 때의 건축양식과 생활양식을 보여주는 전통지역으로 관광객의 인기가 높다.

족묘를 조성한 것이 아바 호자묘로, 이른바 향비묘다. 향비묘는 위구르족 건축 형태로 크고 웅장하다. 묘실 안 사방의 녹색 유리기와에 아름다운 그림이 그려져 있어 신비로움을 더한다. 이곳에 안치된 향비의 관은 항상 노란색 비단 천으로 감싸여 있다.

최근 20여년 만에 다시 향비묘를 방문해 보니 전과는 완전히 새로운 모습으로 변모해 있었다. 이전에 없던 아름다운 이슬람 건축물이 들어섰고 향비묘와 멋지게 조화를 이루는 인공호수도 생겼다. 명칭도 향비묘가 아니라 '향비원'으로 좀 더 큰 의미를 담고 있다.

카슈가르는 실크로드 시대부터 바자르로 유명하다. 현재도 2개의 국제시장과 강변에서 열리는 전통시장이 있다. 전통시장의 주말 시장은 수만 명의 인파가 몰려든다. 우루무치가 신장성의 성도로 발전하기 전까지 이곳이 신장성 최대의 전통시장이었다. 교역의 중심 도시답게 신장성을 비롯하여 중앙아시아, 중동 등 서역 각지의 상품이 즐비하다. 비단을 비롯하여 카펫, 각종 직물, 수공업 제품, 서역의 과일과 채소 그리고 일

카슈가르의 국제시장

용품에 이르기까지 없는 것이 없다.

 가축시장도 인산인해 속에 수많은 말, 양, 낙타 등이 거래된다. 음향기에서 나오는 음악과 사람들의 흥정소리로 시장은 떠들썩하고, 양꼬치와 낭을 굽는 구수한 냄새는 식욕을 자극한다. 시장은 단순히 물건을 사고파는 것이 아니라 그 지방 사람들의 삶과 문화를 간직한 곳이다. 그래서 외국에 가면 반드시 시장을 가봐야 하는데, 서역 실크로드는 더욱 그러하다.

 카슈가르에서 또 하나의 볼거리는 수공업 시장이다. 이 지역 최대 사원인 아이티갈 사원 주변에 있는 면적 2, 3평의 조그만 상점들이 모여 있는 곳이다. 이곳에는 세상에 없는 물건이라고는 하나도 없을 것 같은 진귀한 물건들이 가득 쌓여있다. 아라비안나이트에 나오는 요술 램프 같은 물건도 있고, 형형색색의 모자와 신발, 온갖 장신구 등이 가게마다 수북하다.

서역의 전통 악기점

진열된 서역의 물건을 보는 것만으로도 무척 즐겁다.

아이티갈 사원 앞 광장 오른 쪽 골목에는 작은 상점들이 모여 있다. 전통 방식으로 금은세공의 온갖 제품을 생산하는 곳이다. 이곳 장인들은 대를 이어 기술을 전수한다. 전통 악기점과 보석세공 상점은 여성들이 즐겨 찾는다. 귀걸이, 반지, 목걸이 등으로 몸을 치장하는 것을 좋아하기 때문이다. 온 재산을 몸에 걸치고 이동하며 살아야했던 유목민족의 유습이다. 장인은 손님의 요구에 따라 즉석에서 물건을 만든다.

아이티갈 사원 광장의 노천 상점도 먹거리와 볼거리가 많다. 실크로드를 여행하면서 가장 즐거운 일의 하나가 세상에서 가장 맛있는 과일을 먹는 일이다. 카슈가르도 예외가 아니다. 무덥고 갈증이 나면 과일 파는 곳으로 간다. 수박 하미과

등의 과일을 조각으로 팔아 여행자가 간편하게 먹기 좋다. 서역 어디를 가든 과일이 풍성하고 가격은 무척 싸다.

11. 파미르의 타스쿠얼간

　서역은 과일의 천국이다. 이름도 알 수 없는 과일부터 생긴 모습이 특이하고, 맛 또한 독특한 과일이 시장과 노점에 수북하다. 이들 과일의 공통점은 세계 최고의 맛이라는 것이다. 실크로드가 세계 최고의 과일 산지가 된 데는 특유의 자연조건 때문이다.
　무엇보다 과일이 생장하는 기간 고온의 날씨가 장기간 지속된다. 35~45도의 고온의 날씨가 2달 이상 이어진다. 고온의 날씨는 과일 맛을 뛰어나게 할 뿐만 아니라 병충해까지 예방해준다.
　풍부한 일조량도 최고 품질의 과일을 결정하는 중요한 요소다. 여름철의 실크로드 하늘은 구름 한 점 없는 날의 연속으로, 지상으로 내리쬐는 뜨거운 태양은 여름철 바닷가의 강렬한 햇볕보다 강하다. 낮에 그렇게 무덥던 날씨가 밤에는 선선하기 이를 데 없다. 이렇게 낮의 길이가 길고 일교차가 크게 벌어지면 과일 당도는 최고치로 올라간다.
　강수량이 적고 습도가 낮은 건조한 날씨는 과일의 맛을 결정하는 중요한 요소다. 그런데 서역은 지구상에서 가장 건조한 지역이고, 과일 재배도 노천에서 이뤄진다. 오아시스에서 비닐하우스 재배는 찾아보기 어렵다. 비닐하우스보다 노천 재

실크로드 대추. 향긋한 향내가 진하고 맛이 달며 영양분이 풍부하다.

배의 과일 맛이 뛰어나다는 것은 삼척동자도 아는 사실이다. 게다가 매년 부는 강한 바람은 객토작업 효과를 가져 온다. 지력을 강화시켜주는 역할로 농약과 비료 사용을 필요 없게 한다.

이와 같은 요인에 의해 실크로드 과일은 세계 최고의 맛을 자랑한다. 실크로드를 다녀오면 한동안 서역의 달콤한 과일 맛이 입안을 맴돈다. 실크로드를 수없이 간 이유 중 하나는 과일 맛을 잊을 수 없기 때문이다.

서역의 배는 생긴 모습이 영락없는 모과다. 색깔도 모과와 비슷하다. 그래서 볼품없게 보이지만 맛은 천하일품이다. 향긋한 향내의 맛있는 대추도 빼놓을 수 없다. 앞장에서 향비에 대한 애기를 했지만, 향비뿐만 아니라 서역 여인의 몸에서 달콤한 향내가 나는데, 그것은 사막에서 자라는 서역 대추를 즐

실크로드 서역 중국 신장성은 미국, 이탈리아에 이어 세계 3위 토마토 생산지로 영양가로선 세계 최고다. 세계에 유통되는 토마토 케찹의 4개 중 1개가 신장성에서 생산된다.

겨먹고 그 즙을 풀어 목욕하기 때문이다.

　서역 대추는 산시성(섬서성)의 황토지대에서도 생산되어 시안의 특산물 왕대추로 유명하다. 그러나 맛에서는 타클라마칸 사막의 오아시스에서 생산되는 대추를 따라갈 수 없다. 서역 대추나무의 뿌리는 물을 찾아 30m까지 파 내려간다. 이렇게 뿌리가 깊이 내려가면 열매는 작아지고 생긴 모습이 볼품없게 되지만 맛과 향기는 더욱 진하고 영양분은 많아진다.

　멜론의 일종인 하미과, 수박, 석류, 무화과도 서역을 대표하는 과일로 여행객의 입맛을 사로잡는다.

　이러한 풍부한 과일이 신장성의 실크로드 서역인의 장수에 영향을 미치는 것으로 조사되었다. 신장성과 그 주변지역은 19세기 이전부터 세계에서 손꼽히는 장수촌으로 이름 높다.

현대 의학이 발달한 20세기 이후는 현대인 전체가 수명이 크게 늘어나 장수마을 운운하는 자체가 큰 의미가 없다.

우리나라의 2020년 평균수명도 80세 전후로 장수국가 반열에 올라있다. 그러나 1970년 전후만 해도 평균 수명이 60세가 되지 못했다. 15~19세기의 조선시대 평균수명은 50세가 되지 못했고, 삼국시대는 37세라는 주장이 제기된다. 우리나라만 이렇게 수명이 짧은 것이 아니라 19세기 이전 세계 각국의 평균수명 또한 매우 짧았다.

이에 반해 신장성은 19세기 이전부터 수명이 길었다. 세계 최고 장수마을로 유명한 훈자마을도 신장성 바로 옆에 위치한다. 2000년 이전 신장성의 100세 이상 인구는 중국 전체 백세 이상 노인의 4분의 1이었다. 당시 중국 전체 인구가 13억 명이고 신장성이 2,000만 명임을 고려하면 신장성 노인 인구 비율이 압도적으로 높음을 알 수 있다.

열악한 자연 경제적 환경의 서역에 살고 있는 사람들이 장수할 수 있는 또 하나의 비결은 많은 과일 섭취에 있다. 1년 과일 소비량이 126.2kg이며, 백세 이상 노인은 200kg 이상이다. 다른 나라의 4~5배라고 생각하면 된다. 또 장수하는 사람의 3분의 2가 직접 과수를 재배하고 있다.

90세 이상 장수하는 노인들이 즐겨 먹는 과일은 살구·포도·복숭아·하미과·오디·수박·무화과 등이다.

이 중에서 눈에 띄는 과일이 살구다. 다른 지역에서 살구는 과일로 별다른 대접을 받지 못하고, 선호하는 과일도 아니다. 이에 반해 이곳 사람들 특히 노인층이 살구를 즐겨 먹는다. 그것도 1년 내내 즐겨 먹는다. 최근의 연구에 의해 살구가 암

신장성에서는 모든 과일을 건조시켜 겨울 내내 먹는다. 사진은 여러 종류의 건포도로, 건포도 종류만 100가지가 넘는다.

발병을 낮추는 성분이 있는 것으로 확인되었다.

혹자는 여름 가을이야 이해되지만, 혹독한 겨울에 무슨 과일이 있어 즐겨 먹느냐고 의아해할지 모른다. 이 의문은 신장성에 한 번만 가보면 금세 풀린다. 그들은 과일이란 과일은 모두 건조시켜 먹는다. 강렬한 햇살과 자연바람을 이용한 천연건조 방식이어서 영양가도 높고 몸에도 좋다. 이렇게 말린 과일을 겨울 내내 먹는 것이다.

또 하나의 장수요인은 요구르트 섭취다. 신장성은 유목지역이어서 일찍부터 요구르트가 발달했다. 그래서 바쁜 농번기는 요구르트와 과일로 점심을 때우는 경우가 많다. 현대 문명인을 자처하는 우리가 건강에 좋지 않은 햄버거나 샌드위치 등으로 요기하는 것과 대비되는 식단이다.

우리나라를 비롯한 현대인이 많이 먹는 소, 돼지, 닭고기는 대부분 우리 안에 가둬 항생제가 들어있는 사료로 기른다. 반면 서역인이 주로 먹는 양고기는 무공해의 청정 고원에서 방목한다. 더욱이 죽은 고기는 절대로 먹지 않고, 반드시 살아있는 양을 알라에게 기도한 후 잡는다. 이들은 현대인이 찾는 무공해 웰빙 식품만 먹는다는 뜻이다. 또 규칙적으로 식사하고 과식하지 않으며, 술을 절대로 마시지 않는다. 이 같은 생활방식으로 장수하지 않는다면 그것이 이상한 일이다.

신장 위구르족은 부지런하기로 유명하다. 위구르인의 속담에 '노동은 입맛' '노동은 최고의 베개' '노동은 건강한 혈색을 낳는다'라는 말이 있다. 적당한 노동이 건강에 좋은 것은 새삼 말할 필요가 없다. 신장성 어느 곳이든 7~80세 이상의 노인이 밭에서 땀 흘리며 일하는 모습을 볼 수 있다. 이곳 노인들이 단순히 나이만 많이 먹는 장수가 아니라 죽기 직전까지 건강하게 장수하는 이유가 여기에 있다.

21세기 현재 우리나라의 평균수명이 80세 전후로 크게 향상되었다고 하지만, 아프지 않고 건강하게 사는 건강수명은 67세다. 즉 많은 노인이 인생 말년에 10여 년간 질병으로 고통 받으며 의술에 기대 살아간다는 뜻이다. 반면에 신장성 노인들은 죽기 직전까지 노동할 정도로 건강하게 살다 운명한다. 즉 이들은 평균수명과 건강수명 사이에 큰 차이가 없다.

신장 위구르인들의 취미 생활도 장수에 도움을 준다. 이들은 유목민족 후예답게 노래·악기연주·춤·씨름·사냥 등을 즐긴다. 노인이 되어도 취미 생활을 멈추지 않는 것이다. 이같은 생활은 스트레스를 줄여주고, 긍정적인 삶을 영위하게 하는 활력소가 된다.

음악을 즐기는 70~80대 위구르 노인들

　위구르족은 가족은 물론이고 일가친척 간에 우애가 깊고 화목하기로 유명하다. 특히 대가족을 이뤄 사는 것을 선호하고 노인에 대한 공경을 중시한다. 현대 의학에서도 이 같은 가족 공동체 삶이 건강과 장수에 도움이 되는 것으로 파악한다.
　이들 민족은 오래 전부터 소금을 이용하여 치아를 닦는 습관이 있다. 치아위생을 세계에서 가장 일찍부터 실천한 민족이다. 그러한 습관으로 노인 중에 치아가 손상되거나 잇몸 때문에 고생하는 경우가 많지 않다. 100세가 되도록 맛있는 음식을 씹을 수 있는 것만큼 커다란 행복도 없다.
　이들의 장수에 도움 되는 것 중 하나가 종교생활이다. 마음으로부터 우러나오는 신앙생활은 정신적 안정을 부여한다. 자연에 거역하거나 환경에 불평하지 않고 주어진 삶에 만족하고 신에게 감사하는 이들의 경건한 종교생활은 마음의 평화를 가져다준다. 이슬람교는 예배를 올리기 전에 반드시 손과 얼굴을 씻어야 하는데, 이러한 행위도 위생에 도움을 주었다.

신장성의 경제 수준은 낮은 편이다. 중국의 다른 지역에 비해서도 매우 낮다. 농촌지역은 더욱 낮다. 최근에 빠르게 향상되고 있지만, 여전히 낮은 수준이다. 우리나라 농촌의 1/3~1/5 수준이다. 이렇게 가난한 동네에서 우리나라 도시보다 더 장수하는 것이다.

그런데 가난하다는 것도 따지고 보면 상대적 기준일 뿐이다. 우리 눈에 가난하게 보이지, 그들 스스로 그렇게 가난하다고 생각하지 않는다. 더욱이 그들의 행복지수가 우리보다 훨씬 높다. 앞으로 더 개방화되고 더 빠른 속도로 발전을 이루어 소득이 높아지면 이들의 물질적 욕망과 관념에도 변화가 일어나겠지만, 아직은 마음의 평화와 행복을 더 중시하는 삶을 추구하고 있다.

재미있는 것은 이들이 장수 자체에 그렇게 매달리지 않는다는 사실이다. 신이 부르면 언제든지 간다는 마음 자세다. 집착을 버리고 운명에 순응하는 이 같은 자세가 이들의 정신건강을 좋게 하고 결과적으로 장수로 이끈다고 생각된다.

경제 수준이 훨씬 높고 물질적으로 비교할 수 없이 풍요롭다고 자랑하며 현대 의학을 비롯한 온갖 수단과 방법으로 장수하려 애 쓰는 우리보다 경제 수준이 훨씬 낮은 이들이 마음의 평화를 유지하며 더 장수하니, 누가 진짜 더 행복하고 풍요로운 걸까?

타스쿠얼간은 파미르 고원의 해발고도 3,000m 지점에 있다. 쿤룬산맥 속으로 한참을 들어가서 파미르에 본격적으로 진입하

세계의 지붕 파미르 고원의 독특한 풍경

는 지점으로 카슈가르로부터 290km 거리다. 290km 거리지만 험준한 쿤룬산맥과 파미르를 올라가는 노정이어서 실제는 그 2배, 3배 거리에 해당한다.

파미르로 오르는 길은 험난하기 이를 데 없다. 깎아지른 계곡과 절벽의 산악 길을 끝도 없이 간다. 길은 갈수록 가파르고 기온은 오를수록 떨어진다. 가파른 절벽과 협곡에서 바위가 언제 굴러 떨어질지 모르는 구간이 수두룩하다.

그러나 파미르고원으로 오르는 길은 이전과 비교할 수 없이 나아졌다. 20여년 전 처음 갈 때는 대부분 비포장도로에 공사구간이 많아 무척 고생했었다. 발파공사가 진행되면 도로 모퉁이에서 2~3 시간을 마냥 기다려야 했고, 어떤 곳은 길이라고 할 수도 없는 임시 우회로로 돌아가느라 차가 덜컹거리며 요동쳤다. 파미르에 오르면서 차가 덜컹거리면 고산에 익숙하

험준한 고봉준령과 거친 협곡으로 형성된 파미르 고원

지 않은 사람들은 두통과 구토에 시달린다.

실크로드 시대에 파미르의 고산지대를 통과할 때 머리가 아프고, 몸에 신열이 나는 것은 물론이고 가장 높은 고산지대에 사는 야크조차 때로는 날카로운 도구로 머리를 찔러 피를 나오게 한 다음 이동했다. 그대로 두면 핏줄이 터져 죽게 되기 때문이다. 실크로드 대상들은 이 같은 파미르를 새와 쥐들이 겨우 다니는 산기슭의 조도로 한 달 이상 걸려 넘었으니 그들의 집념과 인내에 경탄하지 않을 수 없다. 강인한 현장법사가 구법순례 길에서 가장 어려움을 겪은 곳도 파미르였다.

'신의 호수'라는 별칭을 갖고 있는 눈이 부시도록 아름다운 카라쿠러 호수는 해발 3,600m 지점에 위치해 있다. 에메랄드빛의 빛나는 호수로 날씨와 기후에 따라 색깔이 변하

신의 호수 카라쿠러 호수. 에메랄드빛의 호수와 만년설산이 기가 막히게 조화를 이루며 절경을 이룬다.

는 아름다운 호수다. 호수 멀리에는 7,649m의 설산을 주봉으로 하는 9개의 준봉을 거느린 장엄한 공걸산이 6km에 걸쳐 뻗쳐있다. 7,600m가 넘는 산은 경이로움 그 자체. 카라쿠러 호수는 공걸산에서 떨어져 나온 아름다운 작은 설산을 끼고 자리 잡고 있다. 빙하가 녹아 형성된 호수로 10월부터 4월까지 꽁꽁 얼어 있다.

 파미르의 겨울은 워낙 길어 5월이 되어야 겨우 얼음이 녹기 시작한다. 7, 8월 짧은 여름철 카라쿠러 호수 주변에 야생화가 피어난다. 야생화는 고원 탓인지 키가 작고 소박하며 애잔하다. 샛노란 야생화와 푸른 하늘의 하얀 뭉게구름 그리고 만년설의 흰 설산이 어우러진 호수 경관은 한 폭의 그림이다. 카슈가르에 와서 카라쿠러 호수를 보지 않으면 신의 노여움을 산다는 말이 실감난다.

'빙산의 아버지' 무스타거봉은 7,509m로 거대한 빙산을 이고 있다. 무스타거봉과 그 연봉의 만년설 면적은 우리나라 포항 영일만 크기와 비슷할 정도로 어마어마하다.

여행객이 타스쿠얼간에 갈 수 있는 시기는 눈과 얼음이 녹는 여름철뿐이다. 봄 겨울에는 영하 10~50도의 강추위와 폭설이 몰아친다. 이때는 눈사태와 산사태로 도로가 끊어지기 일쑤고, 길을 복구하는데 며칠이 걸릴 지 아무도 모른다. 물론 여름철이라고 해서 안전한 것은 아니다. 갑자기 불어난 빙하의 물이 산사태를 일으키고 도로를 파괴하기 때문이다.

지진도 위협적 요소다. 특히 지진에 따른 산사태와 눈사태가 더욱 위험하다. 1983년 지진이 발생했을 때 2,000m에 이르는 무시무시한 눈사태가 일어나 주변을 초토화시켰고 해발 7,000m가 넘는 공걸산에 일부 변형을 일으켰다. 방금 지나온 길이 갑작스런 산사태와 눈사태로 없어지는 곳이 파미르고원이다. 때문에 실크로드를 오고간 수많은 사람들이 이곳에서 죽음을 맞이했다.

'빙산의 아버지'로 호칭되는 무스타거봉은 7,509m로 파미르고원에서 가장 거대한 빙산을 두르고 있다. 멀리서 바라보는

파미르 고원의 타스쿠얼간. 파미르 고원에 살고 있는 타지크족의 상징 독수리 상이 광장 중앙에 서 있다.

사람까지 압도할 정도의 거대한 빙산이 아래로 쏟아질 듯 산을 뒤덮고 있다. 무스타거봉과 그 연봉의 만년설 면적은 우리나라의 포항 영일만 크기와 비슷할 정도의 $200km^2$로 매우 넓다. 31개의 크고 작은 강과 내천이 이곳을 발원으로 하며, 이 물을 수원으로 300개의 웅덩이와 호수가 형성된다. 이 물줄기의 일부가 타림분지로 흘러들어 타클라마칸 사막 오아시스 도시의 수원이 된다.

타스쿠얼간은 파미르에서 비교적 넓은 평원에 자리 잡고 있다. 이곳이 중국의 행정체제로 편입된 것은 당나라 때다. 당나라는 이곳에 소륵 관할의 총령수착이라는 최전방 군진을 설치했다. 이곳이 당나라의 행정체제가 미치는 서쪽 끝이었다. 둔황이 하서회랑과 타림분지 그리고 톈산북로의 서역으로 나가는 마지막 관문이라면 총령수착은 중앙아시아 서역으로 나아

사방이 만년설의 설산으로 둘러싸인 타스쿠얼간의 광활한 습지 초원. 빙하의 물이 끊임없이 스며들어 가축 방목지로 안성맞춤이다.

가는 최종 서쪽 관문이다.

총령수착은 당나라가 907년 멸망하고 철폐되면서 타스쿠얼간 일대는 중국영토에서 상실되었다. 이곳이 다시 중국의 영토로 편입된 것은 900년 후인 19세기 청나라 때다. 현재도 이곳이 중국 최서부 영토로 해발 4,800m의 쿤제랍 고개가 파키스탄과의 국경선이다.

타스쿠얼간은 당나라 시대와 마찬가지로 현재 카슈가르의 행정 관할구역이다. 때문에 이 지역은 카슈가르의 민족문제와 결부되고 타지키스탄, 파키스탄, 아프가니스탄 3국과 국경을 맞대고 있어 외국인에게 가장 늦게 개방되었다. 한국인으로서는 20여년 전 필자가 가장 먼저 타스쿠얼간에 입성한 사람이 아닐까 생각한다. 처음 갈 때 꽤 긴장했는데 타스쿠얼간 입구에 '타스쿠얼간은 당신의 방문을 환영합니다.'라는 커다란 표지판을 보고 안도했었다. 표지판 주변에 먼저 도착한 독일 관광객들이 아름다운 만년설의 준봉을 바라보며 감탄사를 연발하고 있었다.

처음 갔을 때 이곳에 호텔과 마트가 있는 것이 신기했는데, 2021년 중국의 바이두를 검색해 보니, 30개의 호텔이 검색된다. 타스쿠얼간을 찾는 사람들이 그만큼 많아졌다는 의미다.

험준하고 첩첩산중으로 둘러싸인 파미르 고원에 평원이 있고 정착민이 살고 있다는 것이 경이로웠다. 이곳의 주민은 타지크족이다. 이들은 목축을 하며 약간의 칭커와 밀을 재배한다. 칭커는 고원 보리로 가정에서 절구통에 넣어 빻아 가루로 만들어 수유차와 함께 먹고, 밀가루는 면과 낭을 만든다. 좁은 재배 면적이지만 채소도 기르고 있었다.

숙소에 짐을 풀고 마을 거리에 나서보니 양 꼬치 굽는 연기가 자욱하다. 맛이 천하일품이다. 세계 최고의 청정지역 파미르에서 방목되어 기르는 양고기니 맛이 뛰어날 수밖에 없다. 양 꼬치로 점심 한 끼를 때웠다. 하룻밤을 자고 나니 조금 느껴졌던 고산증이 해소되어 몸이 가뿐하다.

아침 일찍 총령수착이었던 석두성을 찾았다. 석두성은 넓은 초원습지가 내려다보이는 3,112m의 작은 언덕 위에 그림처럼 서 있다. 한나라 시대 포리국의 왕성이었던 곳인데, 당나라가 파미르 일대를 장악하기 위해 이곳에 군진 총령수착을 설치했다.

석두성은 주변과 어울려 경관이 매우 빼어나다. 성벽은 2중 구조이고 성의 둘레는 1,300m다. 성의 네 모서리에 망루가 있다. 성채의 대부분이 허물어졌지만, 기본 골격은 남아있다.

당나라 때 축성한 총령수착. 석두성이라고 일컫는 총령수착은 설산의 고산을 배경으로 넓은 습지가 내려다보이는 3,112m의 작은 언덕 위에 그림처럼 앉아 있다.

남아있는 성벽의 높이는 1~3미터이며, 가장 높은 곳이 6m다. 이곳에서 사찰 건물지와 당나라 화폐 등이 발굴됐다.

'은하수와 맞닿았다'고 하는 서역의 끝 석두성에 오르니 감개가 무량하다. '서유기'의 모태가 된 실크로드 여행기 '대당서역기'를 저술한 현장법사가 들렀던 곳이고, 고구려의 후예 고선지가 파미르 너머의 왕국을 정벌하기 위해 경유했던 성이다. 태양이 떠오르니 폐허의 석두성이 붉게 물들여지며 황홀경을 연출한다. 만년설의 하얀 파미르의 준령 고봉이 그림처럼 다가오고, 성 아래에 펼쳐진 드넓은 초원습지는 푸른 융단같이 아름답다.

타지크 주민이 살고 있는 작은 마을로 내려갔다. 마을 앞의 초원 습지에 말, 야크, 양 등이 방목되고 있다. 밤새 방목한

폐허의 석두성이 만년설의 하얀 파미르의 준령 고봉과 환상적인 조화를 이룬다.

 가축이 이상 없는지 타지크 소녀 2명이 화려한 붉은 전통 의상을 걸치고 습지 초원에 나타났다. 그녀들의 의복 색깔과 주위 경관이 너무도 잘 어울린다. 광활한 습지 초원은 물이 많이 배어있었다. 빙하의 물이 끊임없이 스며들어 가축 방목지로 최고라고 한다. 연중 꽁꽁 얼어 있다가 7, 8월 2달만 푸른 목초지가 된다.
 타스쿠얼간은 파미르 고원에서 보기 드문 풍요의 땅이다. 기후도 상대적으로 온화하고 사방으로 고산준봉이 거센 바람과 눈보라를 막아주어 2,000년 전 실크로드 시대부터 사람이 정착해 살았다.
 13세기 이탈리아에서 중국으로 가기 위해 파미르 고원을 넘다 극도로 몸이 쇠약해진 마르코 폴로가 이곳에 머물렀다. 마르코 폴로의 숙부는 그가 살아날 가망이 없다고 판단하고 이

밤새 방목된 가축을 확인하러 습지초원에 나온 타지크 소녀들

곳에 장사지낸 후 떠나려고 머문 것이다. 그런데 그가 죽기를 기다렸으나 20일 만에 기적처럼 회복되었다.

변변한 약도 쓰지 못했는데 죽음 직전의 그가 어떻게 살아날 수 있었을까? 소찬이지만 무공해의 청정지역에서 나는 음식과 3,000m가 넘는 신선한 고원 기후가 치료제였을 것이다. 여기에 이곳 타지크 주민들의 소박하고 친절함이 죽음 문턱에서 그를 건져냈을 것이다. 마르코 폴로는 타스쿠얼간에서 원기를 회복하고 황제가 머무는 중국에 도착할 수 있었다.

공걸산, 무스타거봉 등 타스쿠얼간 근처 곳곳에 휴양시설이 있다. 특별한 내부시설은 없고 오직 머물기만 하는 자연 치유시설인데, 예약하지 않으면 숙박하기 어려울 정도로 인기라고 한다. 많은 사람들이 건강을 회복하여 돌아간다고 하니 마르코 폴로가 이곳에서 회복할 수 있었던 데는 충분한 이유가 있었던 것이다.

파미르 고원은 거대한 장벽 같은 수천 미터의 만년설과 험악한 형세의 아찔한 절벽, 가파른 계곡이 끝없이 이어진다. 그런 곳에 그림처럼 안락하게 자리 잡은 평원이 타스쿠얼간이다. 그래서 도착하는 순간 '와!'하는 탄성이 저절로 나온다. 마르코 폴로가 동방견문록에서 '기후는 온화하고 아늑하며, 신선한 공기는 상쾌하기 이를 데 없다. 세상에서 가장 순박하고 한없이 친절한 타지크 유목민이 사는 곳'이라고 말한 것처럼 타스쿠얼간은 파미르의 에덴동산이다.

타스쿠얼간에서 가파르고 험준한 산을 넘어 계곡이 넓어지는 곳으로 빠져나가면 훈자 마을이다. 훈자는 봄철에 흰 살구꽃이 흐드러지게 피는 세계 최고의 장수마을이다. 훈자 마을의 평원은 크지도 않고 고르지도 않아 돌담으로 쌓은 계단식 땅이 대부분이다. 그곳에 밀, 감자, 양파 등이 재배된다. 그런데 무엇이 이들로 하여금 장수하게 할까?

20세기 초부터 이를 연구하기 위해 많은 학자들이 이곳을 방문했다. 그러나 특별한 장수요인을 찾지 못했다. 식습관이나 먹고 자는 일상생활이 평범하기보다 열악했을 뿐이었다. 딱 하나 특별한 것을 든다면 마을로 흘러 내려오는 희뿌연 빙하물을 그대로 마신다는 점이다. 그들이 마시는 흙탕물 같은 물을 외래 방문객은 마실 엄두조차 내지 못한다. 그렇다고 물에 특별한 원소가 들어있지 않음도 확인되었다.

결국 학자들은 평범함에서 장수 원인을 찾았다. 맑은 공기와 눈곱만치도 오염되지 않은 물 그리고 청정의 토양이었다. 여기에 주어진 환경에 만족하며 사는 마음자세이다.

또 하나는 훈자 마을 사람들이 살구를 즐겨 먹는다는 것이다. 살구나무가 지천으로 널려있는 곳은 세계에서 훈자마을이

유일하다. 연구자들이 살구에 주목하여 연구한 결과 살구가 노화방지와 몸속 활성산소 배출에 뛰어나고, 폐 기능을 증진시켜 기관지염과 기침에 효과가 있음을 확인했다. 항암작용도 뛰어났는데 특히 폐암과 췌장암에 좋았다. 이러한 제 요소들이 복합적으로 작용하여 장수마을이 된 것으로 결론지었다.

결국 맑고 깨끗한 곳에서 욕심 없이 자연에 순응하며 사는 삶이 장수의 비결인 것이다.

12. 작렬하는 태양의 오아시스 투르판

투르판의 여름철 온도는 40도가 넘는다. 그래서 투르판을 '불타는 대지' '불의 땅' '열사의 도시'라고 부른다. 투르판이 실크로드에서 가장 무더운 땅이다. 1990년대 필자가 처음 이곳을 방문할 때는 밤 12시 가까운 한밤중을 택했다. 둔황, 자위관에서 무더위로 혼났는데 투르판은 이들 도시보다 훨씬 무더운 살인적 더위라는 얘기를 너무 많이 들었기 때문이다.

그러나 밤 12시도 소용없었다. 택시가 투르판에 가까워질수록 뜨거운 열기가 점점 더하더니, 투르판에 첫발을 내딛는 순간 후끈한 열기가 순간 숨을 멎게 했다. 끔찍하다는 표현 외에 달리 표현할 방법이 없었다. 수십 번도 넘게 방문한 실크로드 이제는 무더위에 적응되었을 뿐만 아니라, 오히려 그것을 그리워하지만, 20여 년 전 처음으로 겪은 그때의 폭염은 짜증이 아니라 화가 날 정도였다.

투르판이 열사의 땅이 된 이유는 해수면보다 낮은 지대 때문이다. 가장 낮은 아이딩 호수가 해발 -155m다. 투르판 분지는 원래 바다였다. 투르판은 주변 지역보다 낮은 곳에 위치하여 아침저녁으로 안개가 자주 끼고 안개 걷히는 속도가 느리다. 무시무시한 무더운 날씨에 안개가 자욱할 때는 호흡에 곤란을 주기도 한다.

놀라운 것은 무덥고 답답하고 짜증 날 지경의 날씨인데도 반바지 차림의 사람이 별로 없다는 것이다. 생각해보니 무더위가 기승을 부리는 톈수이, 란저우, 자위관, 호탄 등 사막의 오아시스에서도 반바지 차림은 거의 없었다. 상하이, 베이징, 시안 등지에서 반바지가 보편적이고 심지어 남자들이 상의를 탈의하고 도로를 활보하는 것과 사뭇 대조적이다.

투르판의 여름철은 섭씨 38~45도이고, 표면온도는 60~85도를 오르내린다. 연중 35도 이상의 날이 100일이 넘고 49~50도도 종종 올라간다. 이렇게 계속되는 고온으로 대지가 가열되어 지상에서 올라오는 열기가 보통 고역이 아니다. 바람이 불면 더 괴롭다. 무더위와 이글거리는 대지의 열기를 함께 실어오기 때문에 숨조차 제대로 쉴 수 없기 때문이다.

한낮의 더위가 절정을 이루는 오후 2시에서 5시 사이의 거리는 한산하다. 사람들이 밖에 나가지 않고 오수를 즐기기 때문이다. 사람들의 활동은 밤 8시가 넘어야 본격화된다. 그러나 밤이라고 해도 다른 오아시스에서 느꼈던 시원함은 거의 없다. 강렬한 땡볕은 사라졌지만, 한낮 내내 달궈진 대지의 열기가 열기를 내뿜기 때문이다. 이런 투르판에 23만 명이 거주한다.

투르판에 도착해 처음 들었던 의문은 이곳 주민들은 많은 지역을 놔두고 하필 왜 이곳에 사는 것일까? 이었다. 주민들에게 직접 물어보니 의외로 단순한 대답이 돌아온다. 더위도 습관이 되면 괜찮다는 것이다. 누구한테 물어봐도 같은 대답이다. 멋진 의상 차림의 세련된 20대 여성에게 물어봐도 미소 지으며 똑같은 대답을 한다. 처음엔 이해가 되지 않았는데 시간이 지나니 조금 이해가 되었다. 투르판에 머문 지 3일째가 되자, 어느 정도 적응되며 도착 첫날 작심했던 '내일 당장 이곳을 떠나겠다.'는 마음이 상당히 누그러졌던 것이다.

투르판의 1년 강수량은 16mm에 불과하다. 1년 내내 비가 오지 않는다고 생각하면 된다. 투르판 중심가에 있는 영화관에 가보니 지붕이 없다. 1년 내내 비가 오지 않으니 굳이 지붕이 있을 필요가 없는 것이다. 고창고성 유적지에 있는 불경을 강의하는 강경당도 지붕이 없는 구조다. 과거에 투르판에서 이 같은 건물양식이 보편적이었음을 알 수 있다.

두 번째 방문 때도 지붕이 없던 영화관이 있었는데, 최근 투르판을 방문해 그 영화관을 찾아가 보니 최신 건물로 바뀌어 있었다. 한낮에도 오수를 즐기지 않고 많은 사람들이 활동하며 대부분의 상점도 영업하고…… 자본주의가 밀려오면서 모두가 돈 벌기에 열중하면서 생활패턴이 바뀐 것이다. 이런 현상은 다른 오아시스도 마찬가지다.

투르판이 비가 오지 않는다고 해서 물이 부족할 것이라고 생각하면 오산이다. 서역에서 이곳만큼 물이 풍부한 지역도 없다. 이곳 사람들은 일찍부터 톈산산맥의 눈 녹은 물을 끌어왔다. 그래서 물이 없던 이곳을 아주 일찍부터 유서 깊은 역사도시로 발전시킬 수 있었다.

투르판은 실크로드를 대표할만한 유적지가 많은 곳이다. 그래서 실크로드 관광이 붐을 이루던 2000년대 초에는 정말 많은 관광객이 몰려왔다. 기차역과 터미널은 관광객으로 발 디딜 틈이 없었다. 그 때는 매표구에서 직접 표를 사야 해서 매표소마다 장사진을 이뤘다. 관광객의 폭증으로 호텔도 부족했다. 필자가 밤늦게 투르판에 도착해 투숙하려니 빈방이 없었다. 방이 있어도 에어컨 없는 방이었다. 지금은 모든 호텔 방에 에어컨이 있지만, 당시에는 에어컨이 없거나 선풍기 있는 방들이 많았다. 어쩔 수 없이 에어컨 없는 한증막 같은 방에서 하룻밤 숙박할 수밖에 없었다. 찜통 같은 방에서 졸다 깨다 하며 밤을 샜다.

아침식사를 위해 밖에 나가보니 식당마다 인산인해였다. 식당 안은 말할 것도 없고 인도와 일부 차도까지 가득했다. 수많은 사람들이 대화하고 웃으며 식사하느라 거리는 도떼기시장이 따로 없었다. 겨우 자리 하나 얻어 식사하는데 좌우 옆의 중국인들이 어떻게 한국인 혼자 이곳까지 왔느냐고 반가워하며 먹을 것을 건네준다. 그때만 해도 실크로드에서 한국인은 거의 찾아볼 수 없었고, 또 그 당시는 중국인의 한국인에 대한 태도가 상상 이상 호의적이었다.

오후에 바자르에 가보니 그곳도 사람들로 왁자지껄했다. 밤에 광장에 나가보니 더 많은 사람들로 가득했다. 2000년 전후는 투르판 어디를 가나 인파가 홍수를 이루었다.

그런데 2010년 이후 투르판은 다소 침체에 빠졌다. 정확하게 말하면 실크로드 유적지보다 도시가 침체했다고 하는 것이 옳다. 항공편이 대중화되고 최신 고속도로와 고속철이 개통되

투르판은 메마르고 무더운 땅이지만, 실크로드의 여러 문물이 교류하는 교통의 요충지로 번영을 누렸다.

고 우루무치가 빠르게 발전했기 때문이다. 즉 우루무치에서 숙박하고 투르판을 1일 투어하기 때문이다. 그러니 도심은 이전의 북새통 같은 모습을 볼 수 없게 된 것이다.

더욱이 중국인의 소득수준이 크게 높아져 장거리 여행은 대부분 항공과 고속철을 이용하다 보니, 이전의 역과 터미널이 있는 구도심은 생기를 잃고 건물과 호텔은 칙칙하고 낡아 버렸다. 여기에 위구르인들의 테러가 빈발하며 관광산업을 크게 위축시켰기 때문이다. 이렇다 보니 투르판은 다른 오아시스와 다르게 인구가 되레 줄어들었다. 중국정부는 침체한 투르판을 살리기 위해 대대적인 프로젝트를 추진 중이다.

투르판은 실크로드 시대에 교통의 요충지였다. 텐산북로는 둔황에서 누란→하미→투르판을 거쳐 서역으로 나아갔다. 5세기에 누란이 폐망한 후에는 둔황에서 바로 투르판으로 이어졌다. 투르판에서 톈산산맥의 북쪽 기슭을 타고 우루무치→이닝 방향의 톈산북로로 나아가거나, 투르판에서 톈산산맥 남쪽 즉 타클라마칸 사막 북쪽의 톈산남로(톈산남로와 서역북로는 같음)인 투르판→쿠얼러→룬타이→쿠처→카슈가르로 나아갔다. 이와 같이 투르판은 톈산남북로로 나뉘고 모이는 교통의 요충지로 동서교류의 중심지였다.

투르판은 기원전 1~2세기에 차사국이 지배했다. 5세기 중엽에는 흉노의 저거씨가 차사국을 멸하고 고창국을 세웠고, 6세기 초에는 한족 출신의 국씨가 흉노정권을 붕괴시키고 국씨 고창국의 주인이 되었다. 국씨 고창국은 640년 당나라에게 멸망당했고, 당나라 말기 9세기에는 회골(회흘 또는 톈산 위구르)이 투르판을 지배했다.

13세기에 몽골, 14세기는 몽골 차카타이 한국, 그리고 17세기에 신장성 북쪽에 위치한 준가르의 지배를 받았다. 18세기에 중국 청나라가 준가르를 정복하고 투르판을 포함한 신장성 전체를 청나라의 영토로 편입시켜 오늘에 이르고 있다.

투르판의 전성기는 6~7세기 고창국 시대였다. 고창국은 불교국가로 7세기 현장법사가 이곳에서 극진한 예우를 받으며 머물렀다. 고창 국왕은 독실한 불교신자로 현장법사가 불경강론을 위해 강론대에 오를 때 스스로 허리를 굽혀 자기 등을 밟고 올라가도록 했다. 고창국은 조로아스터교, 마니교, 경교 등의 여러 종교가 있었는데, 현장법사의 강론 이후 불교가 국가종교로 자리 잡았다.

고창국의 옛 왕성이 고창고성이다. 고창고성은 내성, 외성, 궁성의 3중 구조로 외성둘레 5km, 내성 둘레 3.6km다. 외성

실크로드 유적 가운데 가장 규모가 큰 고창고성. 성벽, 왕궁터, 현장법사가 강론했던 강경당 등 여러 유적이 남아있다. 뒤의 붉은 화염산과 어울려 석양의 고창고성이 환상적 풍경을 연출하고 있다.

의 높이는 11.5m이고 넓이는 12m로 9개 성문을 갖춘 웅장하고 견고한 성이다.

고창고성은 면적이 200만m²로, 실크로드 상에 남아있는 유적 가운데 가장 규모가 크다. 면적이 워낙 넓어 고성 전체를 둘러보기 위해서는 셔틀버스를 타야 한다. 전에는 마차 타고 유적지를 둘러보았는데, 이제는 셔틀버스가 그것을 대신한다. 외성과 내성의 성벽, 왕궁터, 거주지, 현장법사가 강론했던 강경당과 탑전이 있는 대불사터 등 여러 유적이 남아있다.

실크로드 관광이 활성화되기 전인 1990년 이전의 고창고성은 아이들의 놀이터였고 농작물을 말리고 타작하는 장소였다. 관리소가 따로 없어 고성은 개방된 채 방치된 상태였다. 필자가

1990년대 탐방했을 때도 나무 몇 개를 이용해 간단하게 출입구를 설치한 것 외에 별다른 유적 보호 장치가 없었다.

현재는 세계문화유산으로 지정되어 입구 광장에 현장법사의 동상이 세워졌고, 전시실을 갖추고 고성 사방을 보호하고 있다. 고성의 넓은 유적지를 효과적으로 관람할 수 있도록 관람로가 설치되고 유물에 설명문도 붙여 놨다. 중요한 일부 유적은 복원해 놓았다. 입장료는 이전의 30위안에서 110위안(약 20,000원)으로 인상되었다.

교하고성은 길이 1.5km, 폭 300m로, 강바닥으로부터 30m 높이의 깎아지른 절벽 위에 세워진 천혜의 난공불락 성채다. '교하'란 두 개의 하천이 서로 교차한다는 뜻으로, 북쪽 계곡에서 흘러온 하천이 교하고성을 중앙에 두고 두 갈래로 나뉘어 흐르다 다시 합류하여 흐르는 것을 말한다. 교하고성은 하천이 흐르는 깊은 계곡으로 사방이 둘러싸여 외부에서 침공하기 어렵다. 교하고성의 또 하나 특징은 지상에 건물을 세운 도시가 아니라, 지면을 파 내려가면서 만든 도시여서 유적 보존상태가 양호하며, 세계문화유산으로 지정되었다.

교하고성에 처음 왕국을 건설한 것은 기원전 2세기 차사국이다. 차사국은 한나라 시대 서역 36국의 하나다. 차사국은 동서교류를 통해 중국과 서역 그리고 북방 초원의 흉노문화까지 수용했다. 개방성과 변용성의 문화를 발전시킨 왕국으로 민족은 인도-유럽의 아리안계다.

5세기 고창국은 수도를 고창고성으로 옮기고 교하고성은 교하군으로 강등했다. 그러다 7세기 당나라가 서역을 통치하는 안서도호부를 교하고성에 설치하고 행정의 중심지로 삼았다.

교하고성은 두 개의 하천이 서로 교차하여 흐르는 깊은 계곡이 사방을 둘러싼 난공불락의 천혜의 요새다. 7세기에 배 같은 지형의 교하고성에 약 7,000명이 거주했다.

삼았다. 당나라 멸망한 9세기는 톈산 위구르가 지배했다. 이렇게 차사국, 고창국, 당나라, 위구르 등이 번갈아 들어오면서 교하고성은 다양한 문화가 융합하여 발전했다. 그러나 13세기 몽골의 침략으로 무차별적인 파괴를 당해 도시기능을 완전히 상실하고 '절벽위의 도시' 유적지로 남게 되었다.

    교하고성은 1,300년 전 당나라 시대에 7,000명의 사람들이 살았던 곳으로 생각보다 면적이 작지 않다. 중앙에 관청이 있고, 북쪽으로 궁전과 사원, 남쪽은 백성들의 거주지, 서쪽은 작업 공방, 동쪽은 관아와 민가가 있었다. 왕궁 혹은 당나라 안서도호부로 추정되는 관아터는 복도, 집무실, 거주지가 사방으로 연결되는 구조다. 우물과 감옥터도 남아있고, 지하 감옥에서 도망자의 명부가 발견되었다. 10m 높이의 커다란 대불탑은 불교가 융성했음을 나타내준다. 주민은 위구르인을 비롯

교하고성은 지상에 건물을 세운 도시가 아니라, 지면을 파 내려가면서 만든 도시여서 유적지 보존상태가 양호하다. 세계문화유산.

하여 이란인, 터키인 등 다양했다.

고구려 유민 고선지도 교하고성에서 활동했다. 서역을 통할하는 안서도호부의 2인자로 이곳에서 근무했다. 후에 안서도호부가 쿠처로 옮겨감에 따라 고선지도 쿠처로 갔다. 고선지는 이곳 교하고성을 수없이 누볐을 것이다.

한 여름의 교하고성 답사는 무한 인내를 요구한다. 무덥기로 소문난 투르판에서 화염산 다음으로 무더운 지역이기 때문이다. 웬만한 인내심 없이는 그늘 하나 없는 유적지 전체를 둘러보기가 쉽지 않다. 오죽하면 별 도움 되지 않는 양산을 쓰고 관람하는 사람들이 많겠는가. 답사를 마치고 교하고성 아래에서 농부가 파는 수박 먹는 기분은 천국이 따로 없다.

베제클리크 석굴은 투르판 교외 40km 지점에 있다. 베제클리크 석굴로 가는 길은 온통 황토 빛 사막이다. 사막을 한참

수려한 자연풍광의 베제클리크 석굴

달리다 거대한 협곡 밑으로 작은 강물이 흐르는 곳이 나타나면 석굴에 도착했음을 뜻한다. 베제클리크 석굴은 깊은 협곡 아래 키 큰 백양나무가 가득한 초승달 모양으로 굽은 절벽에 있다. 독특한 돔 양식의 석굴은 절벽 아래의 울창한 백양나무 사이로 흐르는 오아시스 강줄기와 조화를 이루며 수려한 경관을 자랑한다. 계곡 반대편의 붉은 사막도 베제클리크 석굴의 아름다움을 더해준다.

　베제클리크 석굴은 6세기 고창국 시대부터 당나라, 회골(텐산 위구르 왕국) 시대까지 800년간 조성되었다. 가장 많은 석굴조성은 회골 위구르 시대에 이뤄졌다. 이 시기에 조영된 석굴 벽화는 뛰어난 예술성을 보여준다. 특히 서원도로 유명한 15굴이 대표적이다.

　베제클리크 석굴은 모두 83개 석굴이었으나 현재 57개만 남아있다. 그 중 벽화가 있는 것이 40여개로 총 면적이 $1,200m^2$

독일을 거쳐 러시아로 반출된 15굴 서원도의 일부. 톈산 위구르시대의 작품으로 중앙아시아 불화의 명품으로 꼽힌다.

이다. 석굴 구조는 장방형의 평면에 아치형 천장구조다. 아름다운 외부 경관과 다르게 석굴내부는 볼게 거의 없다. 화려했던 벽화 대부분이 서양 제국주의자들에 의해 절취당하고 불상마저 남아 있지 않기 때문이다.

남아있는 벽화의 잔편 가운데 39굴의 각국 사신도가 가장 뛰어나고 역사성도 높다. 눈이 큰 미얀마 사람, 헬멧 같은 모자를 쓴 몽골인, 터번을 쓴 아랍인 등의 사신도에서 투르판의 활발한 동서교류를 확인할 수 있다.

화려한 벽화로 장식되었던 베제클리크 석굴의 훼손은 대부분 인위적 파괴다. 첫 번째는 13세기 이슬람교도들의 침공에 따른 훼손이다. 이슬람교는 우상을 거부하기 때문에 불상은 물론이고 특정인을 형상화한 벽화를 파괴했다. 2001년 이슬람교 원리주의 탈레반이 아프가니스탄의 유명한 바미얀 석굴대

불을 파괴한 것도 이 같은 이유 때문이다. 이슬람교도는 다른 종교의 우상이 자신을 쳐다보면 재앙을 당한다는 믿음이 있어 벽화 인물의 눈을 파냈다. 때문에 벽화불상 눈이 성한 것이 거의 없다. 종교와 문화의 가치를 구분하지 못하는 광신적 신앙이 낳은 비극이다.

두 번째는 20세기 초 제국주의 탐험가들에 의한 수난이다. 실크로드를 탐사한다는 미명하에 제국주의 탐험대가 유물과 벽화를 약탈해 간 것이다. 특히 독일의 로코크는 예리한 칼과 톱을 이용해 벽화를 떼어낸 유물 103상자를 독일 베를린으로 가져갔다. 로코크의 탈취 이후 일본의 오타니, 영국의 스타인 탐험대가 남아있는 벽화 잔편을 또 떼어 갔다. 이렇게 베제클리크 벽화는 독일, 영국, 러시아, 인도, 일본, 한국, 중국 등으로 흩어져 갔다. 어떤 한 폭의 벽화는 몇 개로 쪼개져 여러 나라에 분산되는 비극을 맞기도 했다.

우리나라 중앙박물관에 베제클리크 석굴 유물이 소장된 데는 일본의 오타니와 관련 있다. 오타니 탐험대는 1902년부터 1914년까지 3차에 걸쳐 둔황, 누란, 쿠처, 투르판의 베제클리크 석굴 등에서 6,000점에 달하는 유물을 반출해 갔다. 이 유물은 후에 여러 곳으로 분산되는데, 그 중 1,700점이 조선총독부 박물관으로 들어왔다. 이 가운데 벽화가 60건으로, 그 중 서원도의 잔편을 포함한 26점이 베제클리크 석굴 벽화다.

조선총독부 박물관의 유물은 일본이 패망하면서 그대로 국립중앙박물관으로 인수됐다. 국립중앙박물관은 뜻하지 않게 실크로드의 귀중한 유물을 소장하는 행운(?)을 갖게 된 것이다. 국립중앙박물관은 중앙아시아실에 이들 유물의 일부를 상설 전시하고 있으며, 가끔 '실크로드 특별전'을 열기도 한다.

한편 독일로 간 베제클리크 석굴 벽화의 일부는 비극적인 운명을 맞았다. 세계 2차 대전 중에 서원도를 비롯한 중요한 벽화들이 공습으로 잿더미가 된 것이다. 독일 탐험대가 베제클리크 석굴에서 가장 뛰어난 벽화를 떼 갔고, 그 벽화 중에서 또 가장 훌륭한 벽화가 파괴된 것이다. 공습을 피한 벽화의 일부는 베를린을 점령한 러시아가 빼앗아 상트페테르부르크의 에르미타주 박물관으로 가져갔다. 이렇게 해서 러시아도 베제클리크 석굴 벽화를 소장하게 되었다.

이러한 제국주의자들에 의한 무차별적인 베제클리크 석굴 벽화의 절취로 석굴은 그 원형조차 파악하기 어려운 상태다. 현재 석굴에 남아있는 것은 벽화를 도려낸 날카로운 칼자국과 떼어내고 남은 잔편뿐이다. 예술성이 가장 뛰어나고 화려했던 15굴의 서원도는 독일의 르코크가 거의 다 떼어갔고, 떼어낸 자리에 약탈자의 이름까지 남겨놓는 뻔뻔함까지 보였다.

이렇게 대부분의 벽화가 사라진 석굴인데, 석굴 내에서 사진촬영마저 금지되어 40위안(7,200원)을 내고 석굴을 관람한다는 자체가 허망하다는 생각이다. 굳이 의의를 찾자면 제국주의자들이 저지른 문화 만행의 현장을 살핀다는 것이다. 베제클리크 석굴은 너무 훼손되어 세계문화유산에도 탈락되고, 중국의 실크로드 투르판 관광명소 열람에도 부수적으로 설명하는 뒷방 신세가 되고 말았다.

최근 한국(KBS) 중국(CCTV) 일본(NHK)의 방송사가 공동으로 각국으로 흩어진 베제클리크 석굴 15굴의 서원도를 디지털로 복원하는 작업을 시도하였다. '서원'이란 '맹세코 원한다'는 의미로, 전생의 석가모니가 과거불에게 스스로를 바치는 공양을 통해 부처가 되어 중생을 구제할 것을 서약한다는 의미다.

디지털로 완성된 15폭의 서원도는 대담하고 세밀한 필치와 화려한 색감의 벽화로 눈이 부실 정도로 아름답다. 그래서 11세기 중앙아시아 불교예술의 절정이라는 평을 받는다. 디지털로 복원된 석굴의 사방 벽면과 아치형의 천장에 그려진 화려한 석굴원형의 벽화는 극락세계를 연상시키는 불교예술의 극치를 보여주었다.

디지털로 복원된 서원도는 르코크가 천장까지 가득 찼던 모래더미를 쓸어내린 후 방금 그린 것 같은 화려한 벽화를 보고 너무 흥분해 어쩔 줄 몰라 했다는 말이 십분 이해된다. 르코크는 이렇게 아름다운 보물을 사람들이 접근할 수 없는 중앙아시아 깊은 오지의 사막 한가운데에 방치하기보다는 문명 선진국 독일에서 보존 전시하는 것이 합당하다는 오만으로 약탈해 갔다. 실제 벽화를 사막 속에 그대로 방치했을 경우 자연적이든 인위적이든 훼손되어 영원히 그 원형을 잃었을지도 모른다. 그러나 이유가 어떠하든 도덕적 양심을 내팽개치고 인류문화를 파괴하고 약탈한 만행에 대한 비난은 피할 수 없다.

아스타나 고분은 3세기~8세기에 걸쳐 조성된 약 500개의 고묘 군을 말한다. 대부분 고창국과 당나라 서주시기의 왕실과 귀족 관료들의 무덤이다. 가장 이른 묘는 중국 서진(265~316)왕조 시기의 273년이고, 가장 늦은 것은 당나라 대력 7

아스타나고분은 3~8세기 왕실과 귀족관료의 무덤이다. 고분 입구에 뱀의 모습으로 하반신을 서로 꼬고 올라가다 상체는 분리되어 서로 마주보는 복희와 여와상이 있다.

년의 772년이다. 아스타나는 위구르어로 '수도 또는 최고 정부 소재지'라는 뜻이다. 유적지 입구에 들어서면 하반신이 뱀의 모습으로 서로를 꼬고 올라가다 상체는 떨어져 서로 마주보는 복희와 여와상이 있다. 복희와 여와의 동상을 세운 것은 아스타나 고묘에서 이 같은 그림 수십 점이 발굴되었기 때문이다. 복희와 여와는 중국 신화에서 천지 창조한 인물이다.

아스타나 고분의 묘도는 지하로 완만하게 약 10m 경사지게 내려가며, 그 끝에 시신을 안치한 묘실이 있는 구조다. 고분군에서 모두 20여구의 미라가 발굴되어, 그 중 1구는 무덤에 그대로 안치하고 나머지는 투르판 박물관에서 전시한다. 미라 외에도 비단과 삼베 등의 직물을 비롯하여 복희여와도 등의 회화, 묘지명, 포도 같은 농작물, 만두 등의 식품류, 화폐, 토기, 목각(나무 인형) 등 수천 점이 발굴되었다. 역사학계가 주

215호 묘실에서 발견된 백합, 난조, 원앙, 꿩 등 화조화 6폭 병풍

목하는 계약서와 호적, 과세, 통행증 등 2,700건의 잔편 문서도 출토됐다.

13호 고분에서 발견된 동진(317~420)시기의 회화는 최초로 종이에 그린 그림인 지화로 유명하다. 215호에서는 백합, 원앙, 꿩 등을 그린 민화 같은 '화조화 6폭 병풍'이 발견되었다. 이 병풍은 묘실에 그대로 놓여있다. 기마여인상 등 각종 나무인형의 목우는 당시의 생활사를 이해하는데 유용하다.

벽화로는 바둑 두는 사대부 여인을 그린 '위기사녀도'가 대표적이다. 바둑판을 바라보며 심사숙고하는 귀부인의 심각한 얼굴에는 패에 몰려 고뇌하는 표정이 역력하고, 그 옆의 시녀는 상전의 어려운 상황에 안타까운 표정을 짓고 있다. 이 같은 뛰어난 인물 심리 묘사는 현대회화에서도 쉽지 않은 수작으로 평가받는다. 이 외에도 귀부인이 나들이하는 장면, 탈곡하는 여인, 키질하는 여인, 절구질하는 여인, 낭을 굽는 여인, 수렵, 우경 등의 다양한 생활상을 묘사한 회화가 있다.

투르판 박물관은 투르판의 역사와 문화를 이해하는데 유용한 유물들이 전시되고 있다. 이곳에 자리 잡았던 차사국→고창국→국씨 왕조의 고창국→당대 서주시대→회골(톈산 위구르)시대의 유물 등이 있다. 2층에는 이 일대에서 발굴된 미라가 전시되고 있다. 워낙 건조한 기후 때문에 치아는 말할 것 없고 머리털이 그대로 있을 정도로 상태가 양호하다. 작고 소박했던 투르판 박물관은 2009년 새로 건축되었는데, 필자는 신축되기 이전의 박물관을 가보았다.

손오공이 나오는 서유기를 모르는 사람은 없을 것이다. 서유기는 당나라의 현장법사가 고대 인도 천축으로 구법여행을 떠나면서 그와 그의 제자 손오공·사오정·저팔계가 온갖 역경을 극복하고 뜻을 이룬다는 소설이다. 반인반신인 이들의 성격묘사가 재미있고 판타스틱하게 그려져 청소년들이 무척 좋아한다. 손오공의 재치와 뛰어난 능력에 사람들은 환호하는데, 그 중에서도 우마왕의 농간으로 화염산의 뜨거운 불길에 막혀 나아갈 수 없게 되자 손오공이 파초선으로 불을 끄고 나아가는 장면이 가장 드라마틱하다.

서유기에도 등장하는 화염산은 투르판에서 동쪽으로 10km 떨어진 지점에 동서로 100km 뻗어 있다. 적색사암의 붉은 화염산은 중생대 쥐라기와 백악기(1억8천만 년~6천5백만 년)에 형성되어 오랜 기간 풍화되고 빗물에 깎이고 침식되어 독특한 모양을 연출한다. 주름 잡힌 치마 같기도 하고, 오징어를 거꾸로 매달아 놓은 것 같기도 한 모습이다. 기괴하게 웅크린 듯 앉아있다고 표현하는 사람도 있다. 수백 수천만 년의 오랜 세월이 빚어놓은 독특한 자연형상이다.

적색사암의 붉은 화염산은 풍화되고 빗물에 깎이고 침식되어 기괴하고 독특한 형상을 연출한다. 지표온도가 70~80도로 '불의 산'이라는 뜻으로 '화염산'이라고 한다.

    산의 모습이 한낮의 태양이 작열하는 햇볕에 반사되어 붉은 사암에서 내뿜는 열기가 타오르는 불꽃모양 같다고 해서 불의 산, 즉 화염산이라고 한다. 현지에서는 붉은 산이라는 뜻의 '홍산'이라고 하는데, 당나라 시대 이곳의 뜨거운 열기에 놀라 '화산(불의 산)'이라고 하면서 화염산의 명칭이 탄생하였다.
    화염산은 해발 마이너스 분지에서 솟은 높이 800m의 산이다. 지구상에서 가장 무덥고 뜨거운 산으로 생명이 존재할 수 없는 황량한 땅으로 여름철 지표온도가 70~80도를 넘나든다. '뜨거운 불 구름이 온 산에 가득해서 천리 밖의 새도 오지 않는다'는 화염산은 생명을 거부한 산 같다.
    화염산은 이글거리는 뜨거운 지열로 뿌연 연무현상이 일상적이다. 그래서 깨끗한 모습의 화염산을 보려면 태양이 막 뜨

화염산은 지구상에서 가장 무더운 산으로 '뜨거운 불 구름이 온 산에 가득해서 천리 밖의 새도 오지 않는다'는 생명을 거부한 산이다. 아시아 대륙에서 가장 큰 온도계는 78도를 가리키고 있다.

는 아침이 좋다. 그러나 석양 무렵 햇빛을 받아 불길에 휩싸인 듯 시뻘건 붉은 색깔로 달아오르는 화염산의 모습도 탄성을 자아낸다.

화염산은 하루도 견디기 힘든 38도 이상의 날이 연중 38일로, 최고 온도는 50도를 넘나든다. 여름철 지표온도가 89도에 이른 날(1975년)도 있었다. 맨손을 땅에 대면 화상을 입을 수 있는 온도로 이곳의 뜨거운 자연모래 속에서 구은 계란이 별미 중의 별미다. 몇 개를 먹어도 질리지 않는다.

화염산 기념관에는 아시아 대륙에서 가장 큰 온도계가 있다. 필자가 보니 섭씨 78도를 가리킨다. 45도 날씨에 지표온도 78도! 사막여행을 좋아하는 필자도 이날만큼은 더 이상 밖에 나가기 싫었다. 이쯤 답사를 마치고 시원한 호텔로 돌아가

삼장법사 일행이 화염산에서 내뿜는 불길이 사방 8백 리에 걸쳐 지나갈 수 없자, 손오공이 파초선이라는 부채로 불길을 끄고 통과한다. 그래서 화염산에 손오공 동상이 있다.

쉬고 싶은 마음이 간절했다.

화염산이 서유기의 중요한 배경이기 때문에 이곳에 서유기 동상이 있다. 손오공이 삼장법사, 사오정, 저팔계의 일행보다 높은 곳에서 오른손엔 여의봉을 들고 왼손으론 햇빛을 가리며 몸을 살짝 구부린 채 불길에 휩싸인 화염산을 바라보는 동상이다. 서유기 동상은 베제클리크 석굴 등 투르판의 여러 곳에 있지만, 화염산에 있는 동상이 그중 낫다.

이곳에는 파초선의 원래 주인 철산공주 동상도 있다. 삼장법사 일행이 화염산에서 내뿜는 불길이 사방 8백 리에 걸쳐 도저히 지나갈 수 없자, 손오공이 우마왕과 사투를 벌여 파초선이라는 부채를 얻어 불길을 끄고 통과한다. 화염산을 어쩌면 그리도 재미있는 발상으로 그려낼 수 있는지 감탄사가 나온다.

서유기는 현재도 중국에서 어린이들에게 최고 인기다. 때문

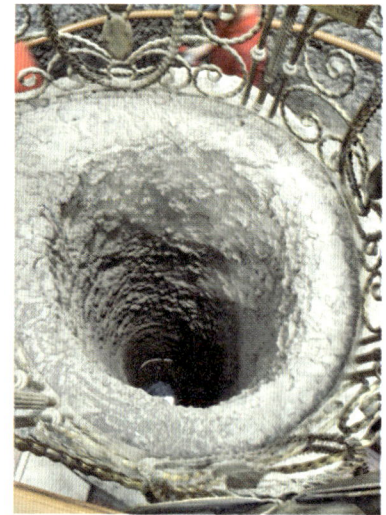

20~30m 간격으로 30m 깊이로 우물을 파서 그 우물을 지하 수로로 연결하면 하나의 칸얼징(카레즈)이 완성된다. 왼쪽 사진은 지하에 판 우물이고, 오른쪽은 그 우물들을 연결한 지하수로.

에 중국의 어린이들이 가장 가보고 싶어 하는 곳의 하나가 화염산이다. 그래서 화염산은 아이들과 함께 온 중국 가족 여행객이 무척 많다.

모든 오아시스 도시가 그렇듯이 투르판의 생명도 물이다. 다만 투르판은 다른 오아시스와 다르게 100km 떨어진 톈산산맥의 빙하가 녹은 물을 끌어온다. 9월이 되면 톈산산맥은 눈이 내리기 시작해 이듬해 3월, 때로는 5월까지 계속되어 톈산산맥에 만년설을 쌓는다. 투르판은 이 만년설의 빙하가 녹아 흐르는 물을 끌어오기 위해 지하에 인공 지하수로를 팠다. 이것이 칸얼징으로 페르시아로 '카레즈 Karez'라고 한다. 칸얼징은 건조한 기후로 인한 물의 증발을 막고, 강풍과 모래바람에 의한 수로의 훼손을 막기 위해 땅속 지하로 판 인공수로다.

여러 우물을 지하로 연결한 칸얼징. 1,100개의 칸얼징을 모두 합하면 5,000km에 달한다. 이 칸얼징 덕분으로 비가 오지 않는 투르판은 물이 풍부하다.

　칸얼징의 기원에 대해선 여러 설이 제기되지만, 페르시아 즉 현재의 이란지역에서 시작된 것으로 추정된다. 기원전에 전래했던 것이 이슬람교가 전래될 때 더욱 확대되지 않았을까 추측된다. 사막에서 20~30m 간격으로 30m 깊이로 우물을 파서 그것을 지하 수로로 연결하면 하나의 칸얼징이 완성된다. 칸얼징은 현재 1,100여 개로, 수로를 모두 합하면 5,000km에 달한다. 황허가 5,000km 길이니, 사막의 지하에 황허를 판 셈이다. 만리장성에 버금가는 대역사라고 할만하다.
　섭씨 50~70도의 사막의 뙤약볕에서 5인 1조가 삽, 곡괭이, 도르래 등 인력에 의존한 공구로 반경 1m의 1개 우물과 지하 수평갱을 완성하는데 수개월 걸렸다. 말로 다할 수 없는 수고로움이 따랐던 것이다. 이런 우물 수십 수백 개를 연결하면 하나의 칸얼징 즉 카레즈가 된다. 그러니 칸얼징 1,100여개를 만들려면 10여만 개의 우물을 파야 했으니 그들이 흘린 땀이 강을 이뤘을 것이다.

칸얼징을 완공했다고 그것으로 끝이 아니다. 우물이 붕괴되거나 지하수로가 막히는 것을 방지하기 위해 주기적으로 우물과 수로에 쌓이는 모래와 자갈을 파내야 한다. 열사의 사막에서 원시 공구로 준설하고 보수하는 작업은 여간 고되고 고통스런 작업이 아니다. 그들은 그런 수고로움을 대를 이어가며 수백 수천 년을 해왔다. 이렇게 해서 비 한 방울 내리지 않는 투르판의 도랑마다 물이 넘치게 한 것이다. 이같은 물이기에 투르판의 물을 '눈물로 얻어낸 영혼'이라고 한다.

투르판은 칸얼징을 통해 전체 경작지의 68%에 물을 공급하고 23만 명의 거주인구와 공공기관 및 호텔 등의 식수와 생활용수로 사용된다. 칸얼징 없는 투르판이란 상상할 수 없다.

때문에 투르판에 왔으면 반드시 칸얼징 박물관을 찾아봐야 한다. 칸얼징을 어떻게 개척하고 지켜왔는지 보여주는 현장이기 때문이다. 100미터에 이르는 지하수로를 따라가며 칸얼징의 여러 실상을 보면서 이곳 사람들의 물에 대한 애착과 경외심에 감탄하지 않을 수 없다.

불타는 오아시스 투르판에 신이 내려준 최고의 선물이 포도다. 이 지방의 독특한 기후와 지리적 조건이 세계 최고 맛의 포도를 생산하게 만든다. 투르판의 포도재배 역사는 2,000년이 넘는다.

포도의 원산지는 이집트 혹은 흑해 연안의 카프카스 지역으

투르판 포도는 세계 어떤 포도와도 비교할 수 없을 정도로 최고의 맛을 자랑한다. 여러 종류의 포도 중에서 말 젖 모양의 청포도가 가장 많다.

로 추정된다. 카프카스 지역은 오늘날의 조지아와 아르메니아 지방으로, 이들 지역은 지금도 포도재배와 포도주로 유명하다. 기원전 2세기 서역에 갔던 장건이 대원의 포도를 언급했는데, 대원은 카프카스와 투르판 사이에 있던 나라다. 카프카스의 포도가 실크로드를 따라 대원을 거쳐 투르판으로 전래 되었을 것으로 추정된다. 투르판의 포도는 7세기 고창국 시대에 이미 이곳의 최고 특산물이었다.

비가 거의 오지 않는 건조 기후에 연일 폭양이 내리쬐는 엄청난 일조량과 낮과 밤의 심한 기온 차가 세계 최고의 포도를 탄생시켰다. 세계 최고의 당도로 씹는 맛도 천하일품인데다, 알속과 껍질이 분리되지 않는 포도가 대부분이어서 먹기에도

왼쪽은 구멍이 숭숭 뚫린 흙벽돌로 지은 건포도 생산건물. 투르판 건포도는 건조한 기후에 폭양의 태양열과 지열을 이용한 자연 건조방식이다.

편하다. 거친 사막의 실크로드를 탐사하다 투르판에서 맛보는 포도는 지친 심신을 한 번에 녹여준다.

필자는 투르판에 도착하면 포도부터 사서 호텔 냉장고나 물에 담가둔다. 그리고 외출 후 돌아와서 시원한 포도를 먹으며 실크로드 답사의 묘미를 음미하곤 한다. 최근에는 포도주로 명성을 날리는데, 포도 자체가 세계 최고 품질이니 포도주가 명성을 얻는 것은 당연지사다. 다만 이렇게 맛있는 포도를 굳이 포도주로 담가야 하는지 의문이 든다.

포도가 재배되는 곳이 포도구다. 시내 중심지에서 동북쪽으로 10km 떨어진 곳에 있는 포도구는 입구부터 포도넝쿨로 터널을 이룬다. 1990년대 처음 이곳을 방문했을 때는 입장료만 내면 포도구에서 맘껏 포도를 먹을 수 있었다. 2001년 방문했을 때는 포도구 식당에서 면 한 그릇 시키니 한 바구니의 포도를 선식으로 내주었다. 위구르 사람들은 과일을 후식으로 먹지 않고 선식으로 먹는다. 당시 1,000원 하는 면 주문에 선식으로 나온 한 바구니의 포도를 보고 매우 놀랐다.

투르판 포도축제는 서역 최대의 축제 중 하나다. 그때는 중국전역은 물론이고 전 세계에서 엄청난 관광객이 몰려든다.

투르판에서는 매년 8월 하순 포도축제가 열린다. 투르판의 포도축제는 서역 최대의 축제 중 하나다. 그때는 중국전역은 물론이고 전 세계에서 엄청난 관광객이 몰려들어 호텔 잡기가 하늘의 별따기다. 이로 인해 투르판 1일 관광이 가능한 우루무치의 호텔가격까지 치솟는다.

투르판 포도축제는 먹거리 외에도 곳곳에서 진행되는 볼거리가 무척 많다. 투르판 포도는 200여 종류로 축제 기간에 품평회가 열린다. 포도축제라고 해서 포도만 있는 것이 아니고 석류 등 서역을 대표하는 산물 모두가 축제대열에 합세한다.

투르판 곳곳에는 구멍이 숭숭 뚫린 흙벽돌로 지은 사각 건물이 많다. 건포도 생산을 위한 건물이다. 포도 농가마다 포도 말리는 건조장을 갖고 있지만, 대량으로 건포도를 생산하기

투르판 포도 축제는 포도 외에도 서역을 대표하는 과일 모두가 축제대열에 합세한다. 상기 사진은 석류를 형상화한 춤

위해서는 이 같은 건물이 필요하다. 건조한 기후에 폭양의 태양열과 지열을 이용하여 말리는 이곳의 건포도는 인공적으로 생산하는 건포도와 비교가 되지 않는다.

투르판의 포도 생산량은 연 2만 8천여 톤에 불과하여 전 세계로부터 밀려오는 수요를 맞출 수가 없다. 이로 인해 투르판 인근 지역의 포도까지 인기를 끈다. 그런데 투르판의 포도를 같은 토양의 다른 지역에서 재배하면 맛이 떨어진다고 한다. 투르판의 특수 지형이 투르판 고유의 포도를 만드는 것이다.

투르판의 7~8월 한낮은 불에 타는 솥에 앉아 있는 느낌이다. 밖으로 한 발작 나가는 것이 두렵고 짜증난다. 그래서 한낮의 도시는 원자폭탄이라도 맞은 듯 고요하다. 그런데 섭씨 80도가 넘는 사막 모래언덕 위에서 허벅다리를 모래에 묻고 앉아 있는 사람들이 있다. 모래찜질하는 사람들이다. 신경통과 관절염에 상당한 효험이 있다고 한다.

투르판에서 시간이 허락되면 사막에서 하루 밤 자는 것도 좋은 추억이다. 워낙 고온이어서 벌레가 없어 신문지 한 장 깔고 자면 그만이다. 연 강수량이 16mm여서 비 올 염려도 없다. 그날 밤 구름 한 점 없는 밤하늘에서 세상에서 가장 많은 별을 보게 될 것이다.

투르판의 한낮 무더위는 겪어보지 않은 사람은 아무리 설명해도 실감할 수 없다. 실크로드 상인들이 투르판의 태양이 서쪽으로 기울 때 비로소 다음 여행지로 출발했던 것이 그런 까닭이 있었던 것이다.

13. 톈산산맥의 너머 쿠얼러

1980년대까지 타림분지의 타클라마칸 사막 남쪽의 서역남로와 북쪽의 서역북로의 오아시스 사람들 대부분은 우루무치와 투르판 같은 신장성 동북지방과 교류 없이 살아갔다. 신장성 중부지방으로 남북을 가르며 동서로 길게 뻗어있는 해발 평균 5,000m, 폭 300km의 톈산산맥이 타림분지와 우루무치와 투르판 같은 동북지방을 가로막고 있기 때문이다. 이들 지역 간 교류가 없었다기보다는 교류할 수 없었다고 하는 것이 정확한 표현이다.

1949년 중화인민공화국(중국)이 건국된 후 신장성 중부로 뻗친 톈산산맥을 넘는 도로가 뚫렸으나 도로는 구불구불하고

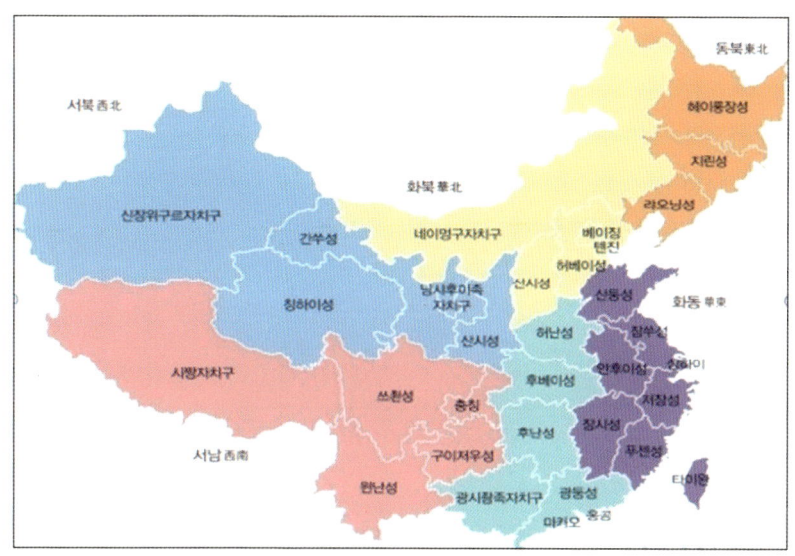

중국 신장위구르자치구는 중국 서부 끝에 위치한다.

협소하고 험한 데다 비포장 구간이 많아 이동에 많은 시간이 소요되었다. 겨울철에는 눈사태와 빙판길, 봄과 여름에는 해빙과 갑자기 불어난 강물과 산사태로 도로가 유실되기 일쑤여서 사고가 끊임없이 발생했다. 종종 발생하는 낙석위험은 위험 축에도 끼지 못했다.

그래서 20세기 후반까지 우루무치 등의 신장성 중부지역 도시에서 톈산산맥 남쪽에 위치한 쿠처나 카슈가르는 가기 어려운 세계였다. 우루무치 등의 신장성 중북부 지역도 장기간 외부와 차단되다시피 했지만, 톈산산맥 남쪽의 타림분지 지역은 이들 지역보다 훨씬 더 오랫동안 고립생활을 했다. 20세기 후반까지 2,000년 전의 실크로드 시대와 별반 차이가 없는 생활을 해왔다고 해도 과언이 아니다.

옌치(언기)와 투르판·우루무치 사이는 거대한 톈산산맥이 가로막고 있다.(지도: 유홍준, 나의문화유산답사기. 중국편)

    2천년 이상 외부세계와 굳게 닫혀 있던 톈산산맥 남쪽 도시들이 세상에 모습을 드러내게 된 계기는 1980년대 난장철도가 부설되면서다. 난장철도는 투르판에서 신장성 남쪽 즉 쿠얼러→쿠처→카슈가르까지 연결된 철도를 말한다.

    난장철로는 1차로 투르판에서 톈산산맥을 뚫어 쿠얼러까지 460km의 노선을 완공했다. 연 인원 7만 명이 동원되어 10년 공사 끝에 1984년 완공했다. 매섭게 몰아치는 사막의 모래바람과 해발 5,000m의 험난한 톈산산맥에 철로를 부설하는 일은 위험할 뿐만 아니라 당시 기술로는 난공사였다. 그래서 민간이 아닌 중국 인민해방군 철도병단이 공사를 담당했다. 그리고 쿠얼러에서 카슈가르까지의 2차 난장철로가 1999년 완공되었다.

    이로써 8세기 이후 1,000년 동안 끊어진 실크로드가 낙타 대신 철도로 연결되었다. 실크로드 2,000년 역사에서 가장 획

기적인 사건이다.

  총 연장 1,446km의 난장철로는 당시에 중국의 철로 중에서 가장 험악한 노선인 동시에 신비한 풍경을 제공했다. 필자는 1990년대 투르판에서 2층 기차를 타고 쿠얼러로 갔다. 최신 열차여서 안정감 있고 시설은 쾌적했다. 창밖의 이국적 경치에 취해있는데 상냥한 열차 안내원이 생수와 하미과를 가져다 준다. 20여년 전에는 터콰이, 즉 고속열차가 나오기 전 가장 빠르고 좋은 열차의 1실 4인용의 침대칸인 롼워(가격이 가장 비쌈)를 타면 생수와 과일을 주기도 했다.

  하미과를 먹다보니 어느새 기차는 어아구역에 도착했다. 투르판을 출발한지 3시간만이다. 어아구시는 톈산산맥 산기슭에 자리 잡고 있는 산골 마을이다. 작은 촌락에 역을 건설한 것은 투르판과 다음 역 사이가 너무 길어 중간 역이 필요했기 때문이다. 당시 기차는 하얀 증기를 내뿜는 칙칙 폭폭하는 증기기관차여서 주기적으로 물을 공급해줘야 했다. 어아구에는 1,300년 전의 당나라 시대 봉화대가 있다. 실크로드 시대에 중계역할을 했던 지역이었음을 알 수 있다.

  기차가 정차한지 한참 지났건만 움직일 생각조차 하지 않는다. 차장에게 물어보니 강한 바람이 불어 갈 수 없단다. 기차가 갈 수 없을 정도로 강한 바람이 부는 곳이 신장성이다. 이전에 기차가 강풍으로 전복되어 많은 사상자가 발생하기도 했다. 20년 전에는 바람 때문에 열차가 연착하는 일이 다반사였다. 지루한 기다림 끝에 기차는 5시간 만에 출발했다.

  기차가 아납계곡을 지난다. 아납계곡에서 기원전 4세기 춘추전국시대의 순금으로 만든 사자상과 요대에 부착하는 동물

모양의 금제 장신구 등이 출토되었다. 놀랍게도 이들 유물은 페르시아(이란)와 스키타이 초원 양식이었다. 이렇게 험준한 곳에서 기원전 4세기 경에 동서 문화가 교류됐던 것이다.

이곳부터 본격적으로 톈산산맥을 오르는 구간이다. 현재 중국의 토목기술은 세계 최고로 거대한 톈산산맥에 일직선으로 터널을 뚫는 일은 어렵지 않다. 그러나 당시 기술로 톈산산맥에 일직선의 터널을 뚫는 것은 상상도 할 수 없는 일이었다.

그래서 톈산산맥을 넘기 위해 29개의 터널과 36개의 철교를 건설하고 나선형으로 18m씩 올라 가야했다. 특히 하이구 터널은 터널 안에서 한 바퀴 돌아 나왔다가 방금 전 들어갔던 터널 위 60m 지점으로 다시 들어가는 특수구조였다. 톈산산맥이 너무 높고 가파르기 때문에 한 번에 오르지 못했기 때문이다. 이마저도 기관차 1대를 더 달아 올라갔다. 기관차 2대로도 힘이 벅차 기차는 칙칙폭폭 하며 폭포수 같은 수증기를 연신 뿜어내고 열차 안은 석탄 타는 매캐한 냄새가 진동했다. 지금 생각하면 호랑이 담배피던 시절 같은 얘기다.

터널과 교량을 정신없이 번갈아 달리던 기차가 마침내 산등성이로 빠져나오자 새하얀 만년설을 이고 있는 4,000m의 설산이 바로 옆에 나타난다. 1시간 넘게 터널의 어둠 속을 달리다 톈산산맥의 신비롭고 경이로운 경관을 마주하자 모든 승객이 '와!'하며 탄성을 지른다.

이곳 초원과 황량한 사막에서 사람들이 살아갈 수 있는 것은 모두 톈산산맥의 만년설 덕분이다. 톈산의 빙하가 녹아 흐르는 물이 강을 이뤄 타클라마칸 사막지대에 오아시스를 형성하기 때문이다. 인간의 발길을 가로막는 장애물 같은 톈산산맥이지만 그런 톈산산맥이 없다면 오아시스의 삶도 없다. 그래서 유목민족 흉노는 톈산을 경외하여, 말을 타고 가다가 톈산이 보이면 말에서 내려 머리를 숙였던 것이다.

난장철로가 놓이기 전 톈산산맥 남쪽에 거주하는 사람이 말과 낙타에 의존하여 톈산산맥을 넘어 두르판까지 생필품을 운반하려면 1주일 이상 소요되었다. 왕복 보름 걸리는 험난한 노정이다. 시간소요도 문제지만 예고 없이 닥치는 사고위험이 더 큰 위험이었다.

수천 년을 이 같은 위험을 앉고 살아야 했던 이곳 사람들에게 철도의 출현은 신의 재림과 같은 것이었다. 기차는 안전성을 확보하고 소요시간도 4시간에 불과해 이곳 사람들은 이 철도를 '행복철도'라고 불렀다.

기차가 톈산산맥을 넘자 광활한 녹색초원이 펼쳐진다. 옌치(언기)평원이다. 톈산의 눈 녹은 물기를 흠뻑 먹은 비옥한 땅이다. 한나라 시대 옌치 인구는 32,100명으로 제법 큰 왕국으로 실크로드 시대에 상당한 국력을 발휘했다. 7세기 이곳을 방문했던 당나라 현장법사는 '사방이 산으로 둘러싸이고 길이 험하여 방어하기 용이한 곳이다. 물줄기가 서로 만나 땅이 비옥하여 보리, 기장, 포도, 배, 배추 등의 농사가 잘 된다. 기후가 온화하고 사람들은 미풍양속을 따른다.'라고 묘사했다.

2019년 옌치 인구는 35,000명. 관할 지역까지 포함하면 15만 명이다. 놀랍게도 2,000년 전 한나라 시대와 같은 인구다. 어떻게 이런 일이 가능할까? 옌치는 지리적으로 발전하기에 부적합한데다 가까운 쿠얼러가 신흥 대도시로 빠르게 발전하면서 옌치의 인구를 흡수했기 때문이다. 위구르의 타림분지에서 옌치는

쿠얼러는 톈산산맥 남쪽에서 가장 빠르게 발전하는 인구 55만 명의 현대산업도시다. 산업화에 따라 한족이 대거 이주하면서 타림분지에서 유일하게 한족도시가 되었다.

특이하게도 후이족이 매우 많다. 그래서 행정명칭도 옌치후이족 자치현이다.

쿠얼러는 옌치에서 60km 거리다. 쿠얼러는 난장철로가 생기면서 타클라마칸 남북로에서 가장 빠르게 발전한 신흥 대도시다. 실크로드 시대에 서역남로로 들어가는 핵심 관문이었던 쿠얼러는 현재는 철도교통의 요충지이자 타클라마칸 사막을 종단하는 사막공로의 출발지다. 게다가 타클라마칸 사막의 풍부한 석유·가스·광산 등의 천연자원을 이용한 공업도시로 하루가 다르게 발전하는 신흥도시다.

쿠얼러는 실크로드 시대에 유명한 관문이었던 철관문이 있던 작은 군사고을이었다. 이후 2,000여 년 동안 발전이 없어 1949년 중국이 건국되었을 때 인구가 5천여 명에 불과했다. 그러다 난장철도가 개통되고 타림분지에서 지하자원이 본격적으로 개발되면서 광산·에너지·화학 등의 공업도시로 자리 잡으며 인구 55만 명(2019년 기준)으로 폭증했다.

쿠얼러는 사실상 인공에 가까운 현대도시다. 그래서 도시 전체가 반듯하게 구획되고 도로가 널찍하고 깨끗하다. 도심건물 대부분이 현대식 건물이고 고층건물과 대규모 초고층 아파트 단지가 계속 신축되고 있다. 시내 중심의 백화점은 우리나라의 최신 백화점과 차이가 없고, 도시의 야경은 화려하고 아름다워 사막 속의 도시라는 것이 믿기지 않는다.

현재 쿠얼러의 한족 인구비율이 무려 70%다. 철도교통망이 갖춰지고 에너지 화학 등 기술자와 근로자를 많이 필요로 하는 공업이 발전하면서 한족이 대거 이주했기 때문이다. 타림분지에서 이렇게 한족의 인구비중이 높은 곳은 쿠얼러가 유일하다. 그래서 쿠얼러를 타림분지의 '한족 도시'라고 한다.

쿠얼러는 위구르어로 '바라본다, 조망한다.'라는 뜻이다. 쿠얼러 앞에 펼쳐진 거대한 타클라마칸 사막을 바라본다는 의미다. 쿠얼러가 등지고 있는 톈산산맥을 바라본다는 뜻일 수도 있다.

쿠얼러는 물이 풍부하고 보슬비가 자주 내리는 오아시스 도시다. 사막지대에서 물이 풍부한 것만큼 행복한 것은 없다. 물이 풍부한 우리나라에서조차 물의 중요성이 강조되는 판인데, 사막이야 말해 뭣하겠는가!

쿠얼러 인근에 보스텅호수가 있다. 톈산산맥의 눈 녹은 물이 $1,000km^2$의 커다란 보스텅호수를 형성했다. 호수 안쪽으로 곱고 부드러운 백사장이 형성되어 있고, 호숫가에 갈대와 야생 연꽃이 무성하다. 이곳을 터전으로 기러기, 백로 같은 새들이 살아간다. 그래서 이곳 사람들은 이 호수를 사막의 진주

사막 속의 진주 보스텅 호수

라고 부른다.

쿠얼러 시내를 관통하며 흐르는 공작강은 우리나라 압록강보다 더 긴 785km에 이른다. 쿠얼러의 울창한 숲과 가로수에 물을 공급해 주는 공작강은 이름처럼 아름답다.

쿠얼러를 상징하는 철문관은 서남쪽으로 60km 지점에 있다. 철문관은 그 이름에서 알 수 있듯이 '한 사람의 병사가 1천명을 상대할 수 있다'는 철옹성 같은 천혜의 관문이다.

철문관 가는 교통편을 쿠얼러 사람들에게 물으니 모두가 모른다고 답한다. 쿠얼러에 살면서 어떻게 철문관을 모를 수 있단 말인가? 하고 의아했는데, 생각해 보니 이곳 사람들 대부분이 토박이가 아니고 최근 몇 년 사이에 이주해 온 사람들이다. 게다가 현재의 삶을 살아가기도 바쁜 일반인이 사용하지도 않는 2,000년 전의 산속 옛 관문에 어찌 신경 쓸 수 있겠는가? 살아가기 바쁜 그들 입장에서는 오히려 까마득히 먼 외국에서

전략적 요충 관문이었던 철문관은 도로 확장으로 보존용의 신세로 전락하여 1사람이 1천명을 막았다는 옛 위용을 찾아볼 수 없다.

산골짝이 귀퉁이에 외로이 서 있는 쓸모없는(?) 관문 하나 찾아보겠다고 이곳까지 찾아온 자가 한심하고 이상할 것이다.

철문관은 하늘을 찌를 듯한 깎아지른 절벽사이로 난 꼬불꼬불한 좁은 길에 버티고 있었다. 그러나 2,000년대 들어 도로가 크게 확장되어 이제는 실크로드 시대 때의 웅장하고 견고한 기세는 찾아볼 수 없다. 거대한 협곡을 꽉 틀어막는 위용이 철문관의 본래 모습인데, 도로 확장과 정비에 밀려 모퉁이에 덩그러니 서 있는 유물로 전락해 버렸기 때문이다. 서울 남대문이 조선시대에 웅장하게 우뚝 솟은 자세로 성문 출입하는 사람들에게 위압적이었지만, 현재는 도로 중앙에 왜소하게 덩그러니 서 있는 모습과 같다. 우리의 국보 1호도 이러할진대 산골짝이의 철문관을 탓할 일도 아니다.

전략적 요충지 철문관을 확보하기 위한 민족 간의 투쟁은 격렬했다. 철문관을 장악해야 톈산남로의 쿠처와 카슈가르로 진출하는데 용이하고, 서역남로의 뤄챵과 호탄으로 통할 수 있는 길목을 확보할 수 있기 때문이다.

기원전 2세기 흉노가 먼저 철문관을 장악했다. 한나라는 장건이 서역을 정벌하러 가면서 철문관의 중요성을 인식했지만, 워낙 험준하고 위험한 고립된 지역이어서 군대를 파견하지 못했다. 그 후 위진남북조 시대의 진나라(서진 : 265~316)가 처음으로 철문관을 정복했다. 실크로드 전성기인 당나라 때는 관리와 군대를 주둔시켜 군사적 기능과 함께 동서를 오고가는 인적 물적 교류를 원활하게 하였다. 당나라가 실크로드 전성기를 이룬 데는 철문관 역할이 큰 몫을 했다.

실크로드 시대에 많은 사람들이 철문관을 통과했다. 장건, 반초, 현장법사, 혜초 등의 구법승과 서역의 대상 그리고 서역을 공격하는 군대가 통과했다. 철문관 관광구역에 이곳이 실크로드의 주요한 관문이었음을 알리기 위해 이곳을 지나간 역대 주요 인물들의 동상을 세워 놓았다.

14. 실크로드 음악의 고향 쿠처

남쪽의 쿤룬산맥과 북쪽 톈산산맥의 만년설이 녹아 오아시스와 수로를 만들고, 그 수로가 습지와 경작지를 만든다. 최근 그런 경작지에서 작은 규모지만 벼농사가 이뤄지고 있다. 사막의 오아시스 시장에서 쌀을 팔고 있는 모습이 뜻밖이었는데, 벼가 재배된 논을 보고는 더 놀라웠다. 오아시스에서 논농사를 하리라고 누가 상상이나 하겠는가!

세상은 우리의 상상을 뛰어넘는다. 지금까지 109번의 중국 방문을 포함하여 140여 차례의 낯선 다른 세계를 경험하며 느끼는 것은 좁은 세상에서 터득한 자신의 짧은 지식으로 세상을 아는 듯해서는 안 된다는 것이다. 100권의 책보다 한 번의 경험이 더 낫다는 말이 괜한 소리가 아니다.

많은 사람들은 좁은 세상에 살면서 자기가 얼마나 좁은 세상에 갇혀 살고 있는지 모른다. 그래서 바쁘더라도 다른 세계를 봐야하고 가능하면 실크로드를 보면 더욱 좋다는 생각이다. 실크로드 답사만큼 인생에 더 없는 경험은 없다고 본다. 시간을 내서 사전지식을 조금 갖춘 다음 탐방하면 더욱 좋다. 혼자 또는 소수의 인원으로 대중교통을 이용하여 여행한다면 금상첨화다. 이것도 저것도 아니면 여행사를 이용한 단체여행을 할 수밖에 없다. 사람마다 각자 처한 상황이 다르니, 자신에게 맞는 방식을 따르면 된다.

쿠처는 쿠얼러에서 292km 거리다. 쿠얼러에서 고속버스로 3시간, 기차로 2시간 30분 소요된다. 필자는 20여 년 전 처음 갈 때 25위안(약 4,500원)을 지불하고 서민 대중들이 이용하는 20인승 버스를 타고 5시간 걸려 도착했다. 쿠처는 옛 구자국이 있던 곳으로 구자에서 쿠처로 명칭이 바뀐 것은 1758년 청나라 건륭제 때다.

쿠처는 실크로드 시대 때 타클라마칸 사막 북쪽의 서역북로에서 가장 번영을 누린 오아시스다. 그러나 실크로드가 붕괴되면서 쿠처는 쇠락의 길을 걸으며 다시는 역사의 주요 무대에 등장하지 못하고 궁벽하고 초라한 사막의 오아시스로 전락했다.

쿠처(구자)는 타클라마칸 사막 북쪽의 서역북로(톈산남로)에서 가장 큰 오아시스 도시로 실크로드 시대에 크게 번영했다.

그러한 낙후상태는 1990년대 초까지 이어져 이 시기에 쿠처를 찾았던 탐사객은 실크로드 시대의 화려했던 쿠처를 떠올리며 연민의 정을 금치 못했다. 어떤 인사는 '당나라 군대 3만 명이 주둔하고 타림분지 최대의 번영과 영화를 누렸던 이곳이 진정 쿠처란 말인가'라고 탄식했다. 기원전 1세기 한나라 시대에 8만 명이던 인구가 2,000년이나 지난 1990년에 6만 명으로 후퇴했으니 말해 뭣하겠는가!

쿠처의 부활은 다른 타림분지 도시들과 마찬가지로 난장철도의 개통이 계기가 되었다. 도로라고 말하기 민망했던 도로는 말끔하게 포장되었고, 2111년에는 쿠처를 경유하는 쿠얼러와 아커쑤를 잇는 고속도로가 개통되었다. 2015년에는 아커쑤에서 타클라마칸 사막 서쪽 끝 카슈가르까지 개통되어 서역북로 전체를 연결하는 고속도로가 완공되었다.

1995년 타클라마칸 사막을 남북으로 연결하는 룬타이에서 민펑을 잇는 제1 사막공로의 완공에 이어, 2007년 쿠처 아래에 위치한 아라얼에서 호탄을 잇는 제2 사막 고속도로가 개통되었다. 철도와 고속도로가 건설되자 물류의 이동이 활기를 띠고 실크로드 관광객이 몰려들었다. 너무 오랫동안 침체의 늪에 빠져있던 쿠처가 기지개를 활짝 편 것이다.

교통의 발전으로 기지개를 편 쿠처는 2000년대 들어 서부대개발과 일대일로 정책에 힘입어 발전의 가속페달을 밟기 시작했다. 구시가지를 일신하고 신시가지를 건설했다. 현대식 건물과 고급 호텔도 속속 건설되어 '쿠처의 호텔시설은 너무 열악하여 언제 물이 끊어질지 알 수 없어 샤워조차 불가능하다'는 얘기는 전설 속의 얘기가 되었다. 현대식 음식거리가 조성되고 동화 같은 건축물 거리도 등장했다. 인구도 30만 명, 관할지역까지 포함하면 48만 명으로 크게 늘어 실크로드의 영광재현에 부풀어있다.

실크로드 시대에 타클라마칸 북쪽의 서역북로에서 가장 유명한 시장이 쿠처시장이었다. 각종 농산물을 비롯하여 서역의 의복과 유리잔이 가득했고 눈부신 장안의 비단이 산더미같이 쌓여있었다. 호객을 위한 마술공연과 흥겨운 연주 노래 소리 가흥을 돋웠고 중국인, 그리스인, 소그드인, 키르기스인, 대하의 페르시아인 등의 상인이 물건을 흥정하고 담소하느라 소란스러웠다.

필자가 처음 쿠처를 방문했을 때는 마침 장날이어서 인산인해를 이루었다. 버스와 트럭을 타고, 경운기를 이용하고, 말과 노새가 끄는 수레 등에 농산물과 가축을 가득 싣고 시장으로

쿠처 신시가지의 고층 아파트 단지

몰려들었다. 양 구이와 낭을 비롯한 먹거리가 가득했고 싱싱한 과일이 풍성했다. 수박의 산지답게 수박을 산더미 같이 쌓아 놓고 팔고 있었고, 참외와 서역의 납작 복숭아 편도·포도·석류·배·자두·살구 등이 풍부했다. 너무 많이 쌓인 과일을 보며 '저 많은 것을 언제 다 팔며, 누가 다 먹을 수 있나?' 하는 괜한 걱정까지 했다.

수확한 과일을 가져온 농민들의 얼굴은 환하기 이를 데 없다. 그 농부들을 위해 많은 과일을 사서 일부는 필자가 먹고 나머지는 호텔 카운터에 전해줬다. 거스름돈을 받지 않으니 과일 파는 농부 아낙네가 그렇게 기뻐한다. 어디든 어느 시대든 농민의 삶이 가장 고달프다. 그 중에서도 매서운 추위와 폭염 그리고 애써 심어놓은 모종을 뒤덮어 버리는 모래바람이 수시로 부는 사막의 오아시스만큼 힘든 곳이 또 있을까?

그래서 실크로드를 여행하면서 농민들이 파는 과일을 살 때

왼쪽은 동화세계 같은 건물이 들어선 쿠처의 미식거리. 오른쪽은 카슈가르의 아이티갈 청진사 다음으로 규모가 큰 이슬람 사원 쿠처대사.

마다 가격을 깎거나 적은 거스름돈은 받은 적이 없다. 사실 가격이 너무 싸서 깎는다든지 지콰이(몇 백 원)의 거스름돈을 받는다는 것 자체가 미안하다. 아무튼 쿠처의 노천시장은 옛 실크로드 시대의 모습을 보는 것 같아 흥겹고 즐거웠다. 2021년 현재는 어떠한 모습을 하고 있는지 궁금하다.

쿠처는 물가가 매우 싸다. 농산물은 말할 것도 없고 호텔비도 싸고, 음식 값도 싸다. 사람들은 소박하고 순박하다.

2,000년대 들어 신장성 곳곳에서 위구르인의 중국 한족에 대한 테러가 빈발하고 있다. 독립을 추구하거나 사회 경제적 불만에 의한 테러다. 테러는 우루무치를 비롯하여 카슈가르와 호탄 등의 타림분지 전역에서 발생하여 수많은 사람들이 죽거나 상해를 입으며 공포에 떨고 있다.

그런데 쿠처에서는 폭동이 없다. 필자는 카슈가르나 호탄 사람들에 비해 순박한 쿠처인의 정서와 관계가 있지 않나 싶다. 이런 성정은 이곳이 타림분지에서 살상을 금지하는 불교가 가장 흥성했던 역사와 관계있는지도 모르겠다. 아무튼 쿠처시내를 돌아다닐 때 왠지 모를 편안함을 느꼈다.

쿠처는 2가지가 유명하다. 하나는 노래와 춤이고, 다른 하나는 과일이다. 앞에서 누누이 언급했던 것처럼 쿠처는 음악의 도시다. 연주하고 노래하며 춤추는 것이 일상적이다. 모종하고 김매기 할 때 노래 부르고, 추수가 끝나면 또 수확의 기쁨으로 노래와 춤판을 벌인다.

아이를 요람에 뉘어 재울 때도 노래 불러준다. 쿠처가 세계에서 가장 먼저 자장가를 부르지 않았을까 자문해본다. 일반상식으론 아이 재울 때 조용해야 된다고 생각하지 누가 노래 같은 것을 부른다고 생각하겠는가! 이들은 현재도 결혼식 전날 밤은 노래와 춤으로 밤을 꼬박 샌다.

필자가 1998년 쿠얼러에서 쿠처까지 버스타고 5시간 가는 내내 버스에서 노래 부르는 위구르인이 있었다. 구슬픈듯하면서 리드미컬한 노랫가락이 듣기 좋았다. 그런데 쉬지 않고 5시간 내내 부르는 노랫소리에 질리지 않을 수 없었다.

그러나 달리 생각해 보면 5시간 내내 노래 부르는 사람도 정말 대단하다. 생각해 보라! 어떻게 5시간 내내 버스 안에서 노래 부를 수 있단 말인가? 또 노래 그만하라고 말리는 사람도 없다. 쿠처가 서역 최고의 음악도시라는 것을 단단히 실감한 계기였다. 쿠처에서 느낀 것은 음악이 생활의 일부라는 사실이다.

쿠처 악극은 인도에서 기원한 것이 많지만 실크로드를 따라 전래되면서 현지문화에 적합하게 개작되어 쿠처에서 꽃을 피웠다. 음악은 각종 악기를 연주하는 연주단과 노래하는 가수를 등장시킨다. 그래서 악기와 곡을 발전시켰다. 음악은 또 춤을 동반한다. 때문에 쿠처의 무용수는 연주자와 함께

쿠처의 석굴벽화에 나타나는 다양한 형태의 음악 연주와 춤

서쪽의 사마르칸트나 동쪽의 장안으로 파견되었다. 쿠처 무용은 엉덩이의 움직임과 몸짓의 변화와 표정이 풍부한 것이 특징이다. 그들은 남녀가 동시에 공연하는 유명한 회오리 춤, 즉 호선무를 더욱 발전시켰다.

쿠처는 음악과 춤을 즐기는데 그치지 않고 문화산업으로 승화시켰다. 사신이 파견될 때 악극단이 함께 가서 연주하며 자신들의 문화를 소개하고 전파하였다. 쿠처 악극단은 가는 곳마다 열렬한 환영을 받았고 단원 일부는 귀국하지 않고 장안이나 여타의 국가와 도시에 거주했다. 더 나은 삶을 위해 스스로 체류한 경우도 있고, 현지인에 의해 채용되기도 했다.

당나라 시대 장안에서는 쿠처 예술인이 있는 술집이 크게 인기를 끌어 문전성시를 이뤘다. 필자는 이것이 중국과 우리나라의 술집이나 음식점에 가무하는 여인이 있게 된 기원으로 본다. 유교문화의 동양사회는 음주하며 시를 읊조리는 문화였는데, 당나라 이후 저와 같은 문화가 스며든 것으로 추정한다. 쿠처에는 현재도 연주하고 춤추는 유명 음식점이 많다. 인기

있는 식당은 미리 예약하지 않으면 자리가 없다. 쿠처는 가장 일찍 음악과 노래와 춤을 금이나 옥처럼 사고파는 실크로드의 문화상품으로 만드는데 성공하였다.

쿠처는 실크로드 시대 구자국의 땅이었다. 구자국은 톈산남로 즉 서역북로의 절반 가까이 장악하고 동서교역의 중계지로 번영을 누렸다. 풍부한 수량과 비옥한 넓은 땅이 톈산남로 제 1의 왕국으로 발전시켰다. 구자의 왕성은 '당나라의 수도 장안성과 같았고, 왕궁은 장엄하고 화려하다'라는 찬탄을 들었다. 전성기의 영토는 동서 480km, 남북 320km로 한국 면적보다 넓었다. 금, 구리, 철, 납, 주석 등 천연자원도 풍부하다.

구자국 주민은 인도 유럽계로 기원전 1세기 한나라 시기에 인구가 81,317명으로 타림분지의 전체 오아시스 왕국 가운데 가장 큰 대국이었다. 당시 타림분지의 왕국 대부분이 몇 천 명에서 1~2만 명, 많아야 3만여 명 전후의 인구였음을 고려할 때 쿠처의 국력을 짐작할 수 있다.

구자국은 장건의 서역사행 이후 한나라와 흉노의 쟁탈 대상이 됐다. 구자국을 장악해야 서역북로, 더 나아가 타림분지 전체를 장악할 수 있었기 때문이다. 그래서 구자국은 한나라와 흉노에게 반복적으로 예속되며 고난을 당했다.

중국 고대에 화번공주라는 것이 있다. 화번공주는 중국에 위협적이거나 회유할 필요가 있는 이민족에게 황실에서 시집보내는 여인을 말한다. 일종의 정략적 혼인정책이다. 화번공주가 활발했던 시기는 실크로드 시대를 열었던 한나라(기원전 206~기원후 220)와 실크로드 전성기였던 당나라(618~907) 시대다. 실크로드가 열리면서 화번공주가 탄생했고, 실크로드 번영기에 화번공주가 꽃을 피운 것이다. 그리고 8세기 실크로드 시대가 종말을 고하자 화번공주도 역사 속으로 사라졌으니, 화번공주와 실크로드는 운명을 함께 했다고 할 수 있다.

화번공주는 대부분 조용히 생을 마쳤지만, 일부는 조국을 위해 적극적으로 활약했다. 그 중 하나가 한나라 때 오손으로 시집간 오손공주 '해우'다. 오손공주 해우가 오손에서 낳은 딸이 구자국의 강빈왕에게 시집을 갔다.

해우는 구자국을 흉노와 단절시키기 위해 한나라 황제에게 자신의 딸과 사위 강빈왕이 한나라 조정에 입조할 수 있기를 청원하였다. 이때가 기원전 65년, 한나라 선제 재위 때다. 한나라는 해우의 청을 받아들여 강빈왕 부부가 장안에서 1년간 머물도록 허용했다. 그리고 강빈왕의 부인인 해우의 딸을 한나라 공주와 똑같이 예우하고 비단을 비롯한 진귀한 물품을 하사했다. 구자국을 한나라 편으로 끌어들이기 위함이다.

구자왕은 귀국 후 한나라와 친선관계를 수립하고 한나라의 선진 문물과 제도를 도입하였다. 이러한 친선관계는 60여 년 지속되었고, 한나라는 이를 발판으로 타림분지 일대에서 흉노 세력을 밀어냈다.

구자국은 한나라가 멸망하고 혼란한 위진남북조(220~589) 시대가 펼쳐지자 자립을 꾀해 소륵까지 진출하는 등 서역북로 대부분을 장악하고 실크로드 중계무역을 통해 부유한 왕국이 되었다.

그러나 4세기 5호16국 시대 때 전진(351~394)의 왕 부견이 서역 최고의 명승 구마라지바를 초빙하기 위해 장군 여광을 구자국에 파견했다. 구자국은 필사적으로 여광의 7만 군대에 맞서 싸웠으나 왕이 죽임을 당하고 왕궁은 불태워졌다. 그리고 구마라지바를 포함하여 말 1만 마리, 낙타 2만 마리, 곡예사, 수많은 금은보화 등을 빼앗겼다. 여광군대가 전리품을 싣고 가는 행렬이 톈산남로를 가득 메웠다고 할 정도로 구자는 철저히 파괴되고 약탈당했다.

7세기 당나라는 구자국에 안서도호부를 설치하고 3만 명의 군대를 주둔시켜 타림분지를 비롯한 파미르와 톈산산맥 일대를 다스렸다. 당나라 시대에 구자국은 다시 안정을 찾아서 불교가 발전하고 경제적으로도 풍요하고 문화는 꽃을 피웠다.

그러나 당나라가 몰락한 뒤 티베트의 토번이 침입했고, 토번이 쇠퇴한 9세기에는 위구르족이 대거 밀려들어 위구르 땅이 되었다. 그 후 14세기 티무르가 지배하면서 불교를 믿던 위구르는 이슬람교로 개종하여 현재에 이르고 있다.

쿠처는 톈산산맥에서 발원한 여러 갈래의 물줄기가 쿠처로 흘러들어와 물산이 풍부하고 인구가 많아 발전과 번영을 누릴 수 있었다. 특히 서역북로의 핵심 중계지 역할을 통해 부를 축적하여 찬란한 문화를 꽃피웠다. 그래서 많은 실크로드 문화유산을 남겨놓았다. 하나하나가 모두 주옥같은 실크로드 문화유산이다.

쑤바스 고성은 쿠처 북동쪽 20km 지점에 있다. 쑤바스불사 유지(쑤바스불교사찰유적지)라고도 한다. 산을 등지고 쿠처강 상류의 동쪽과 서쪽에 자리 잡은 경관 좋은 위치다. 이곳엔 원래 여인국이 있었다. 국왕, 문무관료, 군대의 지휘관급 이상은 모두 여성이 담당했고, 궁중의 잡역, 생산노동, 성곽 수비

쑤바스 불사 유적지와 오타니 탐험대가 발견한 사리함

등은 데릴사위 남성의 책무였다. 여인국은 한때 강국으로 군림했으나 지진에 의한 산사태와 홍수로 멸망하고 말았다. 외세의 침공이 아니라 자연재해로 멸망한 것이 특징이다.

쑤바스 불교사찰은 후한시기에 건축되었다. 면적이 19만m^2로 서역 최대의 사찰이었다. 3세기 위진남북조의 진나라 시대부터 8세기 당나라 시대까지 500년 간 쿠처의 불교 중심지 역할 하였고, 4세기 구마라지바가 이곳에서 7살 때 머리를 깎고 비구가 되었다. 구마라지바는 천축으로 유학 가서 공부하고 돌아와 이곳에서 수도하며 불경을 강론했다.

7세기에 이곳에 들렀던 당나라 현장법사는 사찰의 화려하고 장엄함에 감탄하며 '불상은 도저히 사람의 손으로 만들었다고 믿어지지 않을 정도로 화려하고 장엄하다. 사원 또한 이 세상에서 찾아볼 수 없을 정도로 아름답다'라고 칭송했다.

그러나 9세기에 전화로 피해를 크게 입고 14세기에 이슬람이 들어오면서 완전히 파괴되어 폐사되었다. 폐사지에 남아있는 우뚝 솟은 불탑과 견고하고 높은 성벽이 과거의 웅장함을 말해준다.

20세기 초 일본의 오타니 탐험대가 이곳에서 나무상자로 된 사리함을 발굴하였다. 사리함의 겉면에 밝은 채색화로 북과 하프, 긴 뿔피리로 구성된 악대와 춤추는 21명의 무용수가 그려져 있다. 죽은 사람의 유골함에 음악을 연주하고 춤을 추는 그림을 그린 것이다. 고승의 사리함에 노래하고 춤추는 그림을 그린다는 것은 상상할 수 없는 일이다. 오직 쿠처이기에 가능한 것이다. 현세는 물론 내세까지 음악이 쿠처인에게 중요한 요소임을 보여주는 유물이다.

이 외에도 한나라와 당나라의 화폐, 서아시아의 페르시아 사산조 왕조의 은화도 발견되었다. 동서교류가 활발했음을 증명해 주는 유물들이다. 고대 문자로 기록된 목간과 구자어가 쓰인 벽화도 출토되었다.

쑤바스 고성은 일반인의 시각으로 볼 때 키질석굴이나 여타 다른 유적지에 비해 특별히 관심을 끌만한 것이 없다. 그래서 매력 있는 유적지가 되지 못했다. 그런데 1970년대 말 일본 NHK에서 방송한 '실크로드'에서 오타니 탐험대와 쑤바스 고성이 소개되면서 1980~1990년대 초에 일본인들이 찾는 유명 관광지가 되었다.

그러다가 일본인의 서역 실크로드 여행이 마무리되는 1990년대 중반부터 유적지는 다시 한산해졌다. 그래서 1990년대 말 필자가 찾아갔을 때 관광하는 인원이 3~4명에 불과할 정도로 한산했다. 그곳 관리인은 필자가 일본인이 아니고 한국인이라는 사실에 깜짝 놀랐다. 2000년 전후에 신장성 어디를 가든 일본인이냐고 묻고 한국인이라고 답하면 매우 놀라워했다.

쑤바스 고성에서 쿠처시내로 오는 도중 위구르 농가에 잠시

들렀다. 말과 양을 기르며 과수재배 하는 평범한 농가였다. 마당에는 포도나무가 있고 그 아래에 평상이 놓여 있었다. 8월이어서 포도가 주렁주렁 열려 있었다. 농가에 들어서자마자 같이 들어간 택시기사가 포도를 마구 따 먹는다. 주인에게 말도 없이 남의 집 포도를 저렇게 따먹어도 괜찮을까 염려하는 필자에게 손님이 포도 따먹는 것은 이곳의 풍습이라고 말해준다. 유목민족의 개방성이 현재까지 내려오는 것이다.

위구르 주인은 우리를 방안으로 안내하며 한국인은 처음 본다고 반가워하며 호기심을 나타낸다. 원한다면 자기 집에서 며칠 머물다 가도 좋다고 한다. 수천 년간 조국 없이 떠돌아다니며 현지인들과 더불어 생존해야 했던 위구르족의 삶의 방식이 만들어낸 풍습이라는 생각이다.

쿠무투라 천불동은 쿠처의 서쪽 30km 지점에 있다. 20세기 초 일본, 러시아, 독일, 프랑스 탐사대가 모래로 뒤덮인 석굴을 발굴하고 많은 유물을 자국으로 가져간 석굴이다.

쿠무투라 석굴은 무자티 강변의 가파른 절벽 위에 있다. 5세기~11세기 즉 남북조 시대부터 수·당 시대를 거쳐 송대까지 112개의 석굴이 개착되었다. 석굴은 5~8세기의 구자국 계열, 7~9세기의 중국 당나라 계열, 9~10세기의 회골 즉 톈산 위구르 계통으로 구분된다. 당나라 시대인 7~9세기가 불교의 전성기로 이 시기에 가장 많은 석굴과 벽화가 만들어졌다. 이들의 서로 다른 3개 문화는 배척하지 않고 서로 융합하며 공존했다.

쿠처는 서역북로의 중간 지점에 위치해 있어 중국, 인도, 중앙아시아 서역, 페르시아의 이란 심지어 이집트와 그리스·로마의 문물이 모여들고 교류되었다. 때문에 쿠무투라 석굴은

문화의 공존을 보여주는 쿠무투라 석굴 벽화

서역의 서양문화와 중원의 중국문화 그리고 쿠처 자체의 독특한 예술양식을 함께 보이고 있다. 회골 위구르왕국 시대의 79굴은 구자 문자와 중국의 한자 그리고 회골 위구르 문자가 함께 제기되어 있어 문화 공존의 실상을 보여준다.

46굴 벽화는 굵은 선으로 윤곽을 그리고, 윤곽 안은 평평하게 홍갈색으로 칠해 입체감을 두드러지게 했다. 천사들은 비파, 배소를 연주한다. 비파와 배소는 고대 쿠처 음악의 핵심 악기다.

쿠처에서 70km 떨어진 키질석굴로 가는 경관은 더욱 이색적이다. 설산의 톈산산맥과 광활한 사막, 그리고 독특한 초지는 너무도 이국적 아름다움이다. 키질 석굴(천불동)은 타림분지 최대의 석굴로 제2의 둔황석굴이라는 칭호를 듣는다. 키질석굴이 들어앉은 곳은 붉은 암벽과 커다란 백양나무 숲, 그 아래로 흐르는 무자티 강이 '서역의 자연미'를 연출한다. 석굴 광장에 고뇌에 찬 구마라지바의 동상이 자리 잡고 있어 실크로드 문화 분위기를 더욱 고양시킨다.

타림분지 최대의 석굴 키질석굴. 20세기 초 제국주의자들에 의해 대부분의 벽화와 불상 등이 약탈당했다.

  3~9세기에 축조된 키질석굴은 모두 236개의 석굴이 있다. 벽화는 대부분 20세기 초 서양 제국주의자들이 절취해 가면서 훼손된 상태다. 특히 독일의 르코크는 벽화, 불상, 각종 예술 물품, 한문·산스크리트어·돌궐어·토화라어로 쓰인 고대문서 등 100상자 이상을 반출해갔다. 토화라는 아프가니스탄 북부에 있던 왕국으로 혜초의 왕오천축국전에도 나온다.

  키질석굴에서 유명한 석굴은 음악굴로 불리는 38굴이다. 4세기 석굴로 좌우 양 벽면에 20명의 악사가 완함, 비파, 배소, 필률 등 다양한 악기를 연주하는 벽화가 있다. 무희는 상반신을 드러낸 날씬한 몸매에 몸에 착 붙는 얇은 옷을 걸치고 우아하고 아름답게 춤을 춘다. 무희는 서 있거나 쪼그려 앉은 사세, 바람을 타고 나는 모습, 발끝을 땅에 대고 팽이처럼 돌며 춤추는 등 다양한 자세다. 38굴은 특굴로 지정되어 별도의

키질석굴 광장에는 구마라지바 동상이 있어 키질석굴의 문화 예술적 분위기를 배가시킨다.

추가 요금을 내야 관람할 수 있다.

키질석굴의 벽화 내용은 석가모니의 본생도가 주를 이루지만, 농경, 사냥, 상인, 음악무용 등의 내용도 많아 당시의 사회상을 엿볼 수 있다. 벽화는 인도·이란·중국적 요소가 반영되어 있으며 생동감 있는 높은 예술적 경지를 보여준다.

석굴은 오랫동안 방치되어 풍화와 침식작용이 심해졌고, 유목민들이 석굴을 임시 거처로 사용하며 밥 짓고 불을 피워 천장과 벽면은 온통 까맣게 그을렸다. 심지어 몇 몇 석굴은 가축 분비물로 가득했다. 석굴을 정비하고 관람할 수 있게 된 것은 1960년대 이후다.

필자가 처음 키질석굴을 방문했을 때는 70위안(약 12,600원) 입장권으로 석굴 전체를 관람했다. 그러나 현재는 동서

키질석굴 장식용 보검을 찬 벽화. 장식보검은 신라 경주에서 같은 종류가 발견되어 신라와 실크로드와의 연관성을 짙게 한다.

양쪽 석굴을 모두 보려면 140위안(약 25,200원)을 내야하고, 별도의 특굴 요금까지 있다. 특굴 1개가 대략 200위안이니 2개 특굴을 본다면 540위안(약 97,200원)이고, 3개의 특굴을 추가한다면 740위안(약 133,200원)이다. 필자는 이 모두를 70위안으로 보았으니, 행운도 이만 저만이 아니다.

구자고성은 성벽 일부만 남아있다. 1985년 지표조사를 통해 성의 총 길이가 8km로 북쪽 성벽 2km, 남쪽성벽 1.8km, 동쪽 성벽 1.6km, 서쪽 성벽 2.2km이었다. 토성으로 3~7m 높이다. 한나라의 오수전, 당나라의 개원통보, 구자국 화폐를 발

쿠처에는 톈산신비대협곡을 비롯하여 독특하고 아름다운 자연풍광이 많아 어디를 가든 이동하는 내내 지루할 겨를이 없다.

굴하고 인도와 투르판 문명과 관계있는 유물도 출토되었다. 모두가 활발하게 동서교역을 했음을 증명하는 유물들이다.

실크로드 여행이 즐거운 것은 가는 곳마다 자연경관이 이국적이고 아름답기 때문이다. 그 중에서도 쿠처의 자연경관이 더욱 그러하다. 그래서 불교문화에 관심이 없더라도 쿠처여행은 결코 후회할 일이 없다. 쿠처의 실크로드 유적지는 서로 멀리 떨어져 있어 이동하는 시간이 꽤 걸리지만 독특하고 아름다운 풍광으로 지루할 겨를이 조금도 없다.

그런데 한국인 여행객은 어느 나라 어느 곳을 가든 이동하는 내내 잠을 잔다. 그래서 어디를 어떻게 갔는지 알지 못하고, 유적지를 배경으로 찍은 사진만 SNS에 잔뜩 올리는 것으로 만족한다. 실크로드, 그 중에서도 쿠처에서만은 잠을 자지 말자. 잠을 자는 것은 자연경관에 대한 모독이니…

외국에서 교외 밖 멀리 외국인 혼자 택시 탈 때는 주의해야 한다. 후진국 선진국 관계없이 조심하는 것이 필수다. 특히 여성 1~2명이면 더욱 조심해야 한다. 그러나 이와 관련한 불행한 일은 잊을만하면 터지곤 한다. 안타까우면서도 답답하기 그지없다.

필자는 해외에서 혼자 외곽 멀리, 특히 차량운행이 뜸한 지역을 택시를 이용할 경우 가급적 여성 기사의 택시를 이용한다. 안전 때문이다. 교통이 불편하고 정보화가 잘 되지 않던 20여 년 전 실크로드 답사 때는 더욱 그러했다.

20여 년 전 쿠처에서 여성 운전자를 찾는 일은 쉽지 않았다. 어렵게 여성 운전자 택시를 찾았더니 기사가 자기 친구 한 명을 같이 태워 가자고 역제안 한다. 여성 운전자는 외국인 홀로 장거리 유적지 여러 개를 묶는 노정이어서 너무 좋긴 한데, 남성 승객과 인적이 드문 외곽으로 멀리 나가는 것이 염려됐던 것이다.

현재는 GPS 위성 항법장치 때문에 범죄가 쉽지 않지만, 20여 년 전의 중국과 서역에서는 택시기사를 상대로 강도사건이 심심찮게 발생했다. 그래서 서역을 포함한 중국의 모든 택시에 운전석을 보호하는 쇠살창을 설치했었다. 외국인에게 좋지 않은 인상을 주는 장치였지만 택시 기사의 안전을 고려한 고육책이었다.

그런데 몇 년 전 타이완(대만)에서 우리나라 여성 관광객이 친절한 기사가 주는 요구르트를 마시고 의식을 잃고 성 폭행 당했다는 뉴스가 있었다. 타이완 경찰이 조사해보니 폭행을 당하고도 이름이 드러나는 것을 꺼려 신고하지 않은 경우까지 합치면 한국여성 피해자가 100명이 넘었다. 참으로 한심하고 부끄러운 일이다. 140여 차례 해외를 다닌 필자도 택시 하나 타는데 조심한다고 하지 않나! 해외에서는 이유여하를 막론하고 매사에 조심하는 것이 필수다.

쿠처의 일기는 예측불허다. 쾌청하다가도 갑자기 검은 구름이 몰려와 세찬 비를 뿌린다. 이런 소나기는 대개 1~2시간이면 그치는데, 가끔은 가로수를 쓰러뜨릴 정도의 무시무시한 강풍을 동반한 폭우가 내리기도 한다. 갑자기 강한 비바람이 몰아치면 사람들은 재빠르게 건물 안으로 피하여 도로는 텅 빈다. 사막에 이렇게 세찬 비가 온다는 사실이 신기하다.

그러나 물은 오아시스의 생명수이기에 이곳 사람들은 변덕스런 날씨와 갑자기 내리는 폭우에 불평 한마디 하지 않고 일상으로 받아들인다. 하늘을 검게 뒤덮고 무섭게 내리던 비가 그치면 날씨는 언제 그랬었느냐는 듯 다시 구름 한 점 없는 열사의 폭염바다가 된다. 사람들은 다시 도로로 나오고, 저녁 야시장 개설준비로 이곳저곳이 분주하다.

15. 신장성의 영산 톈산(천산)과 톈츠(천지)

역사상의 천마는 장건이 가리킨 대원의 한혈마다. 그러나 땀을 피같이 흘린다는 대원의 천마는 멸종되었다. 한나라 무제의 천마에 대한 지나친 욕심으로 천마를 풍토에 맞지 않은 한나라로 모두 가져온 결과다. 천마는 천마의 고향에 있을 때 천마가 되는 말이었다.

명마의 고장 톈산. 흉노는 '하늘의 산'이라는 의미로 '톈산'이라 부르며 그 밑을 지날 때는 말에서 내려 머리를 숙여 절을 했다.

대원의 천마가 멸종된 후 천마는 서역의 '명마'를 가리키는 뜻으로 사용되었다. 서역의 말은 실제 명마다.

서역 명마의 고장은 톈산산맥 북쪽 기슭의 광활한 초원지대다. 이곳은 아직도 말을 타고 말고기를 먹으며, 마유(말 우유)를 마시고, 말가죽으로 옷을 만들어 입는 유목민이 살고 있다. 이들 유목민족은 현대식 거주생활을 거부하고 유목적 전통 삶의 방식을 고집한다. 그래서 톈산산맥 북쪽의 산기슭과 대초원지대는 2,000년 전부터 현재까지 말과 함께 살아가는 유목민족의 고향이다.

톈산(천산의 중국어 발음)은 톈산산맥에 있는 명산이다. 여름철 짧은 기간을 제외하고 1년 내내 눈으로 덮여있어 흰 산 즉 백산이라고 불린다. 흉노는 이 산을 '하늘(천:天)의 산'이라는 의미로 '톈산(천산)'이라 부르며 특별한 경외감을 표했다. 톈산은 그들의 영산이기 때문에 그 밑을 지날 때는 반드시 말에서 내려 머리를 숙여 절을 했다.

톈산은 우루무치에서 동쪽으로 115km 떨어진 곳에 있다. 실크로드 시대는 우루무치가 아닌 하미에서 들어갔다. 이 루트가 톈산북로의 한 갈래로, 한나라와 당나라는 이곳을 차지하기 위해 흉노 등 유목민족과 치열하게 공방전을 벌였다.

흉노족은 역사적으로 소멸되었다. 흉노족이 사라진 톈산 일대는 하사크족이 차지했다. 하사크족은 알타이어계의 돌궐계 민족으로 위구르족과 생긴 모습이 비슷하다. 위구르족도 자기들과 가장 가까운 종족이 하사크족이라고 말한다. 일부 학자는 하사크족이 실크로드 시대의 오손의 후예라고 주장한다. 또 다른 학자는 오손·강거·엄채를 원류로 대월지·흉노·선비·돌궐·몽고 등의 피가 결합된 민족이라고 주장한다.

하사크족은 정착하지 않고 이동하는 유목민족이기 때문에 수대에 걸쳐 여러 민족의 피가 섞였을 가능성이 매우 높다.

하사크족은 일찍이 신장성 서부의 이리 지역과 톈산산맥 남쪽 기슭의 타청 그리고 신장성 북쪽의 알타이 지방에 많이 거주했다. 현재 하사크족은 중국의 55개 소수민족의 하나로 전체 인구가 약 147만 명이다. 중국 외에도 카자흐스탄과 우즈베키스탄에 많이 산다. 이들의 얼굴 윤곽은 매우 뚜렷하여 남자들은 강인한 인상을 주고 여성은 미인이 많다.

하사크족은 흉노 못지않게 말을 잘 다루고 기마전에 능숙한 유목민족이다. 그래서 역대로 용감한 전사로 이름을 떨쳤다. 이들은 전쟁을 하다 화살이 떨어지면 말의 뼈를 깎아 화살을 만들고, 물이 없으면 말의 피를 마셨다. 팔이나 다리에 부상을

톈산에서 말을 타고 있는 하사크족. 현재 톈산은 하사크족의 고장이다.

입으면 말의 복부를 갈라 그 속에 넣어 치료하였고, 식량이 떨어지면 늙은 말을 잡았다. 적을 공격할 때는 말을 타고 비호같이 날쌔게 타격하고 후퇴할 때는 쏜살같이 달아났다.

현재 톈산산맥에서 유목생활 하는 하사크족도 선조들의 전통을 이어받아 말 다루는 솜씨가 일품이다. 어린 아이들도 기마의 명수이고, 여인들은 스카프로 얼굴을 두른 채 능란하게 말을 탄다. 양고기를 좋아하고 마유를 마시며 마유를 발효시킨 치즈를 즐겨 먹는다. 이들도 흉노와 마찬가지로 톈산을 신성시한다. 톈산에 의지하여 말을 기르고 소와 양, 낙타를 기르기 때문이다. 계약할 때는 서면으로 하지 않고 말로 하며, 매년 5월에는 조상과 신에게 제사지내고 가을에는 인구와 가축의 수를 조사한다.

톈산산맥의 서북쪽 이리 평원은 옛 오손 땅으로 '서역 명마의 고장'이다. 장건은 대월지 사행 후 귀국보고 할 때 오손의 명마에 대해서도 언급하였다. 이에 한나라 무제는 장건을 오손으로 보내 하늘로 올라간다는 서역의 명마 수십 마리를 구해오게 했다. 오손의 말을 본 무제는 크게 기뻐하여 서쪽 끝에서 왔다는 의미로 '서극마'라 이름 붙였다.

7세기 당나라 태종 이세민은 자신이 타는 서역의 6마리 말을 서극마라고 이름 붙였다. 당 태종은 이 6마리 말을 끔찍이 사랑하여 그가 죽을 때 함께 자신의 묘인 소릉에 순장하고 조각해 놓으라고 유언했다. 이것이 소릉 6기의 서극마로, 현재 시안의 산시박물관에 전시되고 있다.

당 태종의 서극마 또한 오손의 명마로 추정된다. 청나라(1644~1911)도 옛 오손의 말을 공급받기 위해 이곳에 군마장을 설치했다. 이렇게 톈산산맥의 북록 초원지대는 대대로 명마의 고장이었고, 현재도 그러한 전통을 이어오고 있다.

톈산 일대는 이국적이고 아름다운 침엽수림이 바다를 이룬다. 그래서 '수해' 즉 나무바다라고 한다. 이 톈산의 정상에 중국 신화에 나오는 그림 같은 호수가 있다. 중국인들이 신성시하는 호수 톈츠('천지'의 중국어 발음)다. 말하자면 이 톈츠가 원조 톈츠로, 이후 각 지역마다 신성시하는 산의 정상에 있는 호수를 톈츠라고 명명했다. 백두산 천지도 그 중 하나다. 그러니 톈산의 톈츠가 오리지널 천지고 다른 천지는 아류라고 할 수 있다.

톈츠는 해발 1,980m에 위치하여 톈산산맥에서 그리 높은 위치는 아니다. 총 면적 4.9km^2, 길이 3.4km, 최고 수심 105m의 산상 호수로 백두산 천지보다 약간 작다. 산 중턱에 톈츠의 신화와 관련 있는 서왕모의 묘(묘당)가 있다. 동쪽과 서쪽에는

멀리 만년설을 이고 있는 흰 보거다봉과 단풍의 둘레 길과 조화를 이루는 푸른 톈츠

'샤오톈츠'라 불리는 작은 호수가 자리 잡고 있다. 서왕모가 발을 씻었다는 곳이다.

수정같이 맑고 푸른 톈츠는 저 멀리 보이는 5,445m의 하얀 만년설의 보거다봉과 조화를 이뤄 우루무치 제 1의 자연경관이라고 칭송받는다. 스위스나 오스트리아의 아름다운 자연풍경을 연상케 한다. 한국인이 백두산과 천지를 보고 싶어 하듯 중국인은 톈산과 톈츠를 꼭 한 번 보고 싶어 한다. 이국적인 경관에다 수많은 전설과 신화를 간직한 곳이기 때문이다.

지금으로부터 3,000년 전 주나라의 목 천자(목왕)가 서방을 정벌할 때 이곳 톈산의 호수 가에 당도했다. 목 천자가 잠시 쉬는데, 호수 한 가운데에 파문이 일었다. 천자가 눈을 크게 뜨고 살펴보니, 톈산의 흰 눈빛보다 피부가 더 하얀 아름다운 여인이 수영을 하고 있었다. 천자는 그 여인을 향연에 초대했다. 그러자 그 여인은 이렇게 노래 불렀다. "백설이 하늘 높이 솟아있는 산봉우리에 빛이 나고 있으니, 그대는 죽지 않을 것이오. 원하옵건대 그대는 돌아가시오." 이 여인이 텐츠에 살고 있다는 전설의 서왕모다.

　서왕모는 모든 신을 총괄하는 신이다. 도교에서는 모든 신선 위에 군림하며 불로장생을 관장하는 여신으로 받든다. 서왕모가 신 중의 신으로 군림할 수 있는 것은 '반도원'이라는 복숭아밭을 갖고 있어서다. 반도원에서 생산되는 납작한 편도 복숭아가 불로장생할 수 있는 신비의 과일이기 때문이다. 서유기에서는 이 복숭아를 서역 천계(하늘)의 복숭아로 그렸다. 실제 서역에 편도 즉 납작 복숭아가 많다.

　서왕모가 거주하는 궁전 왼편에 '요지'라 불리는 아름다운 연못이 있다. 이 요지에서 반도원의 복숭아가 열릴 때 '반도회' 연회가 열린다. 서왕모가 이 때 참석한 자들에게 불로불사의 장생을 누릴 수 있는 복숭아를 나눠주기 때문에 한바탕 요동을 친다. 요지에서 벌어지는 이 같은 모습을 '요지경'이라고 한다. 알쏭달쏭하고 묘한 세상일을 비유적으로 일컬을 때 '요지경'이라고 하는 말이 여기서 나왔다.

　서유기에서 손오공이 하늘나라 천계에서 관리하던 복숭아밭 반도원이 서왕모의 반도원이다. 손오공은 불로장생하기 위해 3천년에 한 개씩 열린다는 반도원의 복숭아를 몰래 몽땅 따먹고 도망쳤다. 그러나 붙잡혀 이 죄로 오행산에 감금된다. 500년간 감금되어 있던 손오공을 풀어주는 사람이 삼장법사다. 자유의 몸이 된 손오공이 삼장법사의 제자가 되어 삼장법사의 서역 행에 동행하여 겪는 모험적 내용이 서유기다.

　우리나라에도 '손오공 복숭아'라는 이름의 복숭아가 있다. 편도 즉 납작한 복숭아의 특정 품종이다. 그런데 가끔 편도가 아닌 것을 손오공 복숭아라고 하는데, 이는 서왕모와 반도원 신화를 모르기 때문에 하는 말이다.

톈산에서 하사크족의 파오에서 숙박하고, 서왕모와 손오공 전실을 떠올리며 말을 타고 설산의 보거다봉을 바라보며 텐츠 둘레 길을 돌아본다면 실크로드 여행의 즐거운 보너스다.

16. 위구르의 땅 신장성의 역사와 문화

실크로드의 유물과 유적이 가장 많이 남아있는 중국 서부에 위치한 위구르 자치구 신장성은 세계에서 바다가 가장 멀리 떨어진 지역이다. 우루무치 인근에 아시아 대륙의 중심지를 알리는 표지판이 있으며, 신장성의 서쪽 끝 카슈가르는 중국의 수도 베이징보다 반대편 서쪽 지중해변에 위치한 레바논의 수도 베이루트가 더 가깝다.

신장성은 연교차와 일교차 모두 크고, 여름은 '화로를 안고 수박을 먹는 곳'이란 말이 있을 정도로 무덥고, 겨울은 혹한의 날씨다. 면적은 한국의 16배인 165만km^2이며 인구는 대략 2천6백만 명이다. 한족을 비롯하여 55개 소수민족이 거주하는데 위구르 족이 전체의 47% 전후다.

신장성은 고대에 월지, 흉노, 돌궐, 강, 탕구트, 위구르 같은 유목민족이 거주했다. 워낙 광활한 지역이어서 이들 민족 간에는 충돌이 거의 없었다. 그러나 실크로드가 개통한 한나라 이후 중국의 역대 왕조가 동서교통로를 확보하기 위해 이

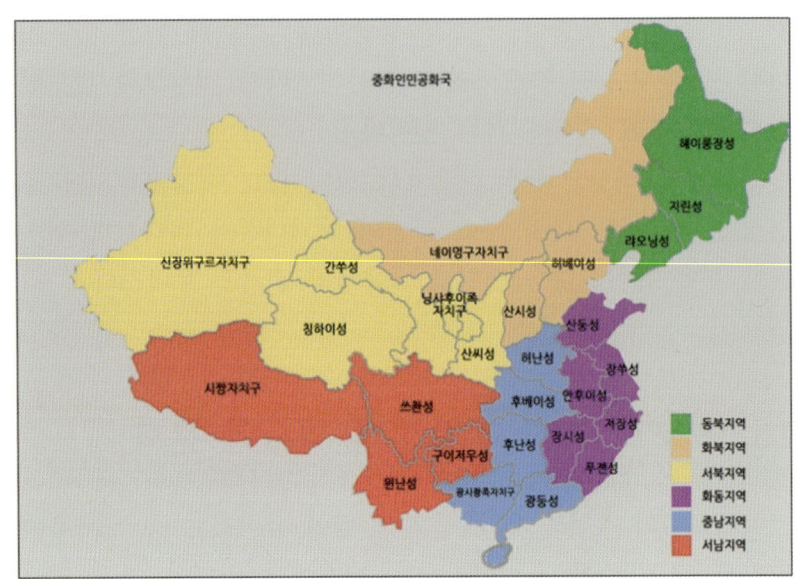

신장위구르자치구는 중국 서부 끝 변방에 위치한다.

곳이 필요해지면서 유목민족과 뺏고 빼앗기는 격렬한 전장이 되었다.

한나라는 기원 전후에 처음으로 신장성에 진출했다. 그리고 당나라 시대에 명실공히 신장성 전체를 장악하고 실크로드 전성시대를 열었다. 당나라가 몰락한 후에는 텐산 위구르라고 불리는 서 위구르 왕국의 영토였고, 13세기에는 몽골의 차카타이 한국(1227~1369)이 지배했다.

14세기 중국에서 명나라(1368~1644)가 몽골의 원나라를 몰아내고 건국하자 원나라의 일파인 차카타이 한국도 곧 멸망했다. 명나라는 자국의 영토를 하서회랑의 서쪽 끝 자위관 이내로 한정하고 자위관 서쪽 즉 신장성은 포기하였다. 이에 따라 신장성은 여러 세력이 할거하는 국면으로 들어갔다.

톈산산맥의 만년설이 녹아 흘러 광활한 초원을 형성한 빠인부르커 대초원. 여름철을 제외하고 눈과 얼음으로 덮여있는 이곳은 최근에 각광받는 실크로드 습지 초원 여행지다.

종국에는 투르판과 하미를 포함하는 톈산산맥 남쪽의 타림분지 일대는 위구르족과 몽골계의 차카타이 후예가 함께 사처를 수도로 하는 야르칸드 한국(1514~1680)을 건국하고, 톈산산맥 북쪽의 우루무치와 준가르 평원 일대는 몽골계통의 오이라트족 갈단이 준가르 한국(1678~1757)을 건국했다. 결국에는 준가르 왕국이 남쪽의 야르칸트 한국을 정복하여 신장성 전체를 장악하고 중앙아시아의 우즈베키스탄 지역까지 세력을 확장하며 청나라에 대항했다.

청나라(1636~1912)는 강희제 때부터 준가르 한국에게 회유와 압박을 가한 끝에 건륭제(1736~1796) 때 준가르의 내분을 이용하여 멸망시키고 1757년 신장성 전체를 청나라 영토로 귀속시켰다.

당나라가 신장성을 지배한지 1,000년 만에 신장성이 다시 중

신장성(신장위구르자치구)은 대산맥, 사막, 고원 등으로 이루어진 척박한 땅이지만, 망망대해 같은 대초원은 최고의 유목초원이다.

국의 영토가 된 것이다. 청나라는 이곳을 '새로운 영토'라는 뜻으로 '신장(신강 ; 새로울 '신', 강역 '강')'이라고 명명하였고, 이 명칭이 현재까지 이어지고 있다.

청나라는 신장성을 군대의 강압적 방식으로 통치하다 1864년 위구르족의 대규모 반란을 계기로 군부제인 장군부를 폐지하고 일반 행정체제의 행성제를 실시했다. 중국과 멀리 떨어지고 위구르족의 집단거주지라는 특수성을 고려하여 군대방식이 아닌 보다 유연한 형태의 통치방식으로 바꾼 것이다.

위구르족은 청나라에 편입된 후 줄기차게 독립을 추구했다. 중국과는 민족, 언어, 종교, 지리, 풍습, 역사 등 모든 면에서 동질성이 전혀 없었다. 그래서 신장성을 '중국이면서 비중국지역'이라고 한다. 더욱이 1,000년 간 독립적인 국가를 운영해왔기 때문이다. 그러나 청나라의 강력한 탄압으로 번번이 실패했으나 그들의 독립 열망에 대한 의식은 꺼지지 않았다.

위구르 족은 청나라가 멸망하고(1912) 장제스의 국민당과 마오쩌둥의 공산당 간 치열하게 전쟁을 벌이는 국공내전 기간(1945~1949)을 이용하여 1944년 동 투르키스탄공화국을 건국하는 데 성공했다. 그러나 1949년 장제스의 국민당을 타이완으로 몰아내고 중국을 장악한 공산당의 중국이 군대를 동원하여 위구르족 공화국을 진압하고 다시 중국영토에 편입하였다.

중국정부는 위구르족을 회유하기 위해 위구르족의 자치권을 확대한 '신장위구르자치구(신장웨이우얼자치구)'로 행정편제하였다. 자치구는 광둥성과 같은 '성'급으로 가장 큰 지역 행정단위다.

잠잠하던 위구르족의 저항은 중국경제가 본격적으로 발전하는 2000년대 이후 다시 폭발했다. 신장성이 상하이 같은 동부지역에 비해 경제가 낙후하고 소득차이가 갈수록 심화하고, 신장성으로 진출하는 한족이 경제적 부를 독점하자 이에 대한 불만이 폭발한 것이다. 여기에 타클라마칸 사막과 준가르 분지 일대에서 대규모의 석유·가스 매장량이 확인되면서 위구르인들의 독립 열기가 더해진 결과다.

2009년 7월 신장성의 성회(도청 소재지) 우루무치에서 폭동이 발생하여 한족 197명이 사망하고, 1,700여명이 부상당하였다. 그러나 중국정부의 발표보다 훨씬 많은 인명이 살상되었고, 위구르의 사상자는 그보다 훨씬 많다는 소문이 자자했다. 이 시위를 계기로 중국정부는 신장성 곳곳에 무장경찰을 상주시켜 위구르인들의 테러에 대비하고 있다.

2013년 10월에는 중국의 심장부인 베이징의 톈안먼 광장으로 차를 돌진시키는 자살폭탄이 발생하여 5명이 사망하고, 40여명이 부상당했다. 중국은 수도 한 복판에서 발생한 테러로 상당한 충격을 받았다. 이 사건을 기점으로 위구르인의 테러는 중국 전역으로 확산되는 양상으로 전개되었다.

2014년 3월 중국 최대의 정치행사인 양회(전국인민대회와 전국정치협상회의) 개최를 앞두고 중국의 서남쪽 윈난성 쿤밍의 기차역에서 10여명의 위구르인이 칼과 낫으로 테러를 가해 29명이 사망하고, 140여명의 부상자가 발생했다. 대중이 운집하는 공공장소에서 일어난 테러로 중국인은 공포에 떨었다.

같은 해 4월 신장성의 우루무치 기차역에서 3명이 사망하고, 79명이 부상당하는 자살폭탄 테러가 발생했다. 5월에는 우루무치의 아침 시장에서 차량 폭탄테러가 발생하여 39명이 사망하고, 94명이 상해를 입었다. 7월에는 타클라마칸 남쪽 사처에서 대규모 폭동으로 96명이 사망하는 유혈참사가 발생했다. 2015년 9월에는 타림분지 북쪽 아커쑤에서 탄광을 습격하여 경찰관 5명을 포함해 50여명이 사망하고 수십 명이 부상을 입었다.

위구르인의 시위와 테러는 관공서를 습격하거나 버스 안에서 테러를 가하는 등 사회 전 방위로 확산되었다. 시위 도구도 차량과 폭탄, 독침, 칼, 낫 등으로 다양해졌다. 중국정부는 사태가 엄중함을 인식하고 대대적인 단속과 함께 포괄적인 정책을 쏟아냈다. 그 중 하나가 위구르인들의 생활수준 개선을

간이역 같았던 우루무치 기차역은 2002년 웅장한 규모로 신축되었다.

위한 노동 기술교육이다.

그러나 미국을 비롯한 서구에서는 노동교육은 이름에 불과하고 실제는 위구르인들의 강제 수용소라고 비난하고 있다. 이곳에 약 100만 혹은 수백만 명의 위구르인이 사회로부터 격리된 채 직업교육이라는 미명 하에 사상개조와 온갖 폭력과 고문이 가해진다고 비난한다. 이 문제는 현재 미국과 중국이 가장 첨예하게 대립하는 현안이다.

신장성에서 테러가 빈발하면서 2000년 이후 붐을 이뤘던 실크로드 관광에 큰 타격을 입혔다. 발 디딜 틈도 없이 인파로 가득했던 국제 바자르와 실크로드 유적지 등 어느 곳을 가 보아도 관광객이 현저하게 줄고 활기가 크게 떨어졌다. 거리

세계 4대 초원의 하나인 톈산산맥 북록의 나라티 대초원. 흉노가 사라진 후 하사크족의 고장이 되었다.

곳곳은 실크로드 향기 가득한 이국적인 서역의 문화 대신 칙칙한 군복을 입은 무장경찰과 닭장차라고 불리는 경찰차가 대신하고 있다. 이유가 어떠하든 신장성이 하루빨리 안정을 찾아 그 옛날 실크로드의 번영을 회복하기 바랄 뿐이다.

신장성은 누가 뭐라고 해도 초원의 땅이다. 신장성의 대초원은 감탄사가 나온다. 차를 타고 하루 내내 달려도 끝이 없다. 우루무치 서쪽 스허즈에서 우쑤를 거쳐 이닝으로 이어지는 초원지대는 일망무제의 대초원으로 도시생활의 답답했던 가슴을 한 방에 뚫어준다. 내몽골의 하이라얼 초원이 세계에서 가장 아름다운 초원이라고 하는데, 하이라얼 초원은 오직 대평원의 초원 자체가 전부다. 그런데 이곳 신장성의 초원은 톈산산맥이 있고, 말과 낙타가 함께 있으며 실크로드의 역사와 문화의 향기까지 있다.

우쑤에서 톈산산맥 기슭을 따라 돌아 들어가면 유명한 나라티 대초원이 나온다. 나라티로 이어지는 도로는 세상에서 가

실크로드의 유채꽃. 특히 칭하이성과 하서회랑의 유채꽃이 장관이다.

장 아름다운 이국적인 도로의 하나다. 감사하게도 버스 기사는 외국인인 필자에게 가장 좋은 앞좌석을 배정해 주어 이동하는 1박2일 내내 경치를 맘껏 감상할 수 있었다. 칭하이성 시닝에서 하서회랑 장예로 가는 도로 주변에 노란 유채꽃 밭이 끝없이 펼쳐진다. 그 풍경에 넋이 반쯤 빠졌는데, 나라티 가는 풍경도 그 못지않은 황홀경이다.

나라티 초원은 세계 4대 초원의 하나로 광활하기 이를 데 없다. 셀 수 없이 많은 가축이 나라티 초원에서 풀을 뜯고 있다. 이곳의 가을은 일찍 도래하여 8월이면 초원은 황금빛으로 물든다. 석양 무렵 광대한 황금빛 초원에 붉은 노을빛 물들이는 나라티는 한 폭의 그림이다. 한나라 시대에 흉노의 근거지였던 나라티는 현재 하사크족의 고향이 되었다.

신장성 사람들은 신장성 양고기 맛이 다른 지역과 비교되지 않는다고 자랑한다. 그래서 신장성의 양고기가 아니면 먹지

실크로드 최고의 간식 양 꼬치구이. 고원의 청정지역에서 방목하는 신장성의 양 꼬치 맛은 다른 곳과 비교를 거부한다.

않는단다. 신장성을 포함하여 간쑤성과 산시성의 서부지역 양고기가 중부나 동부지방의 양고기보다 뛰어나다고 하는데 신장성 사람들은 서부지역에서도 다시 구분하는 것이다. 신장성의 독특한 자연환경과 기후 그리고 무공해의 방목지역에서 자란 양고기니 당연히 맛이 뛰어날 수밖에 없을 것이다.

신장성 어디를 가든 쉽게 눈에 띠는 것이 이슬람사원 모스크다. 이슬람 신자가 예배드리는 모스크는 돔과 첨탑으로 상징된다. 모스크는 '꿇어 엎드려 경배하는 곳'이라는 의미의 아랍어 '마스지트'가 영어로 변형된 것이다. 돔이나 첨탑 같은 건축양식이 이슬람 초창기부터 존재했던 것은 아니다.

전하는 바에 의하면 예언자 무함마드 시절은 함께 모여 예배드리는 장소로 무함마드 집이 사용되었으며, 건축에 특별한 의미를 부여하지 않았다. 이후 이슬람 공동체가 점차 확

신장성의 대표 대중음식 쮜판과 빤몐. 빤몐은 가격이 싼 가장 대중적인 면(국수)이고, 쮜판은 쌀 위에 양고기와 대추 등을 넣고 찐 밥으로 맛이 좋다.

산되고 정복을 통해 제국이 확장되면서 비잔틴과 페르시아 문화의 영향을 받아 이슬람 특유의 모스크 건축양식이 탄생하였다.

그러나 아랍 민속학자들은 모스크의 돔 양식이 비잔틴 건축 영향이라는 주장에 동의하지 않는다. 그들은 이슬람교 출현 이전부터 아랍 유목민족이 낙타 등위에 싣고 다니던 조그만 가죽 천막에서 유래한 것이라고 주장한다. 모스크의 돔은 평화를 상징하며, 돔의 끝은 초승달로 장식된다. 초승달은 샛별과 함께 이슬람의 상징으로 '진리의 시작'을 의미한다. 무함마드가 하나님 알라로부터 계시 받을 때 하늘에 초승달과 샛별이 떠 있었다고 전해진다.

모스크 내부는 돔과 첨탑 등의 화려한 외부구조와 달리 지극히 단순하다. 일체의 우상을 금지하는 이슬람 교리에 따라 꾸란의 내용을 제외하고 일체의 성물이나 벽화가 없다. 사방한 벽면이 아치형으로 움푹 파였는데, 그곳이 이슬람의 성지 메카방향을 나타내는 곳이다.

신장성의 기후특성은 청명한 날이 많고, 일조량이 많으며,

석류는 서아시아에서 실크로드를 타고 신장성에 들어왔다. 동맥경화 등 심혈관 계통에 좋으며 신장성에서는 100% 원액 석류주스를 어디서든 사 마실 수 있다.

강수량이 적은 건조기후다. 겨울철은 몹시 추워 영하 20~30도까지 내려간다. 영하 50도까지 내려가는 경우도 있다. 반면에 여름철은 무척 더워 35도 이상의 날이 100일을 넘고 일교차가 20~25도에 이른다. 심할 경우 50도에 이르기도 한다. 그래서 여름철 낮에 반팔 옷을 입고, 밤에는 긴 옷을 입어야 할 때가 많다. 이러한 일교차는 과일의 당도 형성에 매우 좋아 수박, 포도, 참외, 무화과, 은행, 복숭아, 배 등의 맛이 세계 최고다.

신장성을 대표하는 과일 중 하나가 석류다. 석류는 서아시아가 원산지로 실크로드를 타고 신장성으로 들어왔고, 다시 중원으로 전래되었다. 석류는 새콤한 맛을 내는 시트르산이 약 1.5% 들어 있어 갈증 날 때 좋다. 그러니 무덥고 건조한 신장성에 안성맞춤인 과일이다. 석류가 많이 나는 신장성에서는 100% 원액 석류주스를 어디서든지 쉽게 사마실 수 있고, 그 맛은 국내에서 먹는 것과 비교가 되지 않는다.

석류는 심혈관 계통과 고혈압·동맥경화 예방에 좋으며 부스럼에 효과가 있다. 이질에도 효험이 있고, 피를 응고시키는 작

클레오파트라가 좋아한 과일로 유명한 무화과는 '과일의 귀족'으로 통한다. 잘 익은 무화과는 완전 노란색이며 꿀맛이 따로 없다.

용도 한다. 특히 여성 호르몬과 비슷한 에스트로겐이 풍부하여 유방암 등 부인병과 여성 갱년기 장애에 효과적이다.

　무화과도 신장성을 대표하는 과일이다. 소아시아 지방이 원산지인 무화과는 이집트에서 약 4,000년 전에 재배했다는 기록이 있어 세계에서 가장 오래된 과수로 알려져 있다. 이집트의 여왕 클레오파트라가 가장 좋아한 과일로 유명하다.

　필자가 처음 신장성에 갔을 때 농민들이 길거리에서 바구니에 샛노란 과일을 한가득 담아 팔고 있었다. 무슨 과일이냐고 물으니 무화과라고 한다. 그 때만 해도 그런 무화과를 본 적이 없었다. 그들의 먹는 방법에 따라 하나를 먹어 보니 꿀맛이다. 둘이 있다 한사람이 죽어도 모른다는 말이 딱 어울렸다. 너무 맛이 있어 아예 한 끼를 무화과로 대신했다. 이후 여름철 신장성에 가면 무조건 잘 익은 노란색의 무화과부터 사먹는다. 가격도 무척 싸서 한 개에 200~300원이다. 단, 신장성에서 무화과를 먹어본 사람은 국내 무화과는 더 이상 먹지 못한다.

무화과는 항암과 항균작용이 뛰어나 '과일의 귀족'으로 통한다. 식이섬유도 풍부해 소화가 잘 되고 변비에 효과적이며 비만개선에도 좋다. 피신이라는 단백질 분해효소는 육류섭취 후의 소화에 도움을 준다. 무화과는 우리나라 조선시대에 임금님 수라상에 오를 정도로 귀하게 대접받았다.

그렇지만 신장성을 대표하는 과일을 뽑으라면 뭐니 뭐니 해도 하미과다. 실크로드 톈산북로는 둔황에서 하미를 거쳐 투르판으로 이어진다. 이 하미가 하미과의 고장이다. 하미에서 나는 과일이라고 해서 하미과라고 한다. 현재는 신장성 전역에서 생산된다.

하미과는 15세기 중국 명나라 황제 영락제(1402~1424) 때 처음으로 조공으로 바쳐졌다. 하미과를 맛 본 영락제는 그 맛에 완전히 반해 계속 하미과를 진상할 것을 명령하였다. 그 때부터 하미과는 중국에서 가장 귀하고 맛있는 과일의 대명사가 되었다.

필자가 20여 년 전 처음 신장성 우루무치를 가기 위해 항저우에서 기차를 탔다. 3박 4일 째 되는 날 하미역에 정차했다. 그 때 어디선가 향기로운 멜론 향기가 후각을 자극했다. 그렇게 달콤한 향기는 처음이었다. 차창 밖을 내다보니 하미역 플랫폼에 커다란 수박만한 노란 색 과일이 산더미 같이 쌓여 있다. 향기는 그곳에서 진동하고 있었다. 그때까지 본 적이 없는

신장성의 대표과일 하미과를 신장성에서 먹는 맛은 잊지 못할 추억이 된다. 필자가 수십 번 실크로드를 가는 이유 중 하나가 하미과를 먹기 위해서다.

이상하게 생긴 과일이어서 옆의 중국인에게 저 과일이 무엇이냐고 물으니 하미과라고 답한다. 그 소리에 나도 모르게 자리에서 벌떡 일어섰다. 그동안 책에서만 보았던 하미과였기 때문이다. 기차가 하미역에 도착하면 하미과의 달콤한 향기에 여행의 피로에 지쳐 침대에 누워있던 승객 모두를 벌떡 일어나게 한다는 과일이다.

승객들은 경쟁하듯 플랫폼으로 달려 나가 하미과를 산다. 이곳의 하미과는 베이징이나 상하이 같은 도시에서 먹는 하미과와 맛이 다르다. 우리나라 백화점 슈퍼에서 파는 하미과와는 더욱 맛이 다르다. 신장성의 하미과는 모두 맛이 뛰어나지만 그 중에서도 하미의 하미과가 최고다.

신장성의 오아시스 벌판마다 하미과가 가득하다. 금년이 풍

실크로드에서는 하미과와 수박 등의 과일을 여행객이 길에서 간편하게 먹을 수 있도록 잘게 썰어 판다. 하미과와 양 꼬치를 함께 먹는 것은 실크로드 여행의 별미 중의 별미다.

작이냐고 물으니 하미과는 한 해도 예외 없이 풍작이란다. 수분 함량이 많고 당도가 15%여서, 특히 하미의 하미과는 20%가 넘는 단맛으로 건조하고 무더운 사막여행에 최고의 과일이다. 거리마다 여행객이 이동하며 간편하게 먹을 수 있도록 하미과를 잘게 썰어 판다. 하미과와 함께 양꼬치 먹는 기분은 실크로드 여행의 최고 하이라이트다.

서역을 탐방하면서 하미에서 하미과를 먹어보지 않았다면 실크로드의 명물 하나를 빠트린 셈이 된다. 현재는 하미보다 선선이 하미과 산지로 더 유명하다.

신장성은 세계에서 바람이 강하기로 유명하다. 그래서 곳곳에 'ㅇㅇ풍구'라는 표지판이 많다. 바람이 세찬 지역이니 조심하라는 뜻이다. 강한 바람에 흐르는 강물이 하늘로 치솟고, 작은 자갈은 물론이고 주먹만 한 돌멩이까지 날린다. 조심하지 않으면 상처입기 십상이다.

고속도로와 국도 철로 주변에는 「횡풍주의」「타이어폭발 주의」 등의 안내판이 종종 눈에 띤다. 「횡풍주의」란 좌우로 몰아치는 강한 바람을 조심하라는 뜻이다. 차가 좌우로 쏠려나갈 수 있음을 경고하는 문구다. 「타이어폭발 주의」는 갑작스런 강풍에 날아오는 날카로운 자갈에 타이어가 폭발할 수 있다는 위험경고다.

불편하게만 여겨졌던 강한 바람이 21세기 들어 새로운 에너지 자원으로 변신하고 있다. 풍력발전이다. '30리 풍구' 등 7개 대풍지구에 대규모의 풍력발전소가 들어서면서 신장성에 색다른 경관을 연출하고 있다. 풍력발전은 자연과 환경을 오염시키지 않는 청정에너지다.

타클라마칸 사막은 동아시아에서 가장 큰 사막이다. 면적이 한반도의 1.5배인 330,000km^{2}이다. 타클라마칸은 위구르어로 '한 번 들어가면 살아 돌아올 수 없는 땅'이라는 뜻이다. 연 강수량이 100mm에 불과한데 증발량은 2,500~3,000mm여서 불모의 땅이다. 이 죽음의 사막에 생명을 불어넣는 것이 북쪽의 톈산산맥과 남쪽의 쿤룬산맥의 만년설이다. 거대한 산맥의 빙하가 녹아 타림강을 비롯한 여러 강과 오아시스를 형성한다. 사막의 강변과 습기가 있는 곳에는 분홍색의 홍류가 산다. 이 식물은 습기가 조금만 있어도 싹을 틔워 뿌리를 내리는 사막의 식물이다.

타클라마칸 사막은 실크로드를 오고가는 사람들에게 지옥과 같은 곳이었다. 4세기 동진시대의 구법승 법현은 타클라마칸 사막을 죽음과 공포의 땅으로 묘사했고, 현장법사는 "날리는 모래바람 속에 인적은 없고 사방이 망망하여 표지 삼을 것이라고는 아무 것도 없다. 그저 군데군데 인골을 주워 모아 도표를 삼을 뿐이다. 물도, 풀도 없고 바람이 전부인데 어떻게 들으면 한을 품은 여인의 노랫소리 같기도 하다. 그 소리에 홀려 헤매다 죽는 사람이 한 둘이 아니다"라고 했다. 타클라마칸 사막이 주는 공포의 정도를 짐작케 하는 말이다.

 사막은 사막 그 자체가 위험이지만, 모래폭풍이 더 위협적이다. 카라반이 가장 무서워한 것도 모래폭풍이다. 강한 모래폭풍을 만나면 낙타마저 잃을 수 있다. 사막에서 낙타의 상실은 죽음을 의미한다. 모래폭풍이 전면에서 불면 허리를 직각으로 굽혀 바람의 저항을 극소화하고 세 발 뒤로 떼밀렸다가 한 발자국 전진하는 방식으로 가야한다. 얼굴을 들면 모래와 밤송이 같은 자갈이 강풍에 날려 와 자상을 입힌다.

 모래폭풍 중에서 가장 무서운 바람이 카부란이다. 카부란이 몰아치면 하늘조차 보이지 않는 암흑천지가 된다. 대상들이 친 텐트는 바람에 찢겨 나부끼고 텐트 속의 사람들은 깜짝할 사이에 모래에 생매장당하기 쉽다. 카부란은 순식간에 도로와 경작지를 초토화시키고, 오아시스 도시를 영원히 모래 속에 묻어버리기도 한다. 카부란이 불 때는 방법이 없다. 무조건 바람이 잦아들기를 기다려야 한다.

 쓸모없는 불모의 땅이라고 여겼던 타클라마칸 사막은 21세기 들어 실크로드 시대의 비단과 맞먹는 부를 창출하는 땅이 되었다. 대규모의 석유 및 천연가스의 매장량이 확인되었기 때문이다. 타클라마칸 사막과 중북부 준가르 평원에 매장되어 있는 석유와 천연가스는 중국 전체의 30%와 34%에 해당하며, 매년 더 많은 매장량이 계속 확인되고 있다. 타클라마칸 유전은 지표면에 가까운 곳에 위치하여 개발비가 많이 들지 않는 장점까지 갖고 있다. 옛 실크로드 지대는 이래저래 축복의 땅이다.

지구 재앙의 하나가 사막화다. 중국의 고비사막과 타클라마칸 사막의 사막화도 심각하다. 그래서 사막화를 방지하기 위한 거대한 프로젝트가 추진되고 있다. 그 일환으로 뿌리까지 뜯어먹어 사막화를 촉진하는 수백만 마리의 양을 도축하고 유목민족 전체의 가축 마리 수를 제한하고 있다. 아울러 유목민족에게 이사 비용과 거주할 집을 제공하고 정착비용을 지원하며 강제 이주시키는 정책도 펼치고 있다.

모래 확산을 막기 위한 모래덮개와 모래방지 턱을 만들고, 사막 적응에 뛰어난 나무와 식물을 대대적으로 심고 그것을 관리하기 위한 전담 농민을 배치하고 있다. 이 같은 일련의 노력으로 부분적 성과를 내고 있으나, 지구 온난화를 막는 전지구적인 노력 없이는 한계가 있을 수밖에 없다.

실크로드 신장성을 더욱 서역답게 해주는 것이 호양나무다. 호양나무는 키 10~20m, 수령 200년의 중형 교목으로 내몽골자치구와 하서회랑의 간쑤성에도 분포하지만, 90%가 신장성에 분포하고 신장성의 90%가 타클라마칸 사막 일대의 타림분지에 있다. 때문에 호양나무는 신장성과 타림분지를 상징하는 나무다.

호양나무는 메마르고 무덥고 혹독하게 추운 날씨의 악조건

타클라마칸 사막의 호양림은 사막·오아시스와 조화를 이루며 신비롭고 환상적인 비경을 펼친다. 물감을 뿌린 듯 황금빛 노란색 단풍으로 물드는 늦가을의 정취는 너무도 고혹적이다.

속에서도 강인한 생명력을 유지하여 '살아서 천 년을 살고, 죽어서 천 년은 쓰러지지 않으며, 쓰러져서 천 년이 지나도 썩지 않는다.'는 '살아있는 화석의 나무'다. 생명이 다한 채 고목으로 사막에 누워 잎을 피우지도 못하면서도 썩지 않은 가지를 버티고 있을 만큼 강인한 나무다. 그래서 위구르인은 어떤 어려움에도 꿋꿋하게 자기의 이상을 견지하며 물러서거나 포기하지 않고 끝까지 해내는 것을 "호양정신"이라고 한다.

비가 거의 오지 않는 사막에서 호양나무가 살 수 있는 것은 한 방울의 물을 찾기 위해 10미터 이상 뿌리를 뻗어 내리고, 찾은 물을 뿌리에 최대한 저장하기 때문이다.

신장성에서 가장 아름다운 호양나무 군락지 호양림은 타클라마칸 사막 북쪽의 룬타이 남쪽 100km 떨어진 타림강변이

살아서 천 년을 살고, 죽어서 천 년을 쓰러지지 않으며, 쓰러져서 천 년이 지나도 썩지 않는다는 호양나무는 막막한 사막 한 가운데 홀로 우뚝 서 있기도 한다. 그래서 '사막의 영웅', '사막 사람의 영혼'이라고 불린다.

다. 이곳 호양나무 군락지는 오아시스 호수와 겹겹이 이어지는 사구와 조화를 이루며 신비롭고 환상적인 비경을 펼친다. 철따라 변신하며 4계절 모두 사람들을 유혹한다.

필자가 실크로드 수업시간에 학생들에게 계절에 따라 변하는 호양나무 풍경을 보여주면 '와'하며 탄성을 지른다. 특히 호양나무 숲 전체가 눈부실 정도로 찬란하게 황금빛 노란색 단풍으로 물드는 늦가을의 정취는 형용할 언어마저 잃게 한다. 수정처럼 맑은 노란 색의 호양나무 잎이 발산하는 색채의 향연은 매혹적이다 못해 처연하다. 11월 초 서리와 함께 눈이 내리면 호양나무 숲은 동화 같은 은백색의 세계로 변신한다. 그래서 초겨울의 호양나무를 좋아하는 사람들도 많다.

호양나무는 막막한 사막 한 가운데 홀로 우뚝 서 있기도 한다. 그래서 '사막의 영웅' '사막의 왕자'라고 불린다. 갖은 풍상을 이겨낸 나무만이 가질 수 있는 강인함과 뒤틀림의 주름에서 뻗어 나오는 힘이 사막의 영웅으로 손색없다.

호양나무는 강하면서도 보존성이 뛰어나 오아시스 최고의 목재로 쓰인다. 2~4천 년 전의 누란과 니야의 유적지에서 양호한 상태로 발견된 건물과 관의 재목도 모두 호양나무다. 모래더미에 묻혀버린 2,000년 전의 오아시스 도시의 흔적을 나타내주는 것도 드문드문 솟은 호양나무다. 그래서 호양나무를 사막 사람의 영혼이라고 한다.

죽어 말라비틀어진 고목의 호양나무 군락지를 고수림 또는 괴수림이라고 한다. 천태만상의 온갖 괴기한 형태로 사막 속에 서 있는 호양나무 고목은 철학적 사색을 불러일으킨다. 그래서 최근 이 고목 군락지가 새로운 사막의 관광지로 떠오르고 있다.

중국은 나라가 크지만 전 지역이 하나의 표준시 즉 베이징 표준시간을 따른다. 그래서 신장성 같이 먼 서쪽은 시차가 발생한다. 베이징 시간과 2시간 시차다. 이 때문에 신장성에서 자체 표준시를 적용하기도 한다. 중국에서 말하는 오후 6시는 신장성에선 오후 4시다. 때문에 신장성에서 현지인과 약속을 정할 때는 베이징 시간인지 신장시간인지 명확히 해야 한다.

신장성은 날씨가 무더운 여름철은 밤에 주로 활동을 한다. 그래서 아침 활동시간이 늦다. 2000년 이전에는 오전 10시에 출근해서 오후 2시에 업무를 마치고 점심식사를 한다. 식사 후 2시간 오수를 즐기고 오후 6시에 업무를 재개하여 밤 8시에 퇴근한다. 그리고 밤 9시부터 저녁식사와 함께 사적 활동을 하며 야시장도 이 때 시작한다. 이르면 밤 11시 늦으면 새벽 2시까지 이어졌다.

신장성은 중서부의 쓰촨성과 서남부의 윈난성과 함께 지진이 자주 일어나는 지역이다. 리히터 규모 6이 넘는 강진이 수시로 발생한다. 1902년에 리히터 8.2의 지진으로 5,000여명이 사망하였다. 1996년에는 6.9의 강진으로 최소 24명이 사망했고, 1997년에는 1월과 4월에 각각 6.4와 6.6의 지진이 잇따라 발생했다. 2003년에는 카슈가르 지구에서 리히터 규모 6.8의 강진이 발생하여 수백 명이 사망하고 수천 명이 부상당했다. 안타깝게도 학교 건물이 무너지는 바람에 수업 중이던 학생들이 많이 희생되었다. 2008년 쓰촨성에서 발생한 지진은 사망자가 10만 명이 넘고, 1,200만 명의 이재민을 발생시켰다. 1,200만 명은 우리나라 인구의 1/4에 해당하는 어마어마한 숫자다.

신장성의 성도 우루무치는 신장성에서 가장 빠르게 발전하는 대도시다. 20세기 초반까지 소수의 유목민이 목축하던 한가한 촌락에 불과했던 우루무치는 현재 223만 명의 신장성 최대도시로 성장했다. 인구증가가 매년 3.6%로 중국에서 열 손가락 안에 들 정도로 계속 팽창하는 도시다.

우루무치의 인구는 2000년대 들어 폭발적으로 증가했다. 실크로드의 관광산업이 활성화되고 중국정부의 서부 대개발 정책으로 사람들이 우루무치로 몰려들었기 때문이다. 중국정부가 분리 독립을 추구하는 위구르족을 달래기 위한 대규모 투자와 함께 위구르족의 인구비율을 떨어뜨리기 위해 은연 중 한족 이주를 적극적으로 지원했기 때문이다. 그러한 결과 우루무치의 위구르족 인구비중이 80%에서 그 절반 아래로 떨어졌다.

우루무치는 '아름다운 목장' 혹은 '아름다운 목초지'라는 뜻이다. 20세기 전반만 해도 수천 명이 목축하던 초원에서 인구 223만 명의 대도시가 되었으니 상전벽해가 따로 없다.

신장성에서 가장 빠르게 발전하는 인구 223만 명의 우루무치, 출퇴근시간 대의 러시아워는 서울을 방불케 한다.

 2000년대 초반까지 상하이 같은 동부지방에서 우루무치를 가려면 당시 가장 빠른 터콰이 T열차(우리나라의 새마을 열차)가 90시간 걸렸고, 이보다 조금 느린 무궁화급의 열차)는 110~130시간 걸렸다. 따라서 당시 신장성은 동부 사람들에게 외국 같은 곳이었다.
 그래서 당시에 상하이, 광저우 같은 동부와 남부지역에서 신장성에 가본 사람이 극소수였고, 신장성에 거주하는 위구르인이 상하이 같은 동부지방에 가 본 사람은 거의 없었다. 상하이는 말할 필요도 없고, 신장성을 벗어나 본 위구르인도 거의 없었다. 그들에게 상하이, 베이징, 광저우 같은 도시를 얘기하면 마치 먼 외국쯤으로 여겼다. 2000년 중반까지만 해도 필자가 중국을 많이 탐방했다는 사실을 알면 중국인이 필자에게 반드시 '신장성도 가봤어요?'라고 물었었다. 그만큼 신장성은 머나먼 곳이었다.

그러나 2021년 현재 신장성으로의 접근은 이전과 비교할 수 없이 편리해졌다. 우루무치 공항이 최신 국제공항으로 신축되어 중국 국내편과 국제 항공편이 크게 늘어났다. 실크로드 여행의 여름 성수기는 인천공항에서 우루무치로 직항하는 항공편도 생겼다. 고속도로도 건설되었고, 2017년에는 고속철이 완공되어 상하이에서 우루무치를 42시간에 주파한다.

우루무치는 더위와 추위가 매우 심하다. 7월 최고기온이 44도이고, 1월 최저기온이 -41.5도다. 날씨의 변화도 심하여 오늘은 폭염이었다가 내일은 가을같이 선선하다. 하루의 날씨도 변화무쌍하여 갑자기 강한 바람을 동반한 비가 세차게 오기도 하고, 기온이 급격히 떨어져 을씨년스럽기도 하다. 그래서 무더운 여름철에 어차하면 우루무치에서 추위에 떨며 여행할 수가 있다. 겨울철은 눈이 자주 내리고 많이 내려 적설량 10cm는 기본이고 1m도 흔하다.

우루무치는 하루가 다르게 고층건물이 올라가고 초현대식 호텔과 백화점이 들어서고 있다. 곳곳에 대규모 고층 아파트 단지가 건설이 한참이고 1,000병상 이상의 대형 종합병원이 10개나 들어섰다. 신장성 최고 명문 대학인 신장대학은 모든 시설이 최신식으로 탈바꿈했다.

그러나 도시를 조금만 벗어나면 초원이 펼쳐지고 한가로이 풀을 뜯고 있는 양떼를 만날 수 있다. 우루무치는 유목과 현대가 공존하는 도시다.

우루무치에서 가장 북적이고 관광객을 즐겁게 하는 곳은 얼

우루무치 국제 바자르. 실크로드의 물품과 교역을 느낄 수 있는 시장이다.

다오차오 국제시장이다. 엄청난 규모의 시장으로 실크로드 시대를 연상케 하는 시장 분위기와 서역 물산이 가득하다. 거리에선 춤판이 벌어지고 이름도 알 수 없는 악기를 연주하는 사람들도 많다.

 2000년대 초까지 국제 바자르 야외 광장에서는 밤마다 갖가지 서역음식과 함께 소수민족 공연이 펼쳐졌다. 당시 요금이 180위안(약 32,000원)으로 싸지 않은 가격이었지만, 맛있는 서역요리와 공연은 환상적이었다. 그러나 현재는 테러 때문에 없어져 아쉽기만 하다. 신장성에서 가장 큰 야시장으로 수많은 인파로 밤새 불야성을 이루었던 5·1야시장도 폐쇄되어 이래저래 아쉽기만 하다. 테러만큼 문화관광산업을 위축시키는 것도 없다.

 신장성 사람들은 날씨와 지리에 대해 불평하지 않는다. 섭씨 40도면 조금 더운 것이고, 영하 25도면 조금 추울 뿐이다. 자연현상을 긍정으로 받아들이고 거기에 무조건 적응한다. 우리는 신장성이 척박한 불모의 땅에 가깝다고 하지만, 그들은 척박한 땅이라기보다 축복의 땅으로 여기며 자긍심을 갖고 즐겁게 살아간다.

실크로드는 역사와 문화의 길이고 인생의 길이다. 그래서 신장성에 가면 우리가 잊고 있던 소중한 많은 것들을 찾을 수 있다. 필자는 실크로드를 갈 때마다 그곳에서 역사를 찾는 것이 아니고 나를 찾는다. 실크로드는 우리 현대인들이 상실하고 간과하고 있는 삶의 가치를 간직하고 있는 땅이다.

17. 위구르족의 역사와 삶

서역 신장성은 여러 이민족이 거주하던 유목의 땅이다. 말하자면 중국 소수민족이 사는 땅이다. 신장성뿐만 아니라 중국 서부는 전통적으로 유목민족과 그들 후예가 많이 거주한다. 그래서 민족은 물론이고 언어와 문화습속 그리고 자연환경이 중원의 중국과 크게 다르다.

신장성은 중국이 본격적으로 경제발전을 이루는 1990년대 이후 동부지역과 경제적 격차가 크게 벌어졌고, 그 차이는 갈수록 더욱 벌어지는 형국이다. 이 같은 경제적 불평등은 소수민족의 분리 독립에 대한 욕구를 더욱 자극하는 위험 요소로 작용하고 있다.

때문에 중국정부는 이 문제의 해결을 위해 2000년대 초반에 서부 대개발 정책을 실시하고 2013년부터는 중앙아시아와 유럽, 아프리카를 교통, 에너지, 무역, 통신 네트워크를 구축하는 '일대일로' 정책을 추진하고 있다. 이러한 21세기 신 실크로드 정책은 무려 1조 달러(약 1,200조원)를 투입하는 대규모 개발정책이다. 중국의 물자를 실크로드 시대 서역이라고 일컬어진 신장성을 경유하여 중앙아시아와 유럽까지 논스톱으로 이동하게 하는 등 옛 실크로드 지역을 중국 중심의 경제권으로 묶으려는 정책이다.

일대일로는 정치 군사적 함수도 들어있지만, 경제적으로 낙후한 중국의 서부, 그 중에서도 신장성의 경제수준을 끌어올리려는 대형 개발 프로젝트다.

중국의 소수민족은 약 1억 2,000만 명으로 전체 인구의 8.5%전후다. 인구가 많은 소수민족은 광시좡족자치구에 대부분 거주하는 좡족 1,700만 명, 후이족 1,060만 명, 만주족 1,040만 명, 위구르족 1,007만 명, 먀오족 940만 명, 티베트의 짱족 5백만 명이다. 소수민족 인구는 자료에 따라 차이가 많아 정확한 숫자를 산출하기 어렵다. 중국정부가 의도적으로 숫자를 줄여 발표한다는 설도 있다. 그래서 일부 소수민족, 특히 위구르족은 자기들의 실제 인구가 1,500~2,000만 명이라고 주장한다.

이전의 중국화폐는 소수민족의 그림과 함께 소수민족 글씨가 병기되어 있었다. 중국이 다민족 국가이고, 또 중국이 민족융합과 단결에 관심을 두고 있다는 의미다.

그러나 중국정부의 노력에도 불구하고 소수민족 분규는 잊을 만하면 터진다. 그런데 테러를 동원하여 격렬하게 독립투

위구르족 남성 대부분은 무늬 있는 원형의 회색 모자를 쓰고, 여성은 전통모자나 스카프(히잡)를 착용한다.

쟁을 전개하는 것에 대해, 상당수 위구르인들은 독립투쟁보다 중국이라는 틀 안에서 자치권 확대를 통한 안락한 삶을 추구하는 위구경향이 강하다. 또 테러 같은 폭력을 무조건 반대하는 위구르인들도 많다. 관광산업과 밀접하게 관련 있는 상인들의 반대가 강하다.

위구르인은 투르크계로 얼굴, 종교, 음식, 복색, 절기, 문화, 언어, 글자 등 중국인과 같은 게 거의 없다. 이들은 유목과 농업, 상업, 수공업에 종사하고, 최근에는 공무원, 서비스업, 상업에 종사하는 사람들이 증가하고 있다. 이들은 노래와 춤을 좋아하고 쾌활하고 개방적이며 소박하다.

위구르족은 9세기 중엽 신장지역으로 대거 이주하여 이 땅의 주인이 되었다. 한 때는 이들 민족의 비중이 전체의 70~80%

위구르족의 전통악기와 위구르어

에 이르렀다. 모두가 이슬람교를 믿고 민족 언어 위구르어를 사용한다.

위구르어는 돌궐어와 같은 계통으로, 36개의 자모로 구성된다. 글씨는 우리와 반대로 우측에서 좌측으로 써내려 간다. 위구르어는 '얼' 발음이 무척 많아 언뜻 들으면 러시아어 같다. '얼'화 현상으로 발음은 부드럽지만 그 말이 그 말 같이 들린다. 말의 속도가 매우 빠르고 글자는 난해하기 그지없다. 아무리 보아도 그 글자가 저 글자 같고, 어디까지가 한 단어이며, 어떻게 글자를 써야하는지 이해하기 어렵다.

그러나 위구르인은 위구르 언어가 가장 배우기 쉽고 쓰기 쉽다고 주장한다. 그들은 한자가 쓰고 익히기에 매우 까다로운 문자라고 불평한다. 무엇이 가장 불편하고 어렵냐고 물으니, 이구동성으로 글자 하나씩 일일이 써야하고 한 글자씩 기억해야 하는 것이라 말한다. 이 말을 미루어 보면 위구르 문자는 글자에 조금씩 어떤 변화를 주면 계속 다른 뜻으로 되는 것 같다는 생각인데, 이는 어디까지나 필자의 추측이다.

필자는 아래 위 부호가 매우 복잡한 베트남어를 수십 번 반복 학습한 끝에 기초 수준에 올라섰으나 위구르어는 너무 난해하여 학습할 엄두가 나지 않는다. 그런데 위구르 어린이들이 글자 구별조차 잘 되지 않는 난해한 위구르 문자를 우측에서 좌측으로, 그것도 왼손으로 일사천리 써내려 가는 모습을 보면 신기할 따름이다.

신장성은 위구르인의 자치를 허용하는 자치구(신장위구르자치구)이기 때문에 위구르 학생은 고등학교까지 자기 언어와 중국어를 공용어로 사용한다. 위구르인은 그들의 민족정신과 결합하여 위구르어 사용에 집착한다. 그러한 결과 고등학교 졸업할 때 다른 소수민족에 비해 위구르 학생들의 중국어(한어) 수준이 다소 처진다.

그래서 신장대학을 비롯하여 위구르학생이 대학에 입학하면 처음 1년은 오로지 중국어만 학습한다. 이 과정을 통과한 후 중국어로 진행하는 전공수업에 들어간다. 따라서 위구르 학생의 대학과정은 5년이 기본이다. 위구르인의 향학열은 우리나라 못지않다.

위구르족 젊은이들은 세계의 젊은이들과 마찬가지로 글로벌 지향적이고 새로운 트렌드에 민감하다. 그들은 한어(중국어)는 물론이고 영어 공부에 열심이다. 고교 3년의 위구르 여학생에게 꿈이 뭐냐고 물으니, 외국이나 베이징에서 공부하는 것이란다. 학급 인원 50명의 약 3분의 2가 자기와 생각이 같다고 말한다. 신장성을 벗어나 더 큰 도시에서 생활하고 싶다는 열망이다. 민족적 전통과 정신은 누구보다 강하지만 신장성의 좁은 세계를 벗어나 보다 넓고 화려한 세계에서 자신의 꿈을 실현하고픈 마음이다. 나는 그들에게 꿈을 포기하지 말고 끝까지 노력하라고 격려했다.

위구르 학생들과 대화를 나눠보면 그들 부모세대와는 확실히 다른 변화의 물결이 일고 있음을 체감할 수 있다. 이러한 변화의 물결 속에서 이전과 같은 지리적·민족적 울타리에 안주하는 전통은 변할 수밖에 없다. 그러나 이로 인해 다른 지역의 소수민족과 마찬가지로 변화가 빠르게 진행될 가능성 또한 높다.

위구르족은 9세기에 신장성에 들어왔으며, 이후 토착민과 토번·거란·몽골족 등과 섞이면서 오늘날의 위구르족을 형성하였다. 이들이 처음 신장성으로 이동해 왔을 당시는 불교를 믿었지만, 후에 이슬람교로 개종하여 지금에 이른다.

위구르족은 중국 내의 다른 소수민족에 비해 체격이 크다. 남자들은 전통 모자를 쓰고 허리에 칼 차는 것을 좋아한다. 그래서 곳곳에 호신용 칼 파는 상점이 많다. 여성들은 히잡(스카프)을 두르는데, 젊은 여성들은 화려한 색상의 히잡으로 멋을 내기도 한다. 위구르인은 노래와 춤을 즐기고 악기를 잘 다룬다. 이들은 모두 이슬람교를 믿으며, 꾸란(코란)을 철저히 실천한다.

위구르인은 호방하고 쾌활하며 진취적이다. 그리고 예의가 바르고 친절하며 다정다감하다. 이들은 외부인에게 자기 집을 공개하는 것을 꺼리지 않는다. 위구르 가정의 초대를 받아 방문한 적이 있는데 그들의 따뜻하고 진심어린 환대에 가슴 뭉클하였다. 단 금요일 방문은 제외된다. 금요일은 이슬람 주일로 예배 보는 날이기 때문이다.

위구르족의 얼굴모습은 각양각색이다. 이들의 피 속에 여러 민족의 피가 섞여있기 때문이다. 한 곳에 정착하지 않고 끊임없이 이동하는 유목민족이고, 오랜 기간 여러 민족의 지배를 받았기 때문이다. 그래서 아랍인 같은 사람, 터키인을 빼닮은 사람, 흰 피부의 러시아 같은 사람, 하사크와 타지크족과 구별되지 않는 사람, 이도 저도 아닌 얼굴 등 다양하다. 혼혈 인종에 미인이 많다고 하는데, 이국적인 마스크에 예쁘고 몸매가 늘씬한 미인이 많다. 여인들은 루즈 바르고 화장하는 것을 즐겨 하며 헤어스타일과 의상, 진취적인 매너와 개방적인 사고를 지니고 있다. 서쪽 변방 끝자락의 산악지대와 오아시스에 살고 있는 유목민족이어서 답답하고 시대감각이 떨어질 것이라는 선입견은 일찌감치 버려야 한다.

위구르족은 남녀노소 할 것 없이 외국인에 호의적이다. 그리고 한족, 후이족 등 여러 민족과 살고 있어서 그런지 민족적·외모적 편견이 전혀 없다. 한국인에 대해서는 더욱 호의적이다. 방금 전까지 무뚝뚝했던 위구르인이 한국인이라는 말에 태도가 완전히 바뀌어 반색한다. 아마도 중국인이라고 생각했다가 반전이 일어났기 때문일 것이다.

일부 위구르인은 은연중 중국인에게 적대적이고 혐오적이다. 따라서 중국어를 할 수 있다면 위구르인에게 바로 한국인임을 밝히는 것이 좋다. 중국어를 하지 못하면 그냥 '한국'만 말해도 된다.

위구르족은 대부분 그들 민족과 결혼하지만 반드시 같은 민족을 고집하지 않는다. 세련된 20대의 위구르 여인도 결혼상대로 민족은 따지지 않는다고 답한다. 상대 외국인이 이슬람

신장성을 비롯한 서역의 주식 낭. 맛이 담백하여 우리 입맛에 잘 맞는다.

교를 믿지 않아도 관계없단다. 이슬람을 믿지 않음은 물론이고 다른 종교를 믿어도 그것이 결혼의 전제조건은 되지 않는다고 말한다. 다만 서로의 종교를 이해해주면 될 뿐이다. 그들은 마호메트가 타인에게 관용을 베풀었다고 말한다.

이들을 접하며 많은 생각을 하게 된다. 우리가 이슬람에 대해 편견과 선입견을 너무 많이 갖고 있다는 생각이다. 하기야 이전에 우리가 금과옥조처럼 배웠던 이슬람의 '칼과 꾸란(커란)'은 근거 없는 얘기로 판명 났다. 신장성의 위구르인은 '종교를 믿는 사람이 다른 종교를 가진 사람을 차별하고 구분하는 것이 이해되지 않는다.'고 말한다. 다만 같은 이슬람이라도 지역과 국가에 따른 차이가 있음을 고려해야 한다.

위구르족의 주식은 '낭'이라고 하는 납작하고 둥근 빵이다. '낭'의 어원은 페르시아어에 기원한다. 위구르족은 '아이마이커'

왼쪽은 간식으로 즐겨먹는 훈툰. 만두국과 비슷하면서 다르다. 오른쪽 사진처럼 낭으로 양 꼬치를 싸서 먹기도 한다.

라고 했었는데, 이슬람교가 전래하면서 '낭'이 되었다. 낭은 아라비아 반도, 터키, 중앙아시아, 팔레스티나 지역의 베두인과 위구르족의 주식이다. 낭의 맛은 담백하여 우리 입맛에 잘 맞는다.

 낭은 화덕 위에서 굽는 것이 아니고, 미리 열을 받아 뜨거워진 화덕의 벽면에 붙여 굽는다. 낭은 한 번에 수십 개씩 구매해 먹는다. 워낙 건조한 기후여서 3주간 두고 먹어도 부패할 염려가 없기 때문이다. 낭의 크기와 모양은 다양하며 구운 낭에 참기름을 바르고 참깨를 살짝 뿌리거나 설탕을 입히기도 한다. 골목마다 낭 굽는 가게가 있어 어디서든 쉽게 구입할 수 있다. 6위안(약 1,000원)이면 한 끼를 먹고도 남는다. 골목에서 나오는 구수한 낭 굽는 냄새가 여행객의 발길을 붙잡는다.

참고문헌

국제한국학회, 『실크로드와 한국문화』, 소나무, 2000년.
김영종 지음, 『실크로드, 길 위의 역사와 사람들』, 사계절, 2010년.
김종래, 『유목민 이야기』, 자우출판, 2002년.
김호동, 『황하에서 천산까지』, 사계절, 2001년.
나가사와 카즈토시 저, 민병훈 옮김, 『돈황의 역사와 문화』, 사계절, 2012년.
나가사와 가즈도시 저, 이재성 역, 『실크로드의 역사와 문화』, 民族史, 1990년.
남은숙 옮김, 장진쿠이 지음, 『흉노제국 이야기』, 아이필드, 2016년.
마르코 폴로 저, 김호동 역, 『동방견문록』, 도서출판 사계절, 2000년.
문명대, 『서역 실크로드 탐사기』, 한·언, 1994년.
문명대, 『중국 실크로드 기행』, 한·언, 1993년.
박한제, 『영웅시대의 빛과 그늘』, 사계절, 2003년.
박한제·김호동·한정숙·최갑수, 『유라시아 천년을 가다』, 사계절, 2003년.
브루노 바우만 외 저, 박종대 옮김, 『실크로드 견문록』, 다른 우리, 2003년.
브루노 바우만, 이수영 옮김, 『돌아올 수 없는 사막 타클라마칸』, 다른 우리, 2003년.

서울대 문리과대학 탐사 리포트, 『비단길 보고서』, 수류산방 중심, 2005년.
수잔 휫필드 지음, 김석희 옮김, 『실크로드이야기』, 도서출판 이산, 2001년.
심형철, 『신장을 알아야 중국이 보인다』, 정진출판사, 2003년.
웨난 저, 유소영 심규호 역, 『진시황릉』, 도서출판 일빛, 2001년.
웨난 저, 유소영 심규호 역, 『법문사의 비밀』, 도서출판 일빛, 2000년.
유홍준, 『나의 문화유산답사기』 중국편 1,2,3권, ㈜창비, 2020.
일본 NHK, 『실크로드』, 1983년.
정수일, 『고대문명교류사』, 사계절, 2002년.
정수일, 『문명의 루트 실크로드』, 효형출판, 2002년.
피터 홉커크 저, 김영종 옮김, 『실크로드의 악마들』, 사계절, 2002년.
中國風物志叢書, 『新疆風物志』, 新疆人民出版社, 2002년.

실크로드의 삶과 문화

인 쇄	2021년 8월 25일
발 행	2021년 8월 30일

지은이 김 용 범
발행인 박 상 규
발행처 **도서출판 보성**

주 소 대전광역시 동구 태전로126번길 6
전 화 (042) 673-1511
팩 스 (042) 635-1511
E-mail bspco@hanmail.net
등록번호 61호
ISBN 978-89-6236-211-4 03910

값 20,000원